RECHTSTHEORIE

ZEITSCHRIFT FÜR LOGIK, METHODENLEHRE
KYBERNETIK UND SOZIOLOGIE DES RECHTS

Japanisches und europäisches Rechtsdenken – Versuch einer Synthese philosophischer Grundlagen

Herausgegeben von

Mitsukuni Yasaki / Alois Troller
José Llompart

16. Band 1985 Heft 2/3

DUNCKER & HUMBLOT / BERLIN

RECHTSTHEORIE

Zeitschrift für Logik, Methodenlehre, Kybernetik und Soziologie des Rechts

Herausgegeben von Prof. Dr. Karl Engisch, Heidelberg / Prof. Dr. H. L. A. Hart, Oxford / Prof. Dr. Hans Kelsen †, Berkeley / Prof. Dr. Ulrich Klug, Köln Prof. Dr. Dr. Karl R. Popper, London.

Redaktion: Prof. Dr. Klaus Adomeit, FU Berlin, Fachbereich Rechtswissenschaft, van-t'Hoff-Straße 8, 1000 Berlin 33; Prof. Dr. Dr. Werner Krawietz, Universität Münster, Rechtswissenschaftliche Fakultät, Lehrstuhl für Rechtssoziologie, Rechts- und Sozialphilosophie, Bispinghof 24/25, 4400 Münster *(geschäftsführend)*; Prof. Dr. Dr. Adalbert Podlech, Technische Hochschule, Fachgebiet Öffentliches Recht, Hochschulstr. 1/III, 6100 Darmstadt.

Verlag: Duncker & Humblot GmbH, Dietrich-Schäfer-Weg 9, 1 Berlin 41, Ruf: 7 91 20 26
Die Zeitschrift erscheint viermal jährlich im Gesamtumfang von ca. 512 Seiten.
Abonnementspreis halbjährlich DM 72,— zuzüglich Porto.

Gedruckt 1986 bei Berliner Buchdruckerei Union GmbH., Berlin 61

Inhalt

Fortsetzung 3. Umschlagseite

Japanisches und europäisches Rechtsdenken — Versuch einer Synthese philosophischer Grundlagen

Herausgegeben von

Mitsukuni Yasaki / Alois Troller / José Llompart

Wer sich mit den — heute sehr weitgehend staatlich organisierten — Rechtssystemen der modernen Gesellschaft unter rechtstheoretischem Aspekt befaßt, um deren philosophische Grundlagen zu erforschen, erkennt rasch, daß dies offensichtlich nicht möglich ist, ohne den geschichtlich-gesellschaftlichen Charakter aller Rechtssysteme zu berücksichtigen, der sich letztlich nur einer vergleichenden Betrachtungsweise erschließt. Auch kann man dies nur tun, wenn man im interkulturellen Vergleich die Eigenart des jeweiligen Zugangs zum Recht unterscheidet, die für den Traditionalismus bzw. die Modernität im japanischen wie im europäischen Rechtsdenken nun einmal charakteristisch ist. Offensichtlich gibt es auch in den Rechtskulturen der modernen Gesellschaft — neben den mehr oder weniger ausdifferenzierten, mit Hilfe der jeweiligen Staatsorganisation auf Dauer gestellten, formalen Rechtssystemen dieser Regionalgesellschaften — nach wie vor ein nichtstaatliches, im menschlichen Gemeinschaftsleben und diversen sonstigen sozialen Systembildungen gepflegtes, genuin gesellschaftliches Recht. Beide Aspekte der Rechtsbildung dürfen von den mit dem Recht — wie auch immer — befaßten Wissenschaften wie von der Philosophie nicht ignoriert werden, wenn diese ihrem Gegenstand gerecht werden wollen.

Dieses Doppelheft enthält eine Reihe von Vorträgen, die unter dem obigen Rahmenthema auf einem vom 30. Juli bis 2. August 1984 in Luzern veranstalteten gleichnamigen Symposium gehalten wurden. Die Tagung, für deren wissenschaftliches Programm die Kollegen Professor Dr. José Llompart, Tokyo, und Professor Dr. Dr. h. c. Alois Troller, Luzern, verantwortlich zeichneten, gliederte sich in drei Arbeitsbereiche:

I. Die Kompetenzzuteilung als rechtsphilosophisches Problem im privaten und öffentlichen Recht.

II. Der Vertrag in seiner erkenntnistheoretischen und sprachlichen Problematik am Beispiel der schuldrechtlichen Verträge und der Ehe.

III. Das Erfassen gesellschaftlicher Beziehungen im Zusammenhang mit der Ordnungsbedürftigkeit und -möglichkeit als rechtssoziologisches Problem.

Zu jedem Themenbereich wurden zwei Referate gehalten, je eins aus japanischer bzw. kontinentaleuropäischer Sicht. Die Referenten, die Reihenfolge der Referate, die auch für den Abdruck beibehalten wurde, und die jeweiligen Tagungs- und Diskussionsleiter (für die Paneldiskussion der Referenten mit den mehr als 70 Tagungsteilnehmern) ergeben sich aus dem beigefügten Diskussionsbericht, der von Herrn Privatdozent Dr. Dieter Wyduckel (Münster) aufgrund der Tonbandabschriften der Paneldiskussion angefertigt wurde; hierfür sind ihm die Herausgeber dieses Doppelhefts und die Veranstalter des Symposiums sehr zu Dank verpflichtet. Eine Veröffentlichung der Diskussionsvoten in vollem Wortlaut mußte aus Mangel an Raum leider unterbleiben. Dieses Heft enthält ferner neben den zum Teil überarbeiteten Referaten die jetzt in ausgearbeiteter Form vorliegenden Eröffnungsbeiträge der wissenschaftlichen Veranstalter, die den Referaten voran- bzw. nachgestellt wurden.

Die im kontinentaleuropäischen Bereich vermutlich erste rechtstheoretische Tagung über japanisches und europäisches Rechtsdenken wurde überhaupt erst ermöglicht durch die großzügige Förderung der *Hermann* und *Marianne Straniak-Stiftung*, Sarnen/Schweiz, die — neben anderen satzungsmäßigen Zwecken — auch „Bemühungen zur Verbindung des philosophischen Gedankengutes der östlichen (asiatischen) mit der abendländischen (westlichen) Welt" fördert, mit dem Ziel, „aus der Verbindung dieses Gedankengutes eine Synthese zu schaffen". Die Stiftung hat — abgesehen vom wissenschaftlichen Programm — das gesamte Straniak-Symposium 1984 in Luzern organisiert und betreut. Für die außerordentlich entgegenkommende Förderung und Unterstützung sei ihrem Stiftungsrat, den Herren Dr. H. Liebscher, Rechtsanwalt in Salzburg (Präsident), Hans Costa, Treuhänder in Luzern, und Dr. H. C. von Schulthess, Rechtsanwalt in Zürich, sehr herzlich gedankt. Ein Teil dieser Auflage ist als Sonderausgabe für die Straniak-Stiftung bestimmt. Deshalb wurde dieses Heft mit einer doppelten Paginierung ausgestattet. Es wird empfohlen, beim Zitieren die laufende Paginierung der Zeitschrift zu verwenden.

Ursprünglich wurde das Luzerner Straniak-Symposium 1984 durch einen Vortrag von Herrn Professor Dr. Víktor Arévalo Menchaca, Basel, über „Die philosophischen Gedanken von Hermann Straniak" eingeleitet; er wird von der Straniak-Stiftung als selbständige Publikation veröffentlicht, da seine Berücksichtigung in dieser Zeitschrift den ohnehin schon überschrittenen Rahmen gesprengt hätte. Die Herausgeber danken der Stiftung und Herrn Kollegen Arévalo für ihr freundliches Einverständnis.

Werner Krawietz

RECHTSTHEORIE 16 (1985), S. 131—149
Duncker & Humblot, Berlin 41

JAPANISCHES UND EUROPÄISCHES RECHTSDENKEN

Von José Llompart, Tokyo

„Japanisches und europäisches Rechtsdenken — Versuch einer Synthese philosophischer Grundlagen“ war das Thema des 1984 in Luzern durch die *Hermann und Marianne Straniak-Stiftung* durchgeführten Symposiums. Diese Veranstaltung zu bewerten, ist nicht das Ziel des vorliegenden Aufsatzes, denn das ist eine Sache, die dem wissenschaftlichen Geschmack der einzelnen Teilnehmer vorbehalten bleiben muß. Vorliegender Beitrag ist nur eine weitere Bearbeitung meiner bei dieser Gelegenheit gehaltenen Einführungsrede, ergänzt durch Gedanken, die ich mir im Laufe des Symposiums als Zuhörer gemacht habe. Obwohl ich an jedem Tag bei der anschließenden Diskussion mich zu Wort melden wollte, war der Andrang zu Fragen bzw. Meinungsäußerung so stark, daß ich es für besser hielt, mein Schweigen nicht zu brechen. Schweigen ist Gold, aber da die Wissenschaft sich von diesem Gold allein nicht bereichern kann, werde ich die mir gebotene Gelegenheit benutzen, um offen meine Meinung zu äußern.

Die einleitenden Bemerkungen zur Möglichkeit einer Synthese von japanischem und europäischem Rechtsdenken (I) wurden vor der Teilnahme am Symposium geschrieben und bei der Eröffnung vorgetragen. Inhaltlich gesehen glaube ich, keine Korrekturen, sondern nur geringfügige Ergänzungen machen zu müssen. Die nachfolgenden Ausführungen (II) sind als Herausforderung zur Gegenkritik nach dem besseren Wissen des Lesers und als Einladung zur Fortsetzung des in Luzern angefangenen Dialogs geschrieben worden. Ich übersehe nicht, daß manche meiner Feststellungen dem Fachmann allzu kritisch und sogar stark subjektiv erscheinen werden. Irgendwie muß man sich jedoch auf den Weg machen, und die Suche nach Objektivität ist meiner Meinung nach ein sehr subjektives Unternehmen, das nur mit Kritik und Gegenkritik verbessert werden kann. In diesem Sinne liegt es mir fern, das letzte Wort zu diesem Thema sagen zu wollen. Zum Schluß soll noch eine kurze Bemerkung hinzugefügt werden über die Methode, die meines Erachtens zur Erreichung einer Synthese von japanischem und europäischem Rechtsdenken zu befolgen ist (III).

I. Zur Möglichkeit einer Synthese von japanischem und europäischem Rechtsdenken

Es sei mir erlaubt, in einer abrupten Weise anzufangen. Es mag erstaunlich klingen, aber für die japanische Mentalität ist *warmes* Wasser überhaupt kein „Wasser". Wasser heißt auf japanisch „mizu", aber „oyu" (warmes Wasser) ist in Japan keineswegs „mizu". „Oyu" ist „oyu", nicht Wasser.

Wie ist das zu erklären? Nur aus der Tradition und den sozialen Verhältnissen dieses Volkes, die zu erklären hier nicht möglich oder notwendig ist.

Man könnte denken, daß so eine kuriose Besonderheit nur in Japan zu finden sei, aber auch im europäischen Sprachgebiet sind ähnliche Beispiele zu finden, die wir aber nicht zum Problem machen. Wenn wir ein Glas „Wasser" verlangen, wären wir sehr enttäuscht, nur ein Stück „Eis" zu bekommen, obwohl wir sehr gut wissen, daß — in einem anderen Sinne — auch Eis Wasser ist. Das wissen übrigens auch die Japaner bezüglich des angegebenen Beispiels. Und um dieses Beispiel zu Ende zu bringen, sei noch hinzugefügt, daß es zum Beispiel in Sumatra kein eigenes Wort für „Eis" gab wie in Japan und Europa, weil dort das Eis in alten Zeiten völlig unbekannt war.

All das kann auf das Gebiet des Rechtsdenkens übertragen werden. Es ist erst im vorigen Jahrhundert gewesen, daß Japan eine Rechtsordnung nach europäischem Muster zum Leben gebracht hat, wobei eine der ersten und größten Schwierigkeiten gerade die Prägung von neuen Worten war, um Grundbegriffe auszudrücken, die in der japanischen Denkungsart mindestens nicht bewußt waren. Damals gab es zum Beispiel keine Wörter für „Person", „Individuum", „Gewissen", „Recht" im subjektiven Sinne (right) usw.[1]. „Freiheit" hieß wie heute „jiyû", damals wurde aber dieses Wort anders als heute verstanden, und ebenso ist es der Fall mit „Gesellschaft" (shakai) usw.[2]. Der Inhalt von juristischen Fachausdrücken konnte selbstverständlich weder in Wörtern noch im Unterbewußtsein jener Zeit gefunden werden.

---

[1] Die Übersetzung solcher in der japanischen Sprache nicht bekannten Wörter war freilich nicht leicht und nicht alle ersten Versuche sind gelungen. Seit ungefähr 1884 wird zum Beispiel das Wort „kojin" im Sinne von „Individuum" gebraucht, vorher finden sich — unter anderen — folgende Übersetzungsversuche: „kakushu no jinshin" (1855 - 1866), „ittai" (1866), „ikko no jinmin" (1871), koko-hitobito" (1875), „kakujin" (1875), „ikko no hito" (1977), „ichi-kojin" (1881) usw.

[2] Über den Bedeutungswandel von „jiyû" und „shakai": *Akira Yanabu,* Die Umstände der Entstehung der Übersetzungswörter (Honyaku seiritsu jijô) Iwanami Shinsho Verlag 1982, S. 1 ff., 173 ff. (Im Folgenden wird die japanische Literatur nach japanischer Art angegeben: Verlag statt Erscheinungsort.)

Hätten wir in der Zeit der Prägung dieser neuen Wörter dieses Symposium gehalten, so wäre für uns — nur mit Hilfe der Sprache — sehr leicht gewesen, zu unterscheiden, was typisch japanisch ist und was nicht. Aber heute sind viele von diesen Wörtern — mindestens für den Fachmann — nicht mehr „neu", und aus diesem Grund ist nicht mehr leicht zu unterscheiden, was in diesem Anpassungsprozeß noch typisch japanisch geblieben ist.

In diesem Sinne ist die Arbeit dieses Symposiums außerordentlich schwer gewesen, und ohne ein Fazit ziehen zu wollen, glaube ich sagen zu dürfen, daß die Zahl der aufgestellten Probleme größer als die der gelösten gewesen ist. Aber das Thema dieses Symposiums lautete: „*Versuch* einer Synthese philosophischer Grundlagen", und dieser Versuch wurde mit Ernsthaftigkeit gemacht. Ob diese Synthese fertiggebracht wurde, ist eine andere Sache, denn das Gemeinsame in den Besonderheiten, die sich stets im Fluß der Veränderung finden, zu erkennen, wird sicher nicht leicht sein und dafür wird man noch viel Zeit brauchen.

Das klingt etwas pessimistisch, ich bin aber zugleich der Meinung, daß sogar die Besonderheiten weder ein Monopol des Ostens noch des Westens sind, denn sie alle haben mit dem Menschen zu tun. Ich bin auch der Meinung, daß die Zeit gekommen ist, in der Europa nicht nur Japan bewundert oder fürchtet, sondern vielmehr von Japan zu lernen anfängt. Die Japaner haben eine erstaunliche Anpassungsfähigkeit für die westliche, also fremde Kultur, gezeigt; in vielen Bereichen sind sie sogar den Europäern überlegen. Das trifft nicht nur für die Welt der Technik zu, sondern auch für das Recht. Japan ist eine hochindustrialisierte und moderne Gesellschaft, die aber nicht wie andere Länder eine große Zahl von Verbrechen zu fürchten braucht. Viele andere Beispiele sind bekannt und brauchen hier nicht erwähnt zu werden.

Japan hat sich nicht — wie vor Jahren befürchtet wurde — „amerikanisiert", hat aber vom Westen gelernt und etwas Neues geschaffen. Europa braucht auch nicht — wie heute oft befürchtet wird — „japanisiert" zu werden, kann aber von Japan viel lernen und wieder etwas Neues schaffen. In diesem Sinne hat dieses Symposium eine große Bedeutung gehabt, die nicht so sehr an konkreten Ergebnissen zu messen ist, sondern vielmehr an einer Problemstellung, die eine Revision unseres Rechtsdenkens überhaupt erforderlich macht. Sich auf den Weg zu machen und einen Blick zu werfen auf den Weg, der noch zu gehen ist, war die große Bedeutung dieses Zusammentreffens zwischen japanischen und europäischen Rechtsgelehrten.

Die Berufsmusiker eines Orchesters brauchen vor dem Konzert nur wenige Minuten, um ihre Instrumente einzustimmen, denn jeder Musiker kennt sowohl sein Instrument wie die Melodie, die zu interpretieren ist. In unserem Fall dagegen ist uns weder die Melodie einer Synthese von japanischem und europäischem Rechtsdenken bekannt noch ist uns die Weise vertraut, wie unser instrumentales Denken und seine Methode einzustimmen sind. Es lohnt sich aber, diesen Versuch weiter zu machen, denn die Welt in der wir heute leben müssen, ist nicht mehr allein die Welt Europas oder die Welt Japans.

II. Skizze der einzelnen Probleme

Die Begriffsbestimmung ist die erste und unerläßliche Voraussetzung jeder wissenschaftlichen Forschung; und hier stoßen wir auf die ersten Schwierigkeiten, die nicht geringzuschätzen sind. Das in Frage kommende „Rechtsdenken" kann mehrdeutig verstanden werden und wurde auch — wie mir scheint — im Symposium mehrdeutig verstanden. *Es kann damit zum Beispiel gemeint sein das unreflektierte Rechtsdenken, das immer im sogenannten lebenden Recht einer Gesellschaft zu finden ist, auch wenn es nicht zum Gegenstand der wissenschaftlichen Forschung gemacht wird.* Es kann weiter als das Rechtsdenken einer bestimmten Rechtsordnung verstanden werden, die zum Gegenstand der sogenannten Rechtsdogmatik gemacht worden ist, und darüber hinaus als das Rechtsdenken, das der herkömmlichen Rechtsphilosophie oder der modernen Rechtstheorie eigen ist.

In unserem Fall entstehen glücklicherweise aus dieser Mehrdeutigkeit keine besonderen Schwierigkeiten, denn alle hier angegebenen Bedeutungen haben mit dem Thema — direkt oder indirekt — zu tun, und aus dem Kontext ist leicht zu ersehen, wie der Terminus „Rechtsdenken" jeweils zu verstehen ist.

Die Sache wird schwieriger, will man präzisieren, was mit dem oft dem Europäer unbekannten „*japanischen* Rechtsdenken" und mit dem vermeintlich bekannten „*europäischen* Rechtsdenken" gemeint ist.

Zunächst kann mit japanischem und europäischem Rechtsdenken das Rechtsdenken verstanden werden, das heute geographisch gesehen in Japan oder in Europa verbreitet ist, nämlich das an verschiedene Orte und Länder gebundene Rechtsdenken. Die lokale Verbundenheit stellt aber noch nicht ein entscheidendes Kriterium für die Denkverschiedenheit dar, denn nicht alles heute in Japan zu findende Rechtsdenken kann als typisch „japanisch" bezeichnet werden — das gilt besonders im Bereich der Rechtsdogmatik und der Rechtsphilosophie, zumal der Rechtstheorie —, und das sogenannte europäische Rechtsdenken hat sich heute — einschließlich Japan — in anderen Erdteilen verbreitet, so daß es nicht nur in Europa zu finden ist.

Daraus folgt, daß nicht die geographische, sondern nur die inhaltliche Betrachtung des Rechts uns sagen kann, was mit japanischem Rechtsdenken im Unterschied zum europäischen Rechtsdenken gemeint ist. Will man aber einen Vergleich machen, so muß man im voraus mindestens einen *terminus comparationis* gut kennen, und hier stoßen wir auf fast unüberwindliche Schwierigkeiten. Wird das europäische Rechtsdenken als *terminus comparationis* gewählt, dann wird schon vorausgesetzt, daß wir einen festen Bezugspunkt haben. Ist es aber wirklich so?

Hier werden folgende Fragen gestellt, die nicht leicht zu beantworten sind: Wenn vom „europäischen Rechtsdenken" die Rede ist, ist damit nur das Rechtsdenken der kontinental-europäischen Tradition oder auch das der Common-Law-Länder und der sozialistischen Volksdemokratien mitgemeint? Oder haben wir schon eine Synthese von diesen drei Rechtskulturen fertig, die uns erlaubt von *einem*, „dem" europäischen Rechtsdenken zu sprechen? Und last but not least, wer kann sich anmaßen, im Namen des europäischen Rechtsdenkens *rechtsphilosophisch* zu sprechen?

Bekanntlich sind die Naturrechtslehre, der Rechtspositivismus, die kommunistische Rechts- und Staatsauffassung, die Reine Rechtslehre, die analytische Jurisprudenz, die Hermeneutik, die Topik, das Systemdenken und was sonst, europäischen Ursprungs, und alle beanspruchen gleichermaßen, das Recht als solches zu erhellen und definitiv verständlich zu machen. Abgesehen davon, daß auch im heutigen Japan *alle* diese Rechtsauffassungen ihre Fürsprecher gefunden haben und daß sie *alle* ihrem Ursprung nach europäisch (ihren Universalitätsansprüchen nach übereuropäisch) sind, scheint es mir unmöglich zu sein, *eine* von denen als die Königin des europäischen Rechtsdenkens zu krönen und sie als den verlangten *terminus comparationis* zu wählen. Auch eine Metatheorie, die alle gegenseitigen Widersprüche aufhebt, die in der europäischen Rechtsphilosophie so eindrucksvoll zu sehen sind, und die von allen europäischen Rechtstheoretikern anerkannt wird, gibt es einfach nicht.

Die Bezeichnungen „japanisch" bzw. „europäisch" werden erst sinnvoll, wenn damit die inhaltliche *Eigenartigkeit* des japanischen bzw. europäischen Rechtsdenkens verstanden wird im Sinne von etwas, was *nur* im japanischen bzw. europäischen Rechtsdenken zu finden ist. Um nun zu wissen, was in diesem Sinne typisch japanisch oder europäisch ist, ist der Vergleich mit *allen* anderen Rechtskulturen dieser Welt unbedingt notwendig, und diese Arbeit der Vergleichung kann nicht mit tiefen und scharfsinnigen, nur im Kopf durchgedachten „Rechtstheorien" unternommen werden. Gerade wegen ihrer immer betonten Universalität haben die modernen Rechtstheorien als solche keine Augen, um die Besonderheiten des verschiedenen Rechtsdenkens zu „entdekken", auch wenn in ihren Denkkonstruktionen ein Platz vorhanden ist, um das *schon* Entdeckte aufzunehmen und einzuordnen[3].

Für die „Entdeckung" der Besonderheiten einer Rechtskultur können uns nur die Materialien der empirischen Forschung helfen; leider ist aber zur Zeit diese Forschung — auch wegen der sprachlichen Hindernisse — kaum in Angriff genommen, und die Bewertung solcher Materialien ist wieder ein schwieriges Unternehmen. Da uns hier weder die Theorie noch die Philosophie, sondern nur die Erfahrung etwas Neues sagen kann, muß man sich einstweilig in eine andere Welt versinken lassen und wie ein Kind wieder geboren werden und von neuem anfangen zu lernen und zu sprechen. Will man nach wie vor alles nur mit europäischen Augen sehen und alles mit der europäischen Terminologie ausdrücken, so ist der Weg zum Lernen versperrt.

Einer der besten Kenner der europäischen Rechtskultur, *Franz Wieacker,* hat als „Invariablen, die den Charakter der okzidentalen Rechtskultur konstituieren", den Personalismus, Legalismus und Intellektualismus angegeben[4]. Es ist nicht zu leugnen, daß diese drei Merkmale bei der europäischen Rechtskultur zu finden sind; daß sie aber nur der europäischen Rechtskultur eigen unnd für sie typisch sind, wird erst bewiesen, nachdem man alle anderen Rechtskulturen dieser Welt untersucht und sie nicht darin zu entdecken vermocht hat. Daß sie unter verschiedenen Gestalten oder Intensitätsgraden im typisch japanischen Rechtsdenken nicht zu finden sind, ist — soweit mir bekannt ist — noch nicht bewiesen worden[5].

Nun ein Wort zum typisch japanischen Rechtsdenken der Gegenwart, das ohne Betrachtung ihrer geschichtlichen Entwicklung nicht zu ver-

[3] Wegen ihrer Wichtigkeit sei das nochmals betont: Die modernen Rechtstheorien arbeiten mit dem uns bekannten „Wissen um das Recht und sind in diesem Sinne juristische Wissenstheorien. Hier geht es aber um die Entdeckung der uns noch unbekannten Besonderheiten des jeweiligen historischen Rechtsdenkens, die folglich noch nicht Gegenstand unseres „Wissens" sind.

[4] *Franz Wieacker,* Grundlagen der Rechtskultur; Referat gehalten auf dem 11. Weltkongreß für Rechts- und Sozialphilosophie, Helsinki 14. - 20. 8. 1983. Erscheint in: Proceedings of the 11th World Congress on Philosophy of Law and Social Philosophy in Helsinki.

[5] Selbstverständlich kann zur Zeit der Gegenbeweis noch nicht vollständig vorgebracht werden. Über das vermeintliche Fehlen des Rechtsbewußtseins bei den Japanern vgl. die kritische Arbeit von *Masao Oki,* Die Rechtsidee der Japaner. Ein Vergleich mit der westlichen Rechtsidee (Nihonjin no hôgainen. Seiyôteki hôgainen to no hikaku), Tôkyô Daigaku Verlag 1983. Über das auf den ersten Blick anders funktionierende Verantwortungsgefühl der Japaner: *José Llompart,* Rechtsbewußtsein und Verantwortungsgefühl im Japan der Gegenwart, RECHTSTHEORIE 14 (1983), S. 285 - 303. Über die Eigentümlichkeit der Japaner und ihre gemeinsamen Züge mit anderen Völkern: *ders.,* Eine anthropologische Untersuchung über die Japaner (Ningen kenkyû — Nipponjin), Shinchôsha Verlag 1982.

stehen ist. Bekanntlich ist das positive Rechtssystem Japans ein aus Europa rezipiertes Rechtssystem und in diesem Sinne „europäisch“. Hier gilt aber das alte Prinzip, „quidquid recipitur, ad modum recipientis recipitur“, und so ist das *lebende Recht* in Japan nicht so europäisch, wie der Wortlaut der japanischen Rechtsnormen und die gesamte Rechtsdogmatik oder Rechtsphilosophie der japanischen Rechtsgelehrten es sind[6]. Die Gesetzgebungs- und Kodifikationsarbeiten wurden zunächst nach dem französischen, dann besonders nach dem deutschen Modell in Angriff genommen. Vieles, was nach europäischem Denken als Eklektizismus erscheinen mag, ist dank der erstaunlichen Anpassungs- und Nachahmungsfähigkeit der Japaner in einen neuen, sinnvollen Kontext eingeordnet. Nicht die Rationalität, sondern vielmehr die Vitalität und Geisteskraft dieses so alten und zugleich nach der Öffnung zum Westen so jung gewordenen Volkes ist der Grund für den hohen Absorbierungsgrad fremder Kulturen unter Beibehaltung der eigenen Identität[7]. Das gilt unbeschränkt für alle Bereiche. Nach wie vor gibt es in Japan Sumo, aber der aus Amerika importierte Baseball ist eine der populärsten Sportarten dieses Landes geworden. In jedem abgelegenen Dorf kann man heute Pizza essen und Rheinwein trinken, wie auch in den modernsten Restaurants jeder großen Stadt „misoshiru“ und „sake“ zu finden ist. So etwas ist auch im Bereich des Rechts zu finden. Es wird zum Beispiel unter den Spezialisten viel diskutiert, ob die jetzige Verfassung ein von den Amerikanern aufoktroyierter Fremdkörper ist oder nicht. Der Inhalt der Verfassung ist sicher amerikanischen Ursprungs. Die Wissenschaft des Verfassungsrechts dagegen bleibt nach wie vor an deutschen Traditionen orientiert, und die Wirklichkeit ist eine moderne Demokratie, verbunden mit hohem Respekt für den Tenno, der nach Art. 1 der Verfassung das „Symbol“ Japans und der Einheit der japanischen Bürger geworden ist.

Was das lebende Recht in Japan charakterisiert und von dem europäischen unterscheidet, ist meines Erachtens nicht in den Gesetzestexten oder in den Büchern der Rechtswissenschaft, sondern vor allem in

[6] Die Ignorierung der östlichen Kultur in der juristischen und rechtsphilosophischen Fachliteratur scheint sich in den letzten Jahrzehnten verschärft zu haben. Noch unmittelbar nach dem 2. Weltkrieg haben Autoren wie zum Beispiel *Fusaki Uzawa, Seiicho Ono* und sogar *Kotarô Tanaka* in ihren Werken versucht, das Erbe der östlichen Tradition zu berücksichtigen.

[7] Ein weiteres und entscheidendes Element, das immer im Prozeß der japanischen „Acculturation“ am Wirken gewesen ist, ist zweifellos in der *herkömmlichen Denkweise* dieses Volkes zu sehen. In einer religionssoziologischen Untersuchung der Japaner hat *Calderola* diese Tatsache mit folgenden Worten zutreffend formuliert: „The ninth-century slogan ‚Chinese knowledge, Japanese spirit‘, and the Meiji-era formula, ‚eastern ethics, western science‘, demonstrate the immutable framework of Japanese acceptance of new cultural elements within a context of jealous preservation of the traditional cultural identity“ (*Carlo Caldarola,* Christianity: The Japanese Way, Leiden 1979, S. 1).

der *Rechtspraxis* zu finden, und darüber ist noch sehr wenig geschrieben worden. Die Theorie des Strafrechts (Strafrechtsdogmatik), wie man sie in Büchern und Aufsätzen lesen kann, ist ganz und gar „made in Germany"; die praktische Anwendung des Strafrechts ist dagegen „made in Japan", also im Gegensatz zu Europa typisch japanisch. Um das zu erläutern, sei mir erlaubt, nur ein Beispiel zu geben, das nicht aus Büchern entnommen ist, das aber mit dem in diesem Symposium von *Zentarô Kitagawa* behandelten Thema der „administrative guidance" in engem Zusammenhang steht.

Sobald mir bewußt wurde, daß das typisch Japanische nicht in den Büchern, sondern in der Rechtspraxis zu finden ist, fing ich an, Gerichtsverhandlungen sowie Gefängnisse und andere öffentliche Einrichtungen zu besuchen. Im Polizeipräsidium Tokyos wurden mir wertvolle Informationen über die Kontrolle der Sittlichkeitsdelikte und der Pornographie erteilt. Wenn zum Beispiel ein spät in der Nacht gesendetes Fernsehprogramm nach Ermessen der Polizei problematisch wird, setzt sich die Polizei in Verbindung mit den betreffenden Verantwortlichen, um sie zu belehren, was noch zulässig ist und was nicht. Nach diesem freundlichen Gespräch braucht die Polizei normalerweise nichts mehr zu tun. Am Ende stellte ich dem Beamten, der mir alles ausführlich erklärt hatte, die naive Frage: *„Geht es also auch hier bei der Kontrolle der Pornographie wie bei der sogenannten ‚administrative guidance' (gyôsei-shidô)?"* — „Genau so!" — war die Antwort.

Der Beamte, der mir diese Antwort gab, war sicher kein Rechtsgelehrter, aber deswegen war für mich seine Antwort in diesem Fall desto mehr instruktiv. In der „Theorie" des Strafrechts ist auch in Japan ganz genau wie in Europa das Prinzip „nullum crimen sine lege" (zaikeihôteishûgi) allgemein anerkannt, und nach dem Entweder-Oder des Legalitätsprinzips sollte die öffentliche Gewalt sich nicht einmischen, wenn kein Verstoß gegen das Strafrecht vorliegt, aber Klage erheben, falls ein solcher vorhanden ist. Die japanische Praxis und später auch das japanische Gesetz haben sich für das Opportunitätsprinzip entschieden, denn nach japanischem Empfinden gibt es etwas Wichtigeres, Wirksameres, — und man kann noch hinzufügen — Menschlicheres als die sofortige Anwendung des Gesetzes und der Staatsgewalt[8]. Selbstverständlich bleibt immer die Anwendung des Gesetzes vorbehalten, falls die freundliche Mahnung keinen Erfolg hat, aber auf diese Weise wird auch das Ziel der rechtlichen Regelung erreicht und zugleich werden unnötige Prozesse vermieden.

---

[8] Nach *Shigemitsu Dando* soll das Opportunitätsprizip den Forderungen der materiellen Gerechtigkeit und der rechtspolitischen Ziele der Gesetzgebung besser entsprechen (*Shigemitsu Dando*, Grundriß der neuen Strafprozeßordnung, Shinkeihô soshôhô kôyô, 7. verbesserte Aufl., Sôbunsha Verlag 1967, S. 368 f.).

Was konkret Europa im Bereich der Rechtspraxis von Japan lernen kann, darüber kann ich keine konkreten Vorschläge machen. Rechtsinstitute können rezipiert werden, nicht aber die Geschichte, die Sitten und die Eigentümlichkeit anderer Völker. Nur scheint mir geboten, das was wir Recht oder Rechtsdenken nennen, nicht zu eng zu interpretieren und mit dem europäischen Recht oder Rechtsdenken zu identifizieren; denn in diesem Fall muß alles, was dieser voreingenommenen Rechtskonzeption nicht paßt, zum Bereich des „Nicht-Rechts“ degradiert werden.

Mit Recht hat *Werner Krawietz* in diesem Symposium auf die Bezogenheit von Recht und Gesellschaft im Sinne einer Verbindung von Rechts- und Systemtheorie hingewiesen. Mir scheint aber zur Zeit auch wichtig zu sein, die gesellschaftlichen Gegebenheiten und Rechtstatsachen anderer Rechtskulturen — in diesem Fall Japans — *konkret* zu untersuchen, um unsere Rechtskonzeption zu erweitern und nicht alles nach dem europäischen Rechtsdenken zu beurteilen. Hier muß zunächst der uns noch unbekannten Wirklichkeit und nicht einer vorfabrizierten Rechtstheorie das Wort erteilt werden. Ich halte den Drang nach Theorie, sei es auch in der Form einer Systemtheorie, für eine metaphysische (sit venia verbo!) Notwendigkeit des Menschen. Man muß aber zugleich sich Zeit nehmen, um die noch unbekannte gesellschaftliche Wirklichkeit anderer Völker eine Weile „untheoretisch“ zu betrachten, wenn wir in Wirklichkeit etwas Neues lernen und unser Wissen erweitern wollen. Für mich bleibt sehr problematisch, ob das erst realiter Existierende ein hypostatisiertes *System* ist, das sich selbst lernt, korrigiert und reproduziert oder ob es vielmehr der *Systematiker* ist, der aus der unbekannten Umwelt lernt und durch das erworbene Wissen sich korrigiert und gelegentlich neue Theorien und Systeme produziert. Das letzte sollte doch dem Realismus näher sein, auch wenn der Solipsismus der modernen Systemtheorie für alle Fragen eine Antwort bereit hat und wie alle Solipsismen theoretisch unwiderlegbar ist[9].

---

[9] Selbstverständlich kommt es darauf an, wie die „Autonomie“ des Rechtssystems (Selbstreferenz, Autopoiesis usw.) verstanden wird. Darüber vgl. *Werner Krawietz*, Recht als Regelsystem, Wiesbaden 1984, nach dessen Meinung jedes staatlich organisierte Rechtssystem als solches eine basale Entscheidungssouveränität in zweierlei Hinsicht für sich in Anspruch nimmt, „die (1) in der *Negation jeder Fremdreferenz* und (2) in einer bewußten *Option für Selbstreferenz* zum Ausdruck gelangt, welche sich vor allem in dem Aufbau der Entscheidungsorganisation des Rechtssystems manifestiert“ (S. 139, 140). Hier wird, wie mir scheint, mit der totalen „Negation jeder Fremdreferenz“ eine solipsistische Auffassung des Rechtssystems proklamiert. An einer anderen Stelle hat jedoch derselbe Autor von sozialen Systemen menschlichen Erlebens und Handelns gesprochen, „die sich mit ihren jeweiligen Operationen (des politisch-rechtlichen Entscheidens bzw. des wissenschaftlichen Erkennens) stets zugleich *nicht bloß* auf ihre Umwelt, *sondern auch* auf sich selbst beziehen, weil sie nur aufgrund dieses Selbstkontaktes und nach Maßgabe der

Wie dem auch sei, der erste Schritt zu einer Synthese von japanischem und europäischem Rechtsdenken ist zunächst auf den Weg der rechtssoziologischen Forschung zu machen, und dafür ist es zweckmäßig — um es noch einmal zu wiederholen — einstweilig das blendende Licht einer bestimmten Theorie auszuschalten. Die Anthropologie des Rechts ist schon, wie mir scheint mit Erfolg, diesen Weg gegangen, und durch die Untersuchung von fremden, das heißt nicht-europäischen Rechtskulturen, hat sie uns gezeigt, daß unsere herkömmlichen Rechtsbegriffe, Rechtsprinzipien und Rechtsinstitute nicht ausreichend sind, um andere uns bisher unbekannte Rechtskulturen zu erfassen, die andere soziale Verhältnisse zur Voraussetzung haben.

Wir sind zum Beispiel gewöhnt, mit der Dichotomie geschriebenes Recht und/oder Gewohnheitsrecht, statute law and/or customary law, zu denken. Will man weiter so denken, wie ist dann die erwähnte „administrative guidance“ zu verstehen und einzuordnen? Die einzelnen Probleme, die durch dieses typisch japanische Rechtsinstitut entschieden werden, werden nicht nach dem geschriebenen Recht und auch nicht notwendigerweise nach Gewohnheitsrecht behandelt. Wenn das so ist, dann ist nach dieser Dichotomie im rechtlichen Bereich kein Platz vorhanden, und folglich muß diese Praxis zum Bereich des Nicht-Rechts geschlagen werden. Übernimmt man dagegen die Dichotomie Gewohnheitsrecht und/oder autoritätsgesetztes Recht[10], dann ist eine Denkkategorie vorhanden, um dieses Rechtsinstitut einzuordnen; denn der auf diese Weise erteilten „guidance“ fehlt weder die Autorität der Verwaltungsbehörden noch — im Fall der Nichtbefolgung — die auf die Dauer spürbar werdende soziale Sanktion. Selbstverständlich sind die hier in Frage kommende Autorität und Sanktion nicht so intensiv wie bei der unmittelbaren Anwendung der Staatsgewalt.

Betrachten wir das von *Masao Oki* behandelte Problem der Schlichtung, wie sie sich in Japan entwickelt hat, und will man noch immer bei dem theoretischen Dogma des staatlichen Monopols der Rechtsbildung („eine Gesellschaft, ein Staat, ein Rechtssystem“)[11] und dem ein-

Interaktion mit Teilen ihrer systemeigenen Ordnungsstruktur auf ihre Umwelt zu reagieren vermögen“ (S. 110, 111; Hervorhebung von mir). In diesem Fall wird der Solipsismus überwunden.

[10] So zum Beispiel *Leopold Popsíšil*, Anthropologie des Rechts. Recht und Gesellschaft in archaischen und modernen Kulturen, München 1982, bes. S. 248 ff., 429 ff. Schon im Jahre 1612 wurde von *Francisco Suárez* diese Dichotomie bezüglich der primitiven Gesellschaften angedeutet: „Nam licet prius homines coeperint sine legibus in communi vivere, quam leges scriberentur, ut clare dicitur in 1. 2 ss. de Orig. iur., inde non fit consuetudinem habuisse pro lege, sed Regis imperium personale, quod non est lex, nec consuetudo ...“ (Tractatus de legibus ac Deo legistatore, Coimbricae 1612, Liber VII, Vorwort).

[11] Bekanntlich hat schon *Otto von Gierke* das staatliche Monopol der Rechtsbildung abgelehnt wie heute auch *Pospíšil* (FN 10), S. 137 ff. Obwohl

heitlichen Stufenbau der Rechtsordnung bleiben, dann muß auch dieses Rechtsinstitut als ein Fremdkörper angesehen werden. In diesem Sinne ist der von *Krawietz* vertretene „sinnkritische Rechtsrealismus" nicht so intransigent wie die Reine Rechtslehre und zeigt einen höheren Absorbierungsgrad von dem, was wir begründeterweise Recht nennen können[12].

Daß die *Wort*norm mit dem Recht nicht identisch ist[13], wie im Symposium von *Krawietz* betont wurde, hat bei dem japanischen Rechtsdenken eine besondere Bedeutung, die ich hier nur an einem Beispiel konkret zeigen möchte.

Das bekannteste Beispiel in dieser Hinsicht ist der Artikel 9 der japanischen Verfassung. Nach dessen Wortlaut „... verzichtet das japanische Volk für alle Zeiten auf den Krieg als ein souveränes Recht der Nation und auf die Androhung oder Ausübung von militärischer Gewalt als ein Mittel zur Regelung internationaler Streitigkeiten". Sollte man doch noch Zweifel über die Bedeutung dieser Wortnorm haben, so braucht man nur weiterzulesen: „Zur Erreichung des Zweckes des Absatz 1 werden Land-, See- und Luftstreitkräfte sowie andere Kriegsmittel nicht unterhalten. Ein Kriegführungsrecht des Staates wird nicht anerkannt." Der Verteidigungsvertrag mit den Vereinigten Staaten („Nichibei-ampô-jôyaku", 1960) sowie die durch Gesetz („Jieitaihô", 1954) entstandene Selbstverteidigungstruppe, die mit jedem Jahr weiter verstärkt und modernisiert wird, stehen in eklatantem Widerspruch mit der Verfassung, deren Wortlaut seit ihrer Verkündigung und Inkrafttreten (1946/47) unverändert geblieben ist. Deswegen wird in Ja-

---

Krawietz in seinem erwähnten Werk wiederholt von *„staatlich* organisierten Rechtssystemen" spricht, hat er in seinem Luzerner Referat darauf hingewiesen, „daß die geläufige, mit Blick auf die zentralstaatliche Herkunft und Geschichte einiger kontinental-europäischer Staaten vorgestellte *Annahme einer staatlichen Zentralmacht* und einer für sie verfügbaren, instrumentell weitgehend disponiblen *Normativstruktur des Rechts* sehr weitgehend illusionär ist".

[12] Der höhere Absorbierungsgrad einer Theorie verstärkt ihren Universalitätsanspruch und macht sie zugleich der Kritik gegenüber immuner; das hat aber für die Praxis auch ihre Nachteile, wenn nämlich die Theorie sogar das „Un-recht" absorbieren kann und damit nicht mehr kritikfähig ist. *Krawietz* erwähnt die Möglichkeit „einer Perversion ganzer Rechtssysteme in der nationalsozialistischen Vergangenheit" (FN 9, Vorwort, S. XIII). Es darf aber nicht vergessen werden, daß die Theorie des Rechtssystems *als solche* die Kriterien für die Feststellung der Perversität eines historischen Rechtssystems nicht geben, sondern nur „absorbieren" kann.

[13] Auch in Japan ist in den letzten Jahren viel über „Recht und Sprache" (hô to gengo) geschrieben und zum Thema der rechtsphilosophischen Diskussion gemacht worden. Nach einer verbreiteten Meinung soll *das Recht als solches* (hô ... sore jitai) ein Erzeugnis der Sprache sein, das in Ländern wie Japan in den Gesetzbüchern (roppôzensho) und in Ländern wie England und USA in den Sammlungen der Gerichtsentscheidungen zu finden ist (vgl. Recht und japanische Sprache, Hô to nihongo, hrsg. von Oki Hayashi und Junichi Aomi, Yûhikaku Verlag 1981, Vorwort).

pan seit Jahren mit Leidenschaft diskutiert, ob ein Verfassungswandel in bezug auf den Artikel 9 stattgefunden hat oder nicht[14]. Wird sie zugegeben, dann sollte der Artikel 9 der Verfassung toter Buchstabe sein; wird sie nicht zugegeben, dann ist das Gesetz der Selbstverteidigungstruppe samt seinen mehrfachen Änderungen verfassungswidrig und sollte in der Welt des Rechts nicht existieren[15].

Dieser eklatante Widerspruch mag für die europäische Denkweise unverständlich sein, und ihre „logische" Lösung wäre — wieder nach europäischer Denkweise — sehr einfach: entweder Aufhebung des Artikel 9 durch Verfassungsänderung oder Aufhebung aller verfassungswidrigen Gesetze und vollendeten Tatsachen durch die normale Gesetzgebung. Diese Lösung ist abstrakt und juristisch gesehen sehr logisch, läßt aber die soziale Wirklichkeit Japans unberücksichtigt. Hier gibt es wieder eine dritte Möglichkeit, die mit rein juristischen Augen nicht entdeckt werden kann. Sich für eine dieser beiden Alternativen zu entscheiden, würde — wenn ich richtig sehe — im gegenwärtigen Japan mehr Verwirrung verursachen als weiter bei dem heutigen Status quo zu verbleiben. In diesem Sinne ist, obwohl die Meinungen der Rechtsgelehrten und der Bürger auseinandergehen, bezüglich des Status quo ein Konsens zu verzeichnen, auch wenn dieser Konsens mit Worten nicht ausgedrückt wird; denn in Japan ist oft, was nicht mit Worten ausgedrückt wird, das Wichtigste und sogar kommunikationsfähig. Der Geist des sogenannten „wa" (annäherungsweise: Harmonie) spielt auch hier, wie mir scheint, eine nicht unwichtige Rolle, um aus diesem Entweder-Oder herauszukommen und sich für eine dritte Möglichkeit zu entscheiden. Berücksichtigt man alle diese sozialen und aus der Eigenart der Japaner stammenden Voraussetzungen, so wird der Widerspruch nicht restlos aufgehoben, wohl aber wird der Status quo verständlich und sogar logisch.

Es wird den Japanern oft vorgeworfen, daß sie nicht nach Prinzipien oder Logik, sondern je nach Situation intuitiv vorgehen[16]; ich halte aber diese Meinung für ein Mißverständnis der westlichen Denkweise.

---

[14] Die Literatur über dieses Thema ist sehr umfangreich. Aus rechtsphilosophischer Sicht: *José Llompart*, Das Problem der Wandlung von Artikel 9 der Verfassung. Begriff und Wirklichkeit der Verfassungswandlung (Kempô daikyûjô no hensen no mondai. Hensen no gainen to sono jijitsu), in: Theorie des Rechts (Hô no riron), Bd. 4 (1984), S. 83 - 111.

[15] Als Kuriosum sei die Meinung von *Naoki Kobayashi* erwähnt, der, ohne die faktische Wandlung von Artikel 9 anzuerkennen, der Auffassung ist, daß die Selbstverteidigungstruppe Japans „rechtsmäßig", aber „verfassungswidrig" ist (sogenanntes „iken-gôhôron": *Naoki Kobayashi*, Der Artikel 9 der Verfassung, Kempô daikyûjô, Iwanami Verlag 1982, S. 149 ff.).

[16] Diese Meinung wird auch von Japanern vertreten. Über „Non-Rationalistic Tendencies", „Lack of Interest in Formal Consistency", „Slow Development of Exact Logic in Japan", „Tendency to Avoid Complex Ideas" usw. vgl. *Hajime Nakamura*, Ways of Thinking of Eastern Peoples: India — China — Tibet — Japan, Honolulu 1964, S. 531 - 576.

Ich bin hier nicht imstande zu definieren, was Logik ist; wenn man aber darunter versteht, „unter denselben Voraussetzungen dieselben Folgen zu ziehen", muß zugegeben werden, daß auch bei den Japanern eine strenge Logik des Denkens und des Handelns vorhanden ist; nur die faktischen und oft unbewußten Voraussetzungen sind andere, weil sie auf einem anderen sozialen Milieu, auf einer anderen Erziehungsart und auf einer anderen Geschichte beruhen.

Es ist nicht zu leugnen, daß in Japan den sogenannten „menschlichen Beziehungen" (ningen-kankei) und vielen, mit Worten unaussprechbaren subjektiven Elementen eine entscheidendere Rolle zukommt als der in Europa hochgeschätzten „Objektivität" und der deutschen (in andere Sprachen unübersetzbaren) „Sachlichkeit". Trotzdem sind auch in diesem Bereich „Regeln" und „Prinzipien" am Werk, deren Ignorierung verhängnisvolle Folgen hätte. Auch mit der Rezeption von europäischen Rechtsinstituten, die die europäische Logik zur Voraussetzung haben, ist oft in der Praxis eine interessante Mischung von europäischer und japanischer „Logik" entstanden, die auf den ersten Blick alogisch erscheinen kann, die aber nach dem japanischen sozialen Kontext nicht als solche empfunden wird. Als Beispiel dafür sei das Mehrheitsprinzip erwähnt, das als unerläßliche Bedingung für die Verwirklichung der Demokratie gilt und sich im heutigen Japan nicht nur im politischen, sondern auch im wirtschaftlichen, akademischen und sozialen Bereich eingebürgert hat. Die Verwirklichung und die Philosophie des europäischen Mehrheitsprinzips sind sehr einfach: Gewählt wird, wer mehr Stimmen erhält. Oft ist das Ergebnis vor der Wahl unbekannt und nach der Wahl je nach den Beteiligten Ursache von Freude oder Enttäuschung. Wie schon Rousseau darauf hingewiesen hat[17], gibt es im voraus unter den Wahlberechtigten einen Konsens darüber, daß jeder gewählt ist, der die Mehrheit der Stimmen erhalten hat. Auch in Japan wird nur gewählt, wer die Mehrheit der Stimmen erhält. Aber oft wird im voraus durch Ertasten der Meinungen oder Belehrung der Wahlberechtigten (sogenanntes „nemawashi") die Wahl in solcher Weise vorbereitet, daß die Sache praktisch schon im voraus entschieden worden ist. Dann findet die formelle „Zeremonie" der Wahl statt, wobei normalerweise keine Überraschung zu erwarten ist. Bei der Vorbereitung der Wahl können sowohl sachliche Gründe (zum Beispiel „balance of power") wie auch unsachliche Gründe („struggle for power" einer Gruppe) eine große Rolle spielen, die Wahl geschieht zweifellos nach dem Mehrheitsprinzip und ist im Ergebnis eine Vermählung von europäischem und japanischem Rechtsdenken[18]. Für die kritischen Augen

---

[17] *Jean-Jacques Rousseau,* Du Contrat Social, Livre 1, chap. 5.

[18] Für weitere Beispiele dieser „Vermählung" vgl. *Masaji Chiba,* The Unofficial Jural Postulates Underlying Attitudes toward Law, in: Zeitschrift für Rechtssoziologie 3 (1982), S. 59 - 73.

der Europäer wird das als eine Hybris empfunden werden, weil das mitwirkende japanische Element dem Europäer völlig fremd ist, dem Japaner aber einfach nicht.

Zum Schluß noch ein Wort zur Kompetenzzuteilung als Problem des japanischen und europäischen Rechtsdenkens, wie *Herbert Schambeck* am Anfang seines Referates richtig bemerkt hat: „Kompetenz bedeutet Zuständigkeit, Zuständigkeit begründet Verantwortung und Verantwortung veranlaßt Sachbezogenheit". In der Tat, Kompetenz ist immer verantwortliche Kompetenz und enthält als solche notwendigerweise zwei Elemente, die nicht hinwegzudenken sind: „Wer" und „wofür" man zuständig ist. Folglich ist die Kompetenz immer sowohl personwie auch sachbezogen. Das gilt für Japan und Europa, für die Gegenwart und für die Zeit, in der das Wort Kompetenz unbekannt war.

Soweit mir bekannt, ist in der japanischen Fachliteratur die Kompetenzzuteilung als Problem des Rechtsdenkens nie behandelt worden. Wenn man aber das typisch japanische Rechtsdenken untersucht, vor allem wie es in der Rechtspraxis sich analysieren läßt, glaube ich, die These aufstellen zu können, daß in Japan — im Unterschied zu Europa — die Personbezogenheit schwerer als die Sachbezogenheit wiegt. Das schon erwähnte Beispiel der „administrative guidance" im strafrechtlichen Bereich, wobei nicht diskutiert wird, ob tatsächlich und objektiv gesehen ein Vorstoß gegen das Gesetz vorhanden ist, mag ein Beispiel dafür sein, denn hier wird über die sachliche Zuständigkeit der Polizei nicht diskutiert.

Der in Europa seit der Aufklärungszeit stark gewordene Individualismus hat, wie mir scheint, die Folge gehabt, daß man in Europa alles zu „rationalisieren" und „objektivieren" versucht, eine Tendenz, die in der japanischen Tradition — mindestens quantitativ gesehen — unbekannt und entbehrlich war. Um sagen zu können, „das ist *mein* Recht" oder „das ist *meine* Sache", braucht man eine positive Rechtsordnung, das heißt eine von Menschen gesetzte und in diesem Sinne zum „Objekt" gemachte Rechtsordnung, die von allen Mitmenschen als objektiv anerkannt wird und die man zugleich möglichst rational zu begründen versucht. Nur dann ist *mein* Recht und *meine* Sache gesichert. Folglich ist es sehr wichtig, zunächst daran zu denken, die verschiedenen objektiven Rechtsnormen sachlich — sei es materiell oder formell — einzuordnen, und auf diese Weise sind Rechtskonzeptionen und Rechtsinstitute entstanden, die notwendigerweise eine innere „objektive" und zugleich hierarchische Struktur innehaben. Der hierarchische Stufenbau der Rechtsnormen von *Merkl* und *Kelsen* und die „primary", „secondary rules" von *Hart* u. a. mögen als Belege erwähnt sein[19]. Da in dieser

[19] Der aus dem sakralen Bereich stammende *hierarchische* Gedanke ist aus den modernen Rechts- und Sozialtheorien nicht verschwunden, sondern hat

Weise die *Hierarchie* der objektiven Rechtsnormen und das Primat des Rechts gesichert ist, braucht man dann für die Individuen oder Gruppen von Individuen keine Hierarchie, und alle können als gleiche vor dem Gesetz behandelt werden, auch wenn sie gelegentlich verschiedene Rollen im Rechtssystem (Bundespräsident, Richter, Gesetzgeber usw.) spielen werden.

In einer Gesellschaft wie Japan aber, die eine andere Geschichte hinter sich hat und wo erst gegen 1884 das Wort „Individuum" (kojin) bekannt wurde, sind andere Elemente am Wirken, die das Verantwortungsgefühl und Rechtsbewußtsein stark beeinflussen. Auch wenn Japan von Europa viele Rechtsinstitute rezipiert hat, bleibt anerkannterweise die Struktur der japanischen Gesellschaft noch vertikal organisiert („tate-shakai")[20]. Da das Bewußtsein der Zugehörigkeit (shozokukan) zu einer Gruppe (group society), sei es das japanische Volk, die Firma, die Universität oder der Sportklub, die Triebkraft des Handelns ist und sogar das, was dem Leben Sinn (jinseikan) gibt, so ist die Personbezogenheit wichtiger als „*mein* Recht" und „*meine* Sache" des europäischen Individualismus. Wenn das „Unsere" wichtiger als das „Meine" ist, braucht man nur in der Gruppe zu bleiben, um das „Unsere" sicher zu haben. Folglich hat die Kompetenzzuteilung auch eine andere Struktur; sie braucht nämlich nicht in gleicher Weise eine „Objektivierung"; denn sie ist schon im „Subjekt" oder in der Gruppe vorhanden[21]. Mit anderen Worten: eine hierarchische Struktur der Gesellschaft und ihrer Mitglieder bedarf nicht in gleicher Weise der hierarchischen Struktur einer *objektivierten* Rechtsordnung, um funktionsfähig zu werden[22].

---

nur andere Gestalt angenommen. So wird zum Beispiel von der „*Selbsthierarchisierung* des Rechtssystems" und von einer „kybernetischen *Hierarchie*" gesprochen und die benutzte Terminologie (*Basis*theorie, *Rahmen*theorie, *Multilevel*-Theorie, *Meta*-Theorie usw.) weist auf eine hierarchische oder mehrstufige Struktur hin.

[20] Vgl. besonders: *Chie Nakane*, Japanese Society, London 1970; *Takeyoshi Kawashima*, Die Familienstruktur der japanischen Gesellschaft (Nikon shakai no kazokuteki Kôsei), Nihon Hyôronsha Verlag 1950.

[21] Nicht zu vergessen ist, daß in der japanischen Tradition — im Gegensatz zu der traditionellen westlichen Philosophie — die Wirklichkeit als eine Einheit von Subjekt und Objekt betrachtet wurde. Mensch und Umwelt erscheinen nämlich als eine Einheit von Subjekt und Objekt, die untrennbar verbunden sind, und die „Natur" ist kein vom Menschen getrenntes und ihm entgegengesetztes Objekt. Der Mensch lebt in der Natur und als Teil der Natur, und sein „Leben" (jinsei) ist wichtiger als seine Substanz. So ist die Essenz des Menschen nicht so sehr in seiner eigenen Subsistenz, sondern vielmehr in seinen Beziehungen und in Offenheit zum anderen Menschen zu sehen (vgl. *Calderola* [FN 7], S. 213 ff.).

[22] Ein lehrreiches Dokument für die Untersuchung der hierarchischen Gesinnung und des Solidaritätsgefühls der Japaner ist die sogenannte „Shôtoku Taishi-17 Artikel-Verfassung" (Shôtoku Taishi junanajô Kempô) von 604, deren erster Artikel mit den Worten anfängt: „Wichtig ist, in allen Dingen die Vorgesetzten- und Unterordnetenverhältnisse harmonisch zu halten, und man

All das Gesagte muß selbstverständlich cum grano salis verstanden werden; denn heute ist Japan — vor allem in dem Bewußtsein der jüngeren Generation — nicht mehr eine große Familie mit dem Tenno an der Spitze, für den man alles aufzuopfern bereit sein mußte und war. Die Lage der gegenwärtigen Gesellschaft in Japan ist sehr komplex, indem alte und typisch japanische Elemente mit aus Europa eingeführten Rechtsinstituten und europäischer Ideologie zusammenleben und sich gegenseitig beeinflussen. Eine neue, aus Europa importierte Rechtsnorm wird aus diesem Grund — bewußt oder unbewußt — nicht immer wie in Europa interpretiert oder angewandt. Schon in der Meiji-Verfassung, Artikel 28, wurde die Religionsfreiheit in Japan unter folgendem Wortlaut gewährleistet: „Japanische Untertanen genießen die Freiheit des religiösen Glaubens, sofern sie die öffentliche Ruhe und Ordnung nicht stören und ihre Pflichten als Untertanen nicht verletzen." In der Vorkriegszeit wurde aber der Shintoismus, die Religion der kaiserlichen Familie, vom Staat in solcher Weise privilegiert, daß shintoistische Schreine zum Schauplatz von Staatszeremonien gemacht und der Shintoismus de facto zur Staatsreligion Japans wurde[23]. Es mag jetzt schwer zu begreifen sein, aber der Japaner hatte in jener Zeit *als Privatperson* die Freiheit zu glauben oder nicht zu glauben, aber zugleich *als Untertan* die Pflicht, an shintoistischen Zeremonien teilzunehmen[24]. Diese Auslegung und Rechtspraxis zeigt zugleich eine Geringschätzung des Individuums und Hochschätzung der Personbezogenheit mit der Folge einer Unterdrückung aller nicht-shintoistischen Religionen. Aus dieser geschichtlichen Erfahrung sind die neuen Bestimmungen der gegenwärtigen Verfassung entstanden[25], die neben

muß immer darauf bedacht sein, nicht mit den Menschen zu streiten." Eine sprachlich modernisierte Fassung dieser sogenannten „Verfassung" wurde noch vor dem 2. Weltkrieg vom Kultusministerium neu gedruckt und — wie im Vorwort von 1932 zu lesen ist — zur Förderung des japanischen „Volksgeistes" empfohlen. In dieser Hinsicht ist auch der berühmte „Kaiserliche Erlaß über die Erziehung" (Kyôiku-chokugo) von 1890 zu erwähnen, dessen schriftliche Fassung zusammen mit einem Bild des Kaisers als etwas Sakrales in allen Schulen zu verehren war.

[23] Vgl. *Ernst Lokowandt*, Die rechtliche Entwicklung des japanischen Staats-Shinto in der ersten Hälfte der Meiji-Zeit (1868 - 1890), Wiesbaden 1978.

[24] Unter diesen Umständen konnte 1931 die in Japan sehr bekannte *Sophia-Universitäts-Affäre* entstehen: Studenten dieser katholischen Universität in Tokio weigerten sich aus religiösen Gründen, an den Zeremonien des *Yasukuni*-Schreins teilzunehmen. Der Zwischenfall wurde durch ein Schreiben des Kultusministeriums vom 30. September 1932 an die katholische Kirche in Japan beigelegt, als erklärt wurde, daß eine solche Teilnahme nicht „aus religiösen Gründen" gefordert werde, sondern nur, um „die Vaterlandsliebe und Treue auszudrücken". Selbstverständlich wurde damit die Realität jener Zeit nicht geändert.

[25] Das Problem „Staat und Kirche" hat in Japan eine ganz andere Geschichte als im Westen und wird folglich auch sprachlich anders genannt: „Staat *und Religion*" (kokka to shûkyô); denn in Japan gab es keine „Kirchen" und kein „Kirchenrecht" wie in Europa. Deswegen kann man heute in

Religionsfreiheit auch die Trennung von Staat und Religion und das Verbot der Verwendung von öffentlichen Geldmitteln und anderem öffentlichen Vermögen an religiöse Unternehmungen oder Vereinigungen enthalten (Art. 20 und 89).

Mit dieser unter amerikanischem Einfluß entstandenen „objektiven" Rechtsnorm sollten alle diesbezüglichen Probleme aus der Welt geschafft werden; die heutige Praxis und Rechtsprechung ist aber auf Kompromisse eingegangen, die keineswegs als bloße Anwendung dieser „objektiven" Rechtsnorm zu verstehen sind. Obwohl der Oberste Gerichtshof klar und entschieden die Meinung vertreten hat, daß auch der Shintoismus eine Religion ist[26], hat er trotzdem zugegeben, daß, wenn nach japanischem Brauch bei der Grundlegung öffentlicher Bauwerke ein Shintopriester herangezogen wird, der die Bodenweihe (jichinsai) vollzieht, kein Verstoß gegen die Verfassung gegeben ist, weil — unter anderen Gründen — solch eine Zeremonie Allgemeingebrauch ist und keine Unterdrückung anderer Religionen zu befürchten sei. Hier sind also noch „subjektive" Gründe stark am Werk, die schwerer wiegen als der von der Lehre und der früheren Rechtsprechung ausgearbeitete „objektive" Religionsbegriff. Die Lehre hat mit Recht diese Entscheidung des Obersten Gerichtshofes kritisiert; die faits accomplis sind oft stärker als die objektive Meinung der Gelehrten.

III. Abschließende Bemerkungen

Aus dem Gesagten sollte ersichtlich geworden sein, daß trotz der Rezeption von fremden Rechtsinstituten die japanische *Rechtswirklichkeit* eine andere als die europäische ist, was auch in gleicher Weise für das japanische Rechtsdenken gilt. Da das lebende Recht keineswegs mit der Summe von Kodices und Gesetzen identisch ist, ist der Versuch einer Synthese von japanischem und europäischem Rechtsdenken eine nicht leicht zu bewältigende Aufgabe, die bisher noch nicht in Angriff genommen ist. Die geschichtlichen und besonders die rechtssoziologischen Voraussetzungen des japanischen Rechtssystems sind für die meisten der europäischen Spezialisten völlig unbekannt und auch oft den meisten der japanischen Spezialisten nicht bewußt; denn sie sind nicht in den Büchern der Rechtsdogmatik und der Rechtsphilosophie zu finden. Deswegen ist — um es wieder zu betonen — die rechtssoziologische

---

Japan nicht von einer „Staatskirchenrechtswissenschaft" sprechen, sondern nur von einer Rechtswissenschaft, die die Bestimmungen bezüglich der Religion und der religiösen juristischen Personen zum Gegenstand hat (sog. „shûkyô-hôgaku") und die in den letzten Jahren eine selbständige Disziplin geworden zu sein scheint.

[26] Entscheidung des Obersten Gerichtshofes (großer Senat) vom 13. 7. 1977 (Bd. 331, S. 533 - 692).

Forschung die erste Voraussetzung dieses Unternehmens. Sie allein kann uns in einem gegenseitigen Vergleich zeigen, was nicht-europäisch und in diesem Sinne „japanisch“ ist und was nicht-japanisch und in diesem Sinne „europäisch“ ist, auch wenn wir damit noch nicht wieder feststellen können, was schlechthin und definitiv „die“ japanische und „die“ europäische Rechtskultur ist. Hier kann uns keine in Europa geborene alte oder moderne „Rechtstheorie“ helfen.

Was gegenseitig in der Rechtspraxis gelernt werden kann, darüber kann ich — wie schon erwähnt — keine konkreten Vorschläge machen, und ich bin eher skeptisch; denn Tradition und Geschichte sind etwas Einmaliges, das sich nicht verpflanzen läßt. Japan konnte europäische Rechtsinstitute, Rechtsprinzipien und Gesetze rezipieren, Europa dagegen kann nicht japanische Tradition und Geschichte rezipieren. Daß wir aber bei dieser Forschung ein besseres und sogar revidiertes Verständnis gewinnen können, von dem, was wir Recht nennen, darin bin ich sehr optimistisch, und das hat auch seine Folgen im Bereich der Rechtsphilosophie und Rechtstheorie.

Vielleicht hat der Leser den Eindruck bekommen, daß ich die Rechtstheorie geringschätze und vernachlässige, und deswegen halte ich es für angebracht, meine kurzen Bemerkungen zu diesem Thema mit einem Plädoyer für die Rechtstheorie oder Rechtsphilosophie zu beenden, ohne auf die Frage der Unterschiede zwischen diesen beiden Disziplinen einzugehen, weil das nicht zum Thema gehört. Ich habe nur versucht, zu betonen, daß es unbedingt notwendig ist, die uns unbekannte Geschichte und soziologische Wirklichkeit anderer Rechtskulturen *zunächst* zu untersuchen, um zu einer „Synthese“ zu gelangen. Vereinfacht gesagt, jede Synthese setzt eine Analyse voraus, und in diesem Fall kann die analytische Arbeit nur empirisch und rechtssoziologisch vorangetrieben werden; denn das hier in Frage kommende „japanische“ und „europäische“ Rechtsdenken sind keine theoretischen Entwürfe, sondern einfach zwei geschichtliche Gegebenheiten. Dann ist aber auch der theoretische Ansatz unbedingt notwendig; denn nur die Reflexion vermag uns den Sinn und den inneren Zusammenhang der durch die äußere Empirie und die innere Erfahrung erworbenen Materialien zu erhalten.

Reflexion bedeutet hier nach-denken, das heißt, sich einstweilig von den Gegebenheiten der Empirie und der Erfahrung zu distanzieren und sie in Ordnung zu bringen. Wenn das gelingt, dann ist eine „Theorie“ entstanden, die als solche den Anspruch der Einheitlichkeit, Objektivität, Universalität, Rationalität und nicht zuletzt der Kommunikationsfähigkeit erfüllen kann. Diese fünf Ansprüche werden immer von den „Theoretikern“ sehr ernst genommen (es geht dabei um das Leben der Theorie!), auch wenn sie inhaltlich gesehen ganz verschiedene Gestalten annehmen, weil auch die Vor-Verständnisse und Vor-Urteile der Theoretiker nicht die gleichen sind. Damit ist die psychologische Seite der Theorien angesprochen, die in der Literatur noch nicht genügend berücksichtigt worden ist (wohlgemerkt: für jeden Theoretiker gibt es nur „eine" Theorie").

Eine Synthese von japanischem und europäischem Rechtsdenken ist letzten Endes eine Sache der Theorie, die aber positive Kenntnisse dieser beiden Rechtskulturen voraussetzt. Eine Zusammenarbeit von japanischen und europäischen Spezialisten ist notwendig, um das in Luzern angefangene Gespräch weiterzuführen und fruchtbar zu machen. Wie zu erwarten, war der Ansatz der europäischen Referenten vorwiegend theoretisch, der der japanischen Referenten dagegen empirisch-rechtssoziologisch und auf das Vorbringen der japanischen Rechtswirklichkeit orientiert. Wäre die Brücke zwischen diesen zwei Ansätzen geschlagen worden, so wären wir dem Ziel näher gekommen, dafür war aber die Zeit zu kurz. Es fehlt jetzt nur noch, sich Zeit zu nehmen und auf diesem Weg weiterzugehen.

RECHTSTHEORIE 16 (1985), S. 151—162
Duncker & Humblot, Berlin 41

SCHLICHTUNG ALS INSTITUTION DES RECHTS

Ein Vergleich von europäischem und japanischem Rechtsdenken

Von Masao Oki, Tokyo

Die Japanologie erfreut sich seit vielen Jahren besonders in Japan einer Hochkonjunktur. Während der letzten dreißig Jahre wurden in Japan fast 700 Bücher und Abhandlungen über den spezifischen Nationalcharakter der Japaner im internationalen Vergleich veröffentlicht. Fast alle Autoren weisen auf das schwache Ich-Bewußtsein, das starke Wir-Bewußtsein der Japaner, auf die harmonieliebende Mentalität und Konsensusbereitschaft der Japaner hin[1]. Auch die meisten Rechtswissenschaftler, angefangen mit Takeyoshi Kawashima, waren der Meinung, das Rechtsbewußtsein der Japaner sei wenig entwickelt, und der Begriff „Recht" gehöre nicht zur japanischen Muttersprache, sondern sei ein Fremdwort geblieben[2].

Diese Ansicht dominierte nicht nur in Japan, sondern verbreitete sich auch in Europa. René David sagt: In Europa sei Recht gleichbedeutend mit Gerechtigkeit; die Gesellschaft ordne sich dem Recht unter, und die Bürger seien aufgerufen, für ihr Recht zu kämpfen. Im Fernen Osten dagegen halte man das Recht für einen Notbehelf, um das barbarische Volk zu disziplinieren. Ehrliche Bürger lebten nach den Normen der Moral und des Li und suchten Rechtsinstanzen möglichst zu vermeiden. Rechtsstreit sei der Krankheit ähnlich. Lösung von Konflikten durch außergerichtliche Schlichtung sei wünschenswerter als ein formales Gerichtsverfahren. — Darin besteht für René David der wesentliche Unterschied zwischen der europäischen und der asiatischen Rechtskonzeption[3].

Diese Ansicht wird nicht nur von Kawashima und René David, sondern auch von Yoshiyuki Noda[4], Zweigert und Kötz[5] vertreten. Stich-

[1] *Yoshio Sugimoto / Ross Mouer*, Nippon-jin wa Nippon-teki ka? (Sind die Japaner japanisch?), 1982, S. 13.

[2] *Takeyoshi Kawashima*, Nippon-jin no Ho-ishiki (Das Rechtsbewußtsein der Japaner), 1967, S. 16.

[3] *R. David*, Introduction to the „Different Conceptions of the Law", in: International Encyclopedia of Comparative Law, vol. 2, Chap. 1, 1972, S. 4 - 5.

[4] *Yoshiyuki Noda*, Introduction au droit japonais, 1966, S. 175 ff.

[5] *K. Zweigert / H. Kötz*, Einführung in die Rechtsvergleichung, Bd. 1, 1971, S. 421 - 423.

wortartig skizziert heißt dies: In Europa gibt es Legalismus, Verherrlichung des Rechts, Respekt vor den Juristen, Lösung der Konflikte durch formale Gerichtsverfahren und die Idee, für das Recht zu kämpfen. Demgegenüber sei der Ferne Osten charakterisiert durch Verachtung des Rechts, Mißtrauen gegen die Juristen, Lösung der Konflikte durch Schlichtung und die Idee der Versöhnung durch maßvolle Bescheidenheit.

Diese Alternative und Generalisierung scheint mir aber sehr bedenklich. Kann man sagen, daß alle Europäer das Recht respektieren und bereit sind, für Recht und Gerechtigkeit zu kämpfen, hingegen Chinesen und Japaner das Recht grundsätzlich verachten und Konflikte ausschließlich im Guten bereinigen wollen? — Übertreibt die Alternative nicht einseitig, wenn man sagt, daß Europäer ausnahmslos streitlustig und Asiaten allesamt friedliebend seien? Die Übertreibung macht, wie mir scheint, den Irrtum deutlich, der in dieser gegensätzlichen Charakterisierung steckt.

Natürlich ist es richtig, auf die starke Tradition des Legalismus in den europäischen Ländern hinzuweisen. Die immer wieder benutzten Schlagworte zeigen dies deutlich: „rule of law" in England; „suprématie de droit" in Frankreich; „Rechtsstaat" in Deutschland; und sogar in der Sowjetunion „Sakonnostsch". Gewiß streben die Europäer seit Generationen danach, die willkürliche Herrschaft von Menschen zu beseitigen und statt dessen die Herrschaft des Rechts zu errichten. Alle Revolutionen wurden durchgeführt, um Tyrannei, die verderbteste Regierungsform, zu stürzen und das Ideal des Legalismus (des Rechtsstaates) zu verwirklichen. Nach diesem Ziel strebten die Puritanische, die Französische und die Russische Revolution.

Betrachten wir diesen „so prächtigen" europäischen Legalismus genauer! Im „Kampf ums Recht" schreibt Ihering: Der reisende Engländer trete dem Versuch einer Prellerei von seiten der Gastwirte oder Lohnkutscher mit einer Mannhaftigkeit entgegen, als gelte es, die Rechte Altenglands zu verteidigen. Zur Not verschiebe er seine Abreise, bleibe tagelang am selben Ort und wende den zehnfachen Betrag von dem auf, was er sich zu zahlen weigere. — Ihering vergleicht dann den tapferen Engländer mit einem Österreicher und sagt: „Ich versetze einen Österreicher derselben sozialen Stellung und Vermögensverhältnisse in diese Situation. Wie wird er handeln? Nach meinen Erfahrungen werden es von Hundert nicht Zehn sein, die dem Beispiel des Engländers folgen[6]." Vermutlich meint Ihering, daß der Österreicher und ebenso der Deutsche kein so hoch entwickeltes Rechtsbewußtsein wie der Engländer habe.

[6] *Rudolph von Ihering,* Der Kampf ums Recht, 4. Aufl. 1874, S. 44 f.

Ich maße mir nicht an, das Rechtsbewußtsein der Europäer zu messen. Aber vielleicht kann man das Rechtsbewußtsein eines Franzosen zum Modell nehmen und sagen, es stehe in der Mitte zwischen der Empfindlichkeit des Engländers und der von Ihering behaupteten Nonchalance des Österreichers.

Der Legalismus erreichte in Frankreich zur Zeit der Großen Revolution seinen Höhepunkt. Jean-Jacques Rousseau, der zum Ideologen der Revolution wurde, begründete das Recht aus dem allgemeinen Willen des Volkes, das die Tyrannei des Königs niedergeschlagen und sich als freiwillige Gemeinschaft zusammengeschlossen hat. Deshalb forderte Rousseau vom Volk die absolute Beobachtung der Gesetze[7]. Die Revolution, die sich von den Gedanken Rousseaus legitimiert fühlte, führte zu den napoleonischen Kodifikationen. Man hielt den Codex für so heilig und unantastbar, daß Jean-Jacques-Régis Cambacérès, Revolutionär und Jurist, meinte, nur mit zitternden Händen dürfte man das heilige Gesetzbuch berühren[8]. Diese Unantastbarkeit des Code Civil übte einen starken Einfluß auf die damalige französische Rechtswissenschaft aus. Bekannte Professoren wurden angeklagt oder aus dem Dienst entlassen, weil sie während ihrer Vorlesungen Vorschriften des Code Civil kritisiert hatten. Für viele wurde die Situation der französischen Rechtswissenschaft zu einer sterilen Wüste[9].

Das 19. Jahrhundert wurde zwar „un grand siècle juridique" genannt[10], aber in Wirklichkeit war es für die Rechtswissenschaft keine schöpferische Zeit. Im Gegenteil, es herrschte die Exegetische Schule. Sie suchte nicht nach theoretischer Originalität, sondern verehrte und kommentierte nur die Paragraphen des Codex. Dieser Paragraphenkult ist natürlich nicht mit Legalismus identisch. Aber solange Juristen gesetztes Recht schlicht für unabänderlich und heilig halten, sind Legalisten die Priester des Paragraphenkultes. Der Code Civil wurde während der zwei Jahrhunderte seines Bestehens oft geändert; aber im wesentlichen blieb das Gesetzbuch in Kraft. Man kann daher wohl sagen, daß der Geist des Legalismus auch heute noch in Frankreich lebendig ist.

Soll man den französischen Legalismus verehren und darin ein getreues Abbild des französischen Rechtsbewußtseins sehen?

Als 1789 die „Déclaration des droits de l'homme et du citoyen" beraten wurde, forderten mehrere Abgeordnete der Nationalversammlung,

---

[7] *J. J. Rousseau,* Du Contrat Social, ou Principes du droit politique, Édition Garnier Frères, 1962, S. 205 ff.

[8] *G. Ripert,* Le déclin du droit, 1949, S. 3.

[9] *J.-A. Arnaud,* Les juristes face à la société du XIXe siècle à nos jours, 1975, S. 48 ff.

[10] *Ripert* (FN 8), S. 1.

darunter Camus, Lubersac und Grégoire, daß man die „Menschenrechte" unbedingt durch eine Erklärung der „Menschenpflichten" ergänzen solle[11]. Jules Michelet, der Verfasser der französischen Revolutionsgeschichte, bemerkt, daß auch das Gefühl für die Pflichten in der Deklaration der Rechte lebendig sei. Aber er weist darauf hin, daß in diesem historischen Moment die Rechte des Menschen zu deklarieren seien[12]. Malouet behauptet sogar:

> Die Franzosen seien zur Erklärung der Menschenrechte immer noch nicht bereit. Im Gegensatz zu Amerika fehle Frankreich eine verläßliche Tradition der Gleichheit und des gesicherten Eigentums. Die Deklaration werde nur Verwirrung und Unordnung stiften[13].

Ist es nicht überraschend, daß hinter dem Rücken der fortschrittlichen „Déclaration des droits de l'homme" das zurückgebliebene Rechtsbewußtsein des breiten Volkes diskutiert wird?

Gegen Ende des 19. Jahrhunderts leugnete Léon Duguit, ein Vertreter der Ecole Scientifique, den Begriff des subjektiven Rechts. Wie Auguste Comte hielt er das subjektive Recht für ein Relikt des theologischen und philosophischen Stadiums. Eigentum, so sagte Duguit, sei kein Recht, sondern eine soziale Funktion. Der Eigentümer eines Grundstückes zum Beispiel habe nicht das Recht, seinen Acker verwildern zu lassen. Die Gesellschaft könne von einem solchen Eigentümer die Verwirklichung seiner sozialen Funktion einfordern[14]. Ich möchte hier darauf hinweisen, daß schon vierzig Jahre nach der Veröffentlichung von Iherings „Kampf ums Recht" der Begriff des subjektiven Rechts angegriffen wurde. Schon damals konnte man nicht mehr von einem „Kampf ums Recht" sprechen.

Dann kamen schlimme Zeiten. Nach dem Zweiten Weltkrieg veröffentlichte George Ripert das Buch „Le Déclin du Droit" (1945). Der Titel spielt beziehungsreich auf Spenglers „Der Untergang des Abendlandes" an.

Es braucht hier nicht ausgeführt zu werden, wie die „individuellen" Rechte in der Zeit von Duguit bis Ripert der Entwicklung des Sozialrechtsgedankens zum Opfer fielen. Der entscheidende Schlag aber wurde dem Legalismus durch die immer stärker werdende Tendenz versetzt, das „Recht" immer weniger zu achten. Einer der Gründe für die

---

[11] *J. Godechot,* Les institutions de la France sous la Révolution et l'Empire, 1968, S. 32.

[12] *J. Michelet,* Histoire de la Révolution française, édition établie et commentée par Gérard Walter, tom. 2, 1952, S. 205 f.

[13] *Godechot* (FN 11), S. 23.

[14] *L. Duguit,* Le droit social, le droit individuel et la transformation de l'Etat, 3e éd., 1922, S. 6 f.

sinkende Autorität des Rechts ist die Inflation der Gesetze. Zahllose und überflüssige Gesetze unterhöhlen die Achtung vor dem Gesetz. Im Dschungel der Gesetze suchen die Juristen nach den Vorschriften, denen zu folgen wäre. Manchmal finden sie die vorgeschriebenen Gesetze nicht, oder sie vergessen sie anzuwenden. Bedeutungslose Gesetze aber leben auf Kosten des Gesetzes. Den Bäckern und Gastwirten zum Beispiel wird vorgeschrieben, die Ingredienzen der Eßwaren für jeden Kunden leserlich zu deklarieren. Aber welcher Kunde liest dann diese Etiketten? Ein anderes Gesetz schreibt den Kasinokellnern Kleidung ohne Taschen vor[15]. Die Gesetzbücher werden dick und fett. Die Hände der Juristen zittern nicht mehr, wenn sie das geheiligte Buch aufschlagen.

Diesen Ausführungen von Ripert habe ich nichts hinzuzufügen. Sie dürften jedem in der Praxis tätigen Juristen aus der Seele gesprochen sein.

Diese ruinöse Inflation entsteht daraus, daß die Grenze zwischen Legislative und Exekutive immer undeutlicher wird und der unterschiedliche Rang verschiedener Rechtsquellen nicht deutlich bestimmt bleibt. In die großen Gesetzbücher münden Gesetze, die aus völlig ungleichwertigen Rechtsnormen ihren Ursprung nehmen. Mit dem schwindenden Respekt vor dem Gesetz verlor auch der Legalismus an Boden, und folglich sank das Ansehen der Juristen. An ihre Stelle trat die Herrschaft der Technokraten. Wirtschaftssachverständige und Soziologen bilden das neue Monopol[16]. An den Universitäten treten Vorlesungen über Rechtsphilosophie und Rechtsgeschichte in den Hintergrund. Bei den Studenten beliebt sind Intensivkurse zur praktischen Rechtsberatung. Kurze Lehrbücher oder Taschenbücher über juristische Probleme des Alltags verkaufen sich gut. Die Zeiten haben sich geändert. Viele Juristen sind in ihrem Selbstvertrauen erschüttert. Der Glorienschein des Legalismus ist verblichen.

Wenden wir uns nun der Rechtsgeschichte des Fernen Ostens zu! Man glaubte lange Zeit, daß der Konfuzianismus die einzige Grundlage der Moral in Japan und China sei. Man findet zwar in Japan überall Shintoschreine und buddhistische Tempel, aber es gibt keine konfuzianistischen Mausoleen. Die Analekten des Konfuzius sind in Japan kein Bestseller. In China existierte der Konfuzianismus zusammen mit dem Buddhismus und Taoismus. In Japan war darüber hinaus eine friedliche Koexistenz mit dem Shintoismus möglich, weil der Konfuzianismus andere Religionen nicht als häretisch verurteilt und Häretiker nicht liquidiert. Weil im Konfuzianismus die Lehre für den Herrscher

---

[15] *Ripert* (FN 8), S. 99 f.

[16] *A. Rinken*, Einführung in das juristische Studium, 1977, S. 145 ff.

zentral ist, wurde er zur Zeit des Tokugawa-Shogunats (1603 - 1868) als amtliche Wissenschaft gefördert. Aber der Konfuzianismus prägte nie entscheidend die geistige Haltung der Japaner. Erster Shogun des Edo-Shogunats war Ieyasu Tokugawa. Sein konfuzianischer und wissenschaftlicher Berater Rasan Hayashi mußte sich wie ein buddhistischer Mönch das Haupt scheren lassen. Die damals herrschende Klasse der Samurai verelendete im Lauf der Tokugawa-Zeit und las die Analekten des Konfuzius immer unwilliger und seltener[17]. Der Einfluß des Konfuzianismus auf Japan ist geringer, als man gemeinhin annimmt. Der berühmte Historiker Sokichi Tsuda behauptete schon früh, daß Japan kein Land des Konfuzianismus sei.

Während der zweiten Hälfte des 19. Jahrhunderts mußten Chinesen und Japaner die europäische Wissenschaft und Technik als Modell übernehmen und das Land modernisieren. Aber als Reaktion auf die übermäßige Modernisierung Japans entstand der Ultranationalismus. Japan hatte jedoch kein geeignetes Mittel gegen die europäische Zivilisation. Darum erinnerte man sich an die lange vernachlässigte Morallehre des Konfuzius. So trat der Konfuzianismus in den Vordergrund, und sein Wert wurde sehr übertrieben[18]. Kurz gesagt: Die Geisteshaltung Japans wurde durch den Konfuzianismus nicht entscheidend geprägt[19].

Nach einer führenden Meinung soll in Japan konfuzianistische Ethik und Harmonisierungsidee herrschen. Wenn aber diese Voraussetzung nicht gültig ist, verliert auch die darauf aufgebaute These, das japanische Rechtsbewußtsein sei schwach, ihre Grundlage. Deswegen muß man diese These kritisch analysieren.

Die meisten Forscher gelangten zu dieser Behauptung, weil sie sich mit hoch abstrakten und rein theoretischen Überlegungen beschäftigten. Wir möchten jedoch die These des schwachen Rechtsbewußtseins an konkreten Beispielen der japanischen Rechtsgeschichte überprüfen. Das Ergebnis dieser Überprüfung ist, daß im Gegensatz zur herrschenden These ein viel stärkeres Rechtsbewußtsein der Japaner festzustellen ist.

Zum Beweis führen wir drei Fälle an, nämlich

1. die Samurai im japanischen Mittelalter (Kamakura-Zeit, 1185 - 1333)
2. die Bauern der Edo-Zeit (1603 - 1868)
3. die Mieter im modernen Japan.

---

[17] *Masuo Murai*, Überreife und Dekadenz im Stadtleben (in Japanisch), in: Taikei-Nippon-shi-Sosho, Bd. 16, S. 347 ff.

[18] *Shohei Kumano*, Die heutige Entwicklung der chinesischen Philosophie (in Japanisch), in: Koza-Toyo-shiso, 1976, S. 264.

[19] *Sokichi Tsuda*, Das chinesische Denken und Japan (in Japanisch), 1977, S. 89.

Das Lehnsverhältnis der Samurai, das auf Huld und Dienst basierte, entstand in der Kamakura-Zeit. Die Loyalität des Samurai wurde so hoch geschätzt, daß sie oft als Thema von Romanen und Dramen verwendet wurde. In Wirklichkeit jedoch lebten viele Kamakura-Samurai in einer eigennützigen und gewinnsüchtigen Welt. Sie mußten ein armes und dürftiges Leben führen; ihre Sparsamkeit war oft durch Vorschriften erzwungen. Wirtschaftliche Grundlage ihres Lebens waren die Domänen. Für den Samurai war es eine Sache auf Leben und Tod, seine Domäne zu erhalten und möglichst zu erweitern. Die Kamakura-Samurai waren auf Gewinn bedacht und zeigten einen sehr modernen Sinn für das Recht. Für das Lehnsverhältnis genügte es, wenn der Gefolgsmann leistete, was der vom Herrn gezeigten Huld entsprach. Erfüllte der Herr seine Pflichten nicht, so konnte der Gefolgsmann unter Umständen das Verhältnis kündigen[20].

Die Besitz- und Rechtsverhältnisse der Domänen waren äußerst komplex. Teils übertrugen die Feudalherren ihre Domänen zum Schein auf einflußreiche Familien, um nach außen gegen Angriffe anderer Feudalherren gewappnet zu sein. Diese hätten es nämlich nicht riskieren können, sich mit einer einflußreichen Adelsfamilie anzulegen. Teils verkauften in Not geratene Samurai gesetzwidrig ihren Grund und Boden heimlich. So ergaben sich verwickelte Rechtsverhältnisse. Häufig gab es lang andauernde Rechtsstreitigkeiten zwischen Feudalherren und Gefolgsleuten wie auch unter den Verwandten, die um die Domäne stritten, oft unter Anwendung von Gewalt. Das Kamakura-Shogunat erließ im Jahre 1247 ein Gesetz, das verbot, Streitigkeiten zwischen Feudalherren und Gefolgsleuten vor dem Shogunatsgericht zu verhandeln, was auch immer der Grund der Klage sein mochte.

Die Rechtshistoriker haben bis jetzt angenommen, daß durch dieses Gesetz den Feudalherren das Recht eingeräumt werden sollte, für sich allein die Dienste des Gefolgsmannes zu beanspruchen, ohne ihrerseits Pflichten gegenüber dem Gefolgsmann zu übernehmen[21]. Diese Meinung scheint mir nicht richtig, weil sie zu sehr auf die einseitige Verpflichtung des Gefolgsmannes Gewicht legt. Der sachliche Anlaß für dieses Gesetz ist nach meiner Meinung die Überbeanspruchung der Shogunatsgerichte[22].

Der Samurai lebte von seiner Domäne. Es ist natürlich, daß er ein empfindliches Bewußtsein für seine Rechte auf Grund und Boden entwickelt hatte. Die Regierungsorgane des Kamakura-Shogunats hatten

[20] *Saburo Ienaga,* Nippon-Dotoku-shiso-shi (Geschichte der japanischen Moralphilosophie), 1977, S. 88 ff., 92.

[21] *Takeshi Toyoda,* Verwandlung der feudalistischen Gefolgschaft (in Japanisch), Shigaku-Zasshi, Bd. 62, Nr. 10, 1953, S. 85.

[22] *Susumu Ishii,* Das Verhältnis zwischen den Feudalherren und den Gefolgsmännern (in Japanisch), in: Koza-Nippon-Shiso, Bd. 3, 1983, S. 272.

sich immer mehr in Institutionen der Justiz verwandelt, und das Verfahrensrecht entwickelte sich in dieser Zeit auf sehr interessante Weise. Die 52 Bände der Azumakagami-Chronik sind voll von Berichten aus dem Bereich der Justiz. Diese Tatsache zeigt das außerordentlich starke Rechtsbewußtsein der Kamakura-Samurai.

Wenn wir die Situation der Bauern in der Edo-Zeit betrachten, wollen wir darauf achten, ob sie wirklich als unterdrückte Sklaven lebten, wie die meisten Rechtshistoriker behaupten. Diese herrschende Meinung berücksichtigt selten oder gar nicht die bemerkenswerte Tatsache, daß die Bauern in der Edo-Zeit mit Einsatz ihres Lebens um ihre Rechte kämpften. Wie kann man das Faktum vergessen, daß es in den 265 Jahren der Edo-Zeit weit über 3 000 Bauernaufstände gab[23]?! Dies war ein verzweifelter Kampf um die Menschenrechte. Man darf auch nicht übersehen, daß die Bauern in den meisten Fällen in die Hauptstadt Edo kamen und im „Kujiyado" (Gasthaus für Litiganten) wohnten. Die Bauern führten zuerst einen Prozeß, bevor sie sich erhoben und zur Gewalt griffen. Diese „Kujiyado" werden auch „Hyakusho-Yado" genannt, Gasthaus für Bauern. In der Stadtmitte von Edo gab es 200 „Kujiyado", die von zahlreichen Bauern-Klägern besucht wurden. Diese Bauern kämpften hartnäckig vor Gericht. Wenn sie von den Gerichtsbeamten streng inquiriert wurden, verbeugten sie sich zwar vielmals vor den Beamten, weigerten sich aber oft, irgend etwas auszusagen, oder lehnten es ab, das Protokoll zu unterschreiben[24].

Das Japan der Moderne liefert weitere Beispiele für ein starkes Rechtsbewußtsein. Zur Zeit des Russisch-Japanischen Krieges konnte man in allen Kneipen und überall auf den Straßen ein Lied hören:

„Ach, so unverständlich, unbegreiflich!
Wer kann die Menschen heute verstehen?
Wo walten noch Pflichten und Neigung?
Sind nicht alle durch Habsucht geblendet?
Sind nicht alle wankelmütig?
Geld und Gold regiert die Welt.
Es trifft nicht nur fremde Personen,
Auch die eigenen Verwandten!
Das Geld macht den Engel zum Teufel.
Wie ein Argus späht er nach Gold.
Zanken, Schlagen, Prozessieren,
Ist das die wahre Zivilisation?"[25]

---

[23] *Tomohiko Harada*, Kaikaku to Ishin (Reform und Revolution), 1976, S. 44 f.

[24] *Michio Aoki*, Das Leben und der Aufstand des Volkes im neueren Zeitalter (in Japanisch), in: Ikki, University of Tokyo Press, Bd. 4, 1982, S. 193, 216.

[25] *Shoichi Matsuo*, Lebensumstände der Arbeiterklasse während des Russo-Japanischen Krieges (in Japanisch), in: Taikei Nippon-shi Sosho, Bd. 17, 1980, S. 195.

Natürlich kann man in diesem Liede die Abneigung der Japaner gegen westliche Zivilisation finden. Aber wenn es unter den Verwandten keine rechtlichen Streitigkeiten gegeben hätte, und wenn alles nur durch Giri und Ninjo, Pflichtgefühl und Menschenliebe zu erklären wäre, dann wäre auch dieses Lied nie in Mode gekommen.

Vor und nach dem Großen Erdbeben, das 1923 Tokio zerstörte, gab es in der Hauptstadt zahlreiche Konflikte zwischen Mietern und Vermietern wegen der großen Wohnungsnot. In der Stadt Sendai wurde ein Mieterbund organisiert. Die Mitglieder dieses Bundes sangen:

„Natürlich hast du Rechte
Auf den Grund und auf das Haus,
Du bist Bürger dieses Landes.
Erhebe dich! Werde ein Kämpfer für das Rechte!
Hisse die Fahne! Gerechtigkeit, steh' auf!"[26]

Erinnern wir uns daran, daß der Autor von „Der Kampf ums Recht" ein Professor war. Die Sänger dieses einfachen Liedes aber waren arme und unbekannte Mieter. Ich meine, daß die herrschende Meinung, die den Japanern aufgrund ihres harmonieliebenden Nationalcharakters ein schwaches Rechtsbewußtsein zuschreibt, allzusehr die geschichtlichen Tatsachen vernachlässigt.

Die herrschende Meinung hängt an der vagen Idee eines Nationalcharakters. Sie berücksichtigt einseitig die subjektive Seite des Rechts, zum Beispiel ein schwierig zu erfassendes Phänomen wie Rechtsbewußtsein. Ich glaube, es führt weiter, wenn wir mit Tatsachen begründen können, warum man in Japan häufig das Verfahren der Schlichtung oder der Versöhnung benutzt. Es ist ein Faktum, daß der Japaner die außergerichtliche Schlichtung dem gerichtlichen Verfahren vorzieht.

Wie mir eine deutsche Amtsrichterin berichtet hat, versuchen auch in Deutschland die meisten Leute, ohne Gerichtsverfahren auszukommen. Sie verzichten lieber auf einen Anspruch, ehe sie Rechtsanwälte und Gerichte bemühen. Symptomatisch für diese Haltung ist das deutsche Sprichwort: „Besser ein magerer Vergleich als ein fetter Prozeß." In anderen europäischen Ländern dürfte es nicht anders aussehen, nicht einmal in England, dessen Bewohner nach Ihering mehr als alle anderen Europäer auf Wahrnehmung ihrer Rechte bedacht sind.

Der Grund für die in der Tat in Japan gegebene Beliebtheit des Schlichtungsverfahrens liegt meiner Meinung nach viel weniger auf der subjektiven Seite als vielmehr in objektiven Gegebenheiten[27]. Im

---

[26] *Yoshio Nasu*, Die Entwicklung des Monopolkapitales und das Leben des Volkes, in: Taikei Nippon-shi Sosho, Bd. 17, 1980, S. 378.

[27] Vgl. *M. Rheinstein*, Comparative Law — Its Functions, Methods and Uses, in: Mario Rotondi, Inchieste di diritto comparato, 2, 1973, S. 553.

Laufe der Geschichte hat sich die Schlichtung in Japan effizient *institutionalisiert;* im Gegensatz dazu entwickelte sich das Gerichtswesen nur wenig.

Für die Edo-Zeit möchten wir einen kurzen Überblick auf das wenig entwickelte Justizwesen und das sehr ausgearbeitete Schlichtungsverfahren geben. Ein Bericht aus dem Jahre 1718 zeigt, daß von 47 731 Klagen, die den Edo-Gerichten vorlagen, 33 037 Streitigkeiten um Darlehen betrafen[28]. Daraus läßt sich einmal die wirtschaftliche Notlage dieser Epoche ablesen. Sodann wußte das Edo-Shogunat keinen Rat, wie es eine solche Flut von Prozessen hätte bewältigen können. Es gab in Edo nur drei Gerichte, deren Richter Söhne der Daimyo-Fürsten oder ältere Beamte waren. Diese Richter aber waren keine Berufsjuristen, denn es gab keine systematische Juristenausbildung im damaligen Japan. Das Shogunat weigerte sich, Klagen wegen Darlehen vor Gericht zuzulassen. Deswegen wurde 1719 das drastische „Aitaisumashirei" (d. h. Dekret über Konfliktlösung nicht durch den Richter, sondern nur durch gegenseitiges Verhandeln) dekretiert. Von den herrschenden Klassen wurde das Dekret bereitwillig angenommen, weil sie tief verschuldet waren. Auch die damals herrschende Morallehre kam der Ausübung des Dekrets entgegen, weil sie predigte, daß ein Darlehnsvertrag im Geist gegenseitiger Treue geschlossen werden sollte, im Streitfall deshalb alle Beteiligten sich durch eine Schlichtung friedlich zu einigen hätten. Die Maßnahme der Regierung wurde auch durch die allgemeine Ansicht begünstigt, daß Geldverleiher eigentlich einen schädlichen Beruf ausübten, die Regierung also nicht gehalten sei, die nicht ehrenwerten Interessen eines Geldverleihers zu schützen. Streitigkeiten wegen Darlehen, die mehr als 70 % aller Zivilprozesse ausmachten, waren nach dem neuen Dekret privat zu lösen.

Das Aitaisumashirei wurde zwischen 1661 und 1842 elfmal erlassen[29]. Die außergerichtliche Schlichtung wurde auch für andere zivilrechtliche Streitigkeiten empfohlen. Eine zunehmende Zahl von Streitigkeiten wurde seitdem durch außergerichtliche Schlichtung gelöst. Eine wichtige Rolle bei der Schlichtung spielten die Gemeindevorstände oder Zunftmeister. Diese Vermittler wußten wohl, daß sie das Recht und die Pflicht hatten, die Streitigkeiten, die innerhalb ihrer Gemeinden und Gruppen entstanden, aufzulösen oder vorbeugende Maßnahmen zu treffen. Weil die Schlichter ihre Pflichten mit Ernst und großer Zielstrebigkeit erfüllten, stieg die Zahl der erfolgreichen Schlichtungen erheblich. Solange das System der Schlichtung funktionierte, hatten die mei-

[28] *Kingo Kobayakawa,* Kinsei-Minjisosho-seido no Kenkyu (Studien des Zivilprozeßwesens in der Neuzeit), 1957, S. 10.

[29] *Ryosuke Ishii,* Nippon-Hoseishi Gaisetsu (Einführung in die japanische Rechtsgeschichte), 1948, S. 532.

sten Japaner wenig Lust, in formalen Gerichtsverfahren um ihre Rechte zu kämpfen[30].

Wenn man die Geschichte betrachtet und sieht, wie hartnäckig Samurai, Bauern und Bürger um ihre Rechte kämpfen, muß man sagen, daß auch die Japaner ein starkes Rechtsbewußtsein haben. Ebenso ist richtig, daß ein Japaner die private Vermittlung und Schlichtung auch heute noch dem formalen gerichtlichen Verfahren vorzieht. Diese beiden Feststellungen widersprechen sich überhaupt nicht. Das System der Schlichtung hatte in Japan schon lange vor der Rezeption des westlichen Rechts erfolgreich funktioniert. Ob die Japaner besonders friedliebend sind, weiß ich nicht, aber sie waren an das System der Schlichtung gewöhnt und entwickelten es auch nach der Rezeption des westlichen Rechts weiter. Nach der Meija-Reform wandelte sich die landwirtschaftliche in eine industrielle Gesellschaft. Der soziale Wandel und die wirtschaftliche Depression nach dem Ersten Weltkrieg heizten die Konflikte unter den Volksmassen an, und es kam zu erbitterten Kämpfen zwischen Pächtern, Fabrikarbeitern und Mietern. Um diesen Konflikten vorzubeugen und die Flut der Zivilprozesse einzudämmen, griff die Regierung zu den gleichen Maßnahmen wie in der Edo-Zeit. Sie suchte das System der Schlichtung zu konsolidieren und zu erweitern. Ein Schlichtungsgesetz für Mieter wurde im Jahre 1922, für Pächter im Jahre 1924 und für Fabrikarbeiter im Jahre 1926 erlassen. Danach wurde das System der Schlichtung auf alle Fälle ausgedehnt, die Familie, Handel und Darlehen betreffen. Vervollkommnet wurde dieses System im Jahre 1942. Durch das Gesetz zur Schlichtung im Zivilrecht wurde dieser ganze Rechtsbereich abgedeckt. Durch Schlichtung wurden, einschließlich der *vor* der Klagerhebung gelösten Fälle, fast ein Drittel aller Zivilsachen erledigt.

Warum ist die Schlichtung in Japan so tief verwurzelt?

Die Antwort auf diese Frage findet sich unter anderem in der historischen Entwicklung des japanischen Rechtssystems: Die Regierungen wurden durch eine Flut von Klageerhebungen bedrängt. Da das Justizwesen unvollkommen entwickelt war, wurde die Erledigung der privaten Streitigkeiten den lokalen Verwaltungsorganen und Autoritätspersonen in Gemeinden und Gruppen anvertraut. Auch nachdem um 1910 das westliche Rechtssystem in Japan rezipiert war, fehlte es an Richtern, die die anfallenden Arbeiten ausführen, das System instandhalten und, wenn nötig, erweitern konnten. Im Jahre 1975 taten nur 2 643 Richter Dienst. Das heißt, es gibt einen Richter für 8 400 japanische Bürger. Die Vergleichszahlen sind: für die USA 1 zu 500; für Eng-

[30] *Aoki* (FN 24), S. 218.

land 1 zu 1 000; und 1 zu 1 600 in Deutschland[31]. Wenn man sich diese Ziffern anschaut, scheint es keine Übertreibung, wenn man sagt, das japanische Justizwesen sei dem Bankrott nahe.

Jetzt muß ich zum Schluß kommen. Die japanische Rechtsgeschichte kennt nur ein unvollkommen entwickeltes Justizwesen. Dagegen zeigt sie ein hochentwickeltes System der außergerichtlichen Schlichtung. Dieses System hat wenig oder gar nichts mit der konfuzianischen Philosophie zu tun, die vor 2 500 Jahren entstand. Auch die Japaner sind nicht so moralisch, daß sie immer den Lehren der Moral folgen und freiwillig auf ihre Rechte verzichten. Viele Autoren meinen, daß allein Europa eine lange Tradition der Suprematie des Rechts kennt und allein die Europäer um das Recht gekämpft haben. Jedoch scheint mir die wirkliche Geschichte des Rechtsstaates nicht so lang, wie diese Autoren meinen. Erst im 19. Jahrhundert spricht man in Europa vom „grand siècle juridique". Heute, am Ende des 20. Jahrhunderts, befindet sich der Rechtsstaat in Europa in einem kritischen Zustand. Europäer suchten nach Auswegen aus dieser Krise und fanden im Fernen Osten friedliebende Menschen, die außergerichtliche Schlichtung als vernünftige Konfliktlösung praktizieren. Das Gefundene wurde, meines Erachtens, stark idealisiert. Ich glaube nicht, daß die Japaner moralischer sind als die Europäer. Gibt es wirklich einen so grundlegenden Unterschied zwischen der europäischen und der japanischen Rechtskonzeption? In Japan entwickelte sich die außergerichtliche Schlichtung als Methode der vernünftigen Konfliktlösung und Institution des Rechts. Ich glaube nicht, daß wir heute schon sagen können, ob dieses Verfahren ohne weiteres auf das europäische Rechtsdenken und seine Praxis einen Einfluß ausüben kann. Ich bin aber sicher, daß mein Referat von heute „auf dem Weg" ist, und daß weitere sachobjektivere Vergleichung unbedingt nötig ist, um unser gemeinsames Ziel zu erreichen.

---

[31] *Hideo Tanaka,* Jittei-Hogaku Nyumon (Einführung in das positive Recht), 3. Aufl. 1974, S. 270.

RECHTSTHEORIE 16 (1985), S. 163—179
Duncker & Humblot, Berlin 41

DIE KOMPETENZZUTEILUNG ALS RECHTSPHILOSOPHISCHES PROBLEM IM ÖFFENTLICHEN RECHT

Von Herbert Schambeck, Linz

Kompetenz bedeutet *Zuständigkeit,* Zuständigkeit begründet *Verantwortung* und Verantwortung veranlaßt Sachbezogenheit. In dieser Sicht stellt die Kompetenz eine *Sachermächtigung* dar.

Was diesbezüglich für die Kompetenz im allgemeinen gilt, gilt im besonderen auch für die Kompetenzzuteilung im Staat.

I.

Der Staat ist der dem Einzelmenschen und der Gesellschaft übergeordnete Herrschaftsverband, der mittels des positiven Rechts Höchstfunktion erfüllt. *Kompetenz des Staates* bedeutet daher *Handlungsermächtigung auf Grund des positiven Rechts.* Hans Kelsen hat es in seiner juristischen Staatsauffassung verdeutlicht: Der Staat darf nur soweit tätig werden, als ihm dazu durch das positive Recht die Ermächtigung erteilt wird[1]. So gesehen kommt der Kompetenzzuteilung eine den Staat konstituierende Bedeutung zu, das heißt, die Zuständigkeitsregelung ist Handlungsanordnung des Staates, ihr kommt eine ordnungsbegründete Funktion zu. Nur soweit der Staat mit seinen Organen die Zuständigkeit erhält, kann er zulässig handeln.

Im Hinblick auf das öffentliche Recht ist die *Kompetenzzuteilung ein Anliegen sowohl der Verfassung im formellen wie im materiellen Sinn.*

Verfassung im formellen Sinn ist die Summe der Normen, die qualifiziert im Hinblick auf Präsenz und Konsens zustandegekommen und als Verfassungsnormen veröffentlicht wurden. Schon die Beschlußfassung des Verfassungsrechtes selbst setzt eine Zuständigkeitsregelung voraus, die bestimmt, wer für diese besondere Rechtssetzung kompetent ist. In dieser Sicht ist die Zuständigkeitsregelung für den Staat zu den Staatsfundamentalnormen zu zählen. Sie bestimmen die Rechtswege des Staates und prägen die Staatsordnung.

---

[1] Siehe *Hans Kelsen,* Allgemeine Staatslehre, Berlin 1925, S. 47 ff.

Staatsordnungen werden nach der jeweiligen Bedingtheit verschiedene Formen und Inhalte haben; so kann in bezug auf die Formen etwa das Verfassungsrecht Inhalt einer einzigen Verfassungsurkunde oder mehrerer Verfassungsrechtsquellen sein. In Österreich ist z. B. ein Rechtsquellenpluralismus gegeben, Verfassungsrecht ist erstens in den Verfassungsgesetzen des Bundes und der Länder enthalten, zweitens als Verfassungsbestimmungen in einfachen Gesetzen sowie drittens in verfassungsändernden Staatsverträgen. Von diesen drei Verfassungsrechtsquellen ist wohl die wichtigste das Bundes-Verfassungsgesetz vom 1. Oktober 1920, das in seinem Entwurf auf *Hans Kelsen* zurückgeht[2], und heute in der Fassung der Novelle 1929 gilt[3].

Kompetenzzuteilungen erfolgen *in Österreich* in Verfassungsgesetzen, wie im Bundes-Verfassungsgesetz und in einfachen Gesetzen enthaltenen Verfassungsbestimmungen, wie es z. B. die Wirtschaftslenkungsgesetze[4] handhaben. Im Hinblick auf den Rechtsquellenpluralismus des österreichischen Verfassungsrechts muß leider festgestellt werden, daß dieser nicht zur Übersichtlichkeit, sondern geradezu zu einer Zerrissenheit geführt hat, nicht Rechtskenntnis bewirkt, sondern Rechtsunsicherheit zur Folge hat. Die Kompetenzverteilung im öffentlichen Recht teilt so das Schicksal des Verfassungsrechts[5].

Das *Verfassungsrecht* ist aber *nicht Selbstzweck*, es steht im Dienste der Staatsordnung; so gesehen ist die Kompetenzzuteilung nicht allein Voraussetzung und Inhalt der Verfassung im formellen Sinn, sondern auch der Verfassung im materiellen Sinn, nämlich der politischen Grundordnung des Staates. Zu dieser Verfassung im materiellen Sinn[6]

---

[2] Dazu *Hans Kelsen*, Die Entstehung der Republik Österreich und ihrer Verfassung, in: Die Republik Österreich — Gestalt und Funktion ihrer Verfassung, hrsg. von Hans R. Klecatsky, Wien 1968, S. 9 ff.; *Georg Schmitz*, Die Vorentwürfe Hans Kelsens für die österreichische Bundesverfassung, Schriftenreihe des Hans Kelsen-Instituts, Bd. 6, Wien 1981 und Die österreichische Bundesverfassung und Hans Kelsen, Analysen und Materialien zum 100. Geburtstag von Hans Kelsen, hrsg. von Felix Ermacora, Wien 1982.

[3] BGBl. Nr. 1/1930.

[4] Preisgesetz BGBl. Nr. 260/1976 i. d. F. BGBl. Nr. 311/1982, Marktordnungsgesetz BGBl. Nr. 36/1968 i. d. F. BGBl. Nr. 545/1983, Viehwirtschaftsgesetz BGBl. Nr. 258/1976 i. d. F. BGBl. Nr. 621/1983, Landwirtschaftsgesetz BGBl. Nr. 299/1976 i. d. F. BGBl. Nr. 307/1982, Versorgungssicherungsgesetz BGBl. Nr. 282/1980 i. d. F. BGBl. Nr. 305/1982, Schrottlenkungsgesetz BGBl. Nr. 275/1978 i. d. F. BGBl. Nr. 314/1982, Energielenkungsgesetz BGBl. Nr. 319/1976 i. d. F. BGBl. Nr. 545/1982, Erdöl-Bevorratungs- und Meldegesetz BGBl. Nr. 318/1976 i. d. F. BGBl. Nr. 546/1982, Lebensmittelbewirtschaftungsgesetz BGBl. Nr. 183/1952 i. d. F. BGBl. Nr. 308/1982.

[5] Siehe *Hans R. Klecatsky*, Bundes-Verfassungsgesetz und Bundesverfassungsrecht, in: Das österreichische Bund-Verfassungsgesetz und seine Entwicklung, hrsg. von Herbert Schambeck, Berlin 1980, S. 83 ff. und *ders.* / *Siegbert Morscher*, Das österreichische Bundesverfassungsrecht, 3. Aufl., Wien 1982, S. VII ff. und S. 1 ff.

ist vor allem erstens die Regelung der Ausübung der Staatsgewalt in den Funktionen der Gesetzgebung, der Gerichtsbarkeit und Verwaltung zu zählen, zweitens gehört zu ihr die Ordnung des Verhältnisses von Staat und Einzelnem, nämlich der Bereich der Grundrechte, sowie nicht zuletzt die etwaige Angabe von Staatszwecken und deren Rangordnung, sofern mehrere vorgesehen sind.

Da die Ausübung der Staatsgewalt die Primärfunktion des Staates ist, kommt diesen Vorschriften über die Staatsorganisation auch aus dieser Sicht die Bedeutung von Staatsfundamentalnormen zu; diese Regelung der Staatsorganisation verlangt aber die Festlegung der Zuständigkeiten. Die Kompetenzzuteilung ist in dieser Sicht die Voraussetzung für das Tätigwerden des Staates in all seinen drei Staatsfunktionen überhaupt.

Gerne stimme ich mit *Alois Troller* überein, wenn er schon 1965 in seinem Buch „Überall gültige Prinzipien der Rechtswissenschaft" feststellt: „Die Ordnung setzt das Zuweisen von Aufgaben und Leistungen an die einzelnen voraus. Ohne zentrale Übersicht und einen daraus abgeleiteten Plan ist das nicht möglich ... Die erste und unumgehbare Grundlage jeglicher Rechtsordnung ist das Zuerkennen der Ordnungsbefugnis. Dieser Grundsatz ist der Rechtsordnung vorgegeben. Offen steht die Wahl der verschiedenen Möglichkeiten, die Ordnungskompetenz zu verteilen[7]."

Diese *Ordnungsbegründung* kann nur *von* einer *kompetenten Autorität* ausgehen, die Konstituierung dieser Autorität selbst kann in verschiedener Form, nämlich autoritär oder demokratisch, erfolgen. Für *Hans Kelsen*, der in diesem Jahrhundert wohl die konsequenteste und deutlichste Form des Rechtspositivsimus vertreten hat, beruht die erste Kompetenzzuteilung zur Legitimation der Rechtsordnung in der *Grundnorm*, die für ihn fiktiv und inhaltsleer ist.

In der zweiten Auflage seiner „Reinen Rechtslehre" erklärte *Hans Kelsen* 1960: „Eine ‚Ordnung' ist ein System von Normen, deren Einheit dadurch konstituiert wird, daß sie alle denselben Geltungsgrund haben, und der Geltungsgrund einer normativen Ordnung ist ... eine Grundnorm, aus der sich die Geltung aller zu der Ordnung gehörigen Normen ableitet. Eine einzelne Norm ist eine Rechtsnorm, sofern sie zu einer bestimmten Rechtsordnung gehört, und sie gehört zu einer bestimmten Rechtsordnung, wenn ihre Geltung auf der Grundnorm

[6] Dazu *Herbert Schambeck*, Der Verfassungsbegriff und seine Entwicklung, in: Festschrift Hans Kelsen zum 90. Geburtstag, hrsg. von Adolf Merkl / Alfred Verdross / René Marcic / Robert Walter, Wien 1971, S. 211 ff.

[7] *Alois Troller*, Überall gültige Prinzipien der Rechtswissenschaft, Frankfurt am Main - Berlin 1965, S. 89.

dieser Ordnung beruht[8]." Im Anschluß an die Lehre vom rechtlichen Stufenbau, wie sie der Schüler Hans Kelsens, mein Lehrer *Adolf Merkl* entwickelt hat[9], suchte Kelsen seine Lehre insofern zu dynamisieren, als sich für ihn die gesamte Rechtsordnung einem *Stufenbau* gleich in einem Delegations- und Konkretisierungszusammenhang auf Grund der Verfassung, die auf der fiktiven und inhaltsleeren Grundnorm beruht, entwickelt. So bemerkte *Hans Kelsen:* „Das Normensystem, das sich als eine Rechtsordnung darstellt, hat im wesentlichen einen dynamischen Charakter. Eine Rechtsnorm gilt nicht darum, weil sie einen bestimmten Inhalt hat, das heißt: weil ihr Inhalt aus dem einer vorausgesetzten Grundnorm im Wege einer logischen Schlußfolgerung abgeleitet werden kann, sondern darum, weil sie in einer bestimmten, und zwar in letzter Linie in einer von einer vorausgesetzten Grundnorm bestimmten Weise erzeugt ist. Darum und nur darum gehört sie zu der Rechtsordnung, deren Normen dieser Grundnorm gemäß erzeugt werden[10]." „Fragt man nach dem Geltungsgrund einer zu einer bestimmten Rechtsordnung gehörenden Rechtsnorm, kann die Antwort nur in der Zurückführung auf die Grundnorm dieser Rechtsordnung sein, das heißt: in der Aussage bestehen, daß diese Norm der Grundnorm gemäß erzeugt wurde[11]."

Diese Lehre Hans Kelsens sei deshalb besonders hervorgehoben, weil er vielleicht der einzige Rechtsdenker ist, für den, wie es schon Alois Troller ausdrückte, „Gegenstand der Rechtsordnung und damit auch Inhalt des Rechts nur die Kompetenzzuteilung, wie sie durch eine irgendwie zustandegekommene Grundnorm aufgezeichnet wurde", ist[12].

Hans Kelsen ist es nur um eine Rechtsform- und keine Rechtsinhaltsbetrachtung gegangen[13]. Ein wertendes Denken schloß Kelsen für die

---

[8] *Hans Kelsen,* Reine Rechtslehre, 2. Aufl., Wien 1960, S. 32.

[9] Beachte *Adolf Merkl,* Das doppelte Rechtsantlitz, Juristische Blätter 1917, S. 425 ff., S. 444 ff. und S. 463 ff., Neudruck in: Die Wiener Rechtstheoretische Schule, Schriften von Hans Kelsen, Adolf Merkl, Alfred Verdross, hrsg. von Hans Klecatsky / René Marcic / Herbert Schambeck, 1. Bd., Wien - Salzburg 1968, S. 1091 ff.; *ders.,* Das Recht im Lichte seiner Anwendung, Deutsche Richterzeitung 1918, S. 58 ff., Neudruck in: Die Wiener Rechtstheoretische Schule, S. 1167 ff.; *ders.,* Allgemeines Verwaltungsrecht, Wien und Berlin 1927, Neudruck, Darmstadt 1969, S. 157 ff., beachte auch das Vorwort von *Karl Korinek,* S. XI ff. und *ders.,* Prolegomena einer Theorie des rechtlichen Stufenbaues, Festschrift für Hans Kelsen zum 50. Geburtstag, Wien 1931, S. 252 ff., Neudruck in: Die Wiener Rechtstheoretische Schule, S. 1311 ff.

[10] *Kelsen,* Reine Rechtslehre, S. 200 f.

[11] Ebd., S. 202.

[12] *Troller* (FN 7), S. 167.

[13] Siehe näher *Herbert Schambeck,* Möglichkeiten und Grenzen der Rechtslehre Hans Kelsens, Kokka Gakkai Zassi, The Journal of the Association of Political and Social Sciences, published by the University of Tokyo, Vol. XCV, December 1982, Nr. 11/12, S. 729 ff., deutsch in Juristische Blätter 1984, S. 126 ff.

Rechtsbetrachtung aus. Nicht die Übereinstimmung einer Rechtsnorm mit einer Gerechtigkeitsnorm, sondern die Rückführbarkeit auf die Grundnorm ist für Hans Kelsen der Grund der Geltung[14]. Kelsen lehnt jeden Wert des Rechts außerhalb seiner Bedeutung als Norm, für welche die Zuständigkeit ausschlaggebend ist, ab. Die auf der Zuständigkeit beruhende Ordnung, letztbegründet in der Grundnorm, ist für ihn von eigenem Wert und wird zum Selbstzweck, nämlich dadurch, daß sie sich auf die Rechtsgeltung selbst bezieht, die sie begründet. Kompetenz und Geltung stehen für Kelsen nicht zu Unrecht in einem engen Zusammenhang; weil die Zuständigkeit die Geltung einer Handlung in der Rechtsordnung begründet[15].

Diese *Kompetenz begründet und begrenzt die Handlungsermächtigung* des Staates *in allen ihren drei Funktionen.* Die *Kompetenzzuteilung konstituiert ein rechtliches Können und Dürfen* innerhalb der Staatsorganisationsvorschriften und korrespondiert geradezu zu den Grundrechten des Einzelnen, sei es der physischen oder juristischen Person. Die Freiheit, garantiert durch die Grundrechte, begründet in Verbindung mit den Kompetenzzuteilungen die Möglichkeiten und Pflichten des Staates; in einer Verfassungsordnung müßten die Grundrechte und die Kompetenzzuteilungen geradezu komplimentär sein. Am deutlichsten zeigt sich wohl die Verbundenheit von Zuständigkeit und Grundrecht in dem im österreichischen Verfassungsrecht in Art. 83 Abs. 2 B-VG als Verfassungsbestimmung enthaltenen Grundrecht auf den gesetzlichen Richter; diese Bestimmung lautet nämlich: „Niemand darf seinem gesetzlichen Richter entzogen werden." Der österreichische Verfassungsgerichtshof hat in ständiger Judikatur dieses Grundrecht über den Anspruch auf den gesetzlichen Richter hinaus als einen verfassungsrechtlich gewährleisteten Anspruch auf Tätigwerden der zuständigen Behörde überhaupt ausgelegt (siehe näher VfGH Slg. 1443/1932, 2048/1950, 4902/1965). Die Kompetenzen sind die Legitimation und das Richtmaß für die staatliche Tätigkeit. Georg Jellinek drückte es so aus: „Das Maß staatlicher Funktionen, das durch ein Staatsorgan pflichtgemäß zu versehen ist, bildet seine Kompetenz. Außerhalb seiner Kompetenz ist in der Regel wenigstens der Organwille rechtlich nicht mehr als Staatswille anzusehen[16]." Durch die Kompetenzzuteilung wird jede Tätigkeit der öffentlichen Organe im Rahmen ihrer Zuständigkeit und damit auch ihrer Verantwortung dem Staat selbst zurechenbar. Als Teil der Verfassung im materiellen Sinn prägt sie die Staatsorganisationsvorschrift und muß daher auch Teil der Verfassung im formellen

---

[14] Siehe dazu auch *Kelsen*, Das Problem der Gerechtigkeit, S. 356 ff.

[15] Siehe *Kelsen*, Allgemeine Staatslehre, S. 147 f. und *ders.*, Reine Rechtslehre, S. 150 ff., bes. S. 152 ff.

[16] *Georg Jellinek*, System der subjektiven öffentlichen Rechte, 2. Aufl., Tübingen 1905, Neudruck Darmstadt 1963, S. 227.

Sinn sein, will der Staat seine Primärfunktion erfüllen, nämlich Ruhe, Ordnung und Sicherheit herstellen und aufrechterhalten.

Die Erfüllung der Ordnungsfunktion des Staates wird bestimmt durch die Kompetenzzuteilung, durch sie erhält der Staat mit seinen Organen die Handlungsermächtigung. Macht der Staat mit diesen seinen Organen von seinem Dürfen und Können aber keinen Gebrauch und kommt er so auch seiner Rechtspflicht, einschließlich der *Schutzpflicht* nicht nach, hat dies schon *Thomas Hobbes* als existenzgefährdend für den Staat angesehen. In seinem „Leviathan" hat Hobbes bereits festgestellt, daß die Gehorsamspflicht des Bürgers von der Schutzpflicht des Staates abhängig ist, kommt der Staat dieser Schutzpflicht nicht mehr nach, kann der Bürger seinen Gehorsam aufkündigen. Hobbes nennt daher den Staat nicht zu Unrecht einen sterblichen Gott[17]. In dieser Sicht zeigt sich, daß die Kompetenzzuteilung nicht allein mit den Grundrechten, sondern auch mit den Staatszwecken in einem engen Zusammenhang steht.

II.

Da die ordnungsgemäße Ausübung der Staatsgewalt die Hauptaufgabe der *Kompetenzzuteilung* ist, *trägt* sie damit *zur Erfüllung des Rechts- und Machtzweckes des Staates bei.* Wie weit die Kompetenzzuteilung auch für Kultur- und Wohlfahrtszwecke bestimmend ist, hängt davon ab, wie weit eine Verfassungsrechtsordnung Staatszweckbestimmungen vornimmt. Die österreichische Staatsrechtsordnung beinhaltet derartige über den Rechts- und Machtzweck hinausgehende Staatszweckbestimmungen nicht[18]. Dagegen ist z. B. der Bundesrepublik Deutschland in Art. 20 Abs. 1 Bonner Grundgesetz vorgeschrieben, „ein demokratischer und sozialer Bundesstaat" zu sein und in Art. 28 Abs. 1 wird die verfassungsmäßige Ordnung in den Ländern verpflichtet, „den Grundsätzen des republikanischen, demokratischen und sozialen Rechtsstaates im Sinne dieses Grundgesetzes" zu entsprechen. Schon *Hans Kelsen* hat in seiner „Allgemeinen Staatslehre", die er in seinem monistischen Bemühen um die Identität von Staat und Recht möglichst wertneutral gehalten hat, nicht umhin können, die Einschränkung oder Ausdehnung der staatlichen Kompetenz mit dem limitierenden und expansiven Staatszweck in Verbindung zu bringen[19]. Welchen Zwecken immer sich der Staat verpflichtet sieht, das heißt, ob er sich auch als Kulturstaat, Sozialstaat und Wirtschaftsstaat sieht,

[17] *Thomas Hobbes*, Leviathan, Kap. 21 und hiezu *Alfred Verdross*, Abendländische Rechtsphilosophie, 2. Aufl., Wien 1963, S. 118.

[18] Dazu näher *Herbert Schambeck*, Die Staatszwecke der Republik Österreich, in: Die Republik Österreich, S. 243 ff.

[19] Siehe *Kelsen*, Allgemeine Staatslehre, S. 40 ff.

stets kommt es darauf an, daß er diese seine vermehrten Staatszwecke auch als Rechtsstaat erfüllt und jene Rechtswege beschreitet, zu welchen er in den Kompetenzzuteilungen ermächtigt wurde. *Kelsen* meint diesbezüglich: „Die Kompetenz eines Staatsorgans ist juristisch nur als die Summe seiner Amts- resp. seiner Rechtspflichten zu erkennen[20]." Ich möchte aber ergänzend meinen, es kommt darauf an, in welchen Zusammenhang in einer Verfassungsrechtsordnung die Kompetenzzuteilung mit den Staatszweckbestimmungen gestellt ist. Ist eine Staatszielsetzung in einer Verfassungsrechtsordnung gegeben, dann bedeutet eine Kompetenzzuteilung nicht allein ein Können und Dürfen, sondern vielmehr auch ein Müssen, die Handlungsermächtigung ist dann mit einer Handlungsverpflichtung verbunden; ist dies aber nicht der Fall, weil die Kompetenzzuteilung eben nicht mit einer Aussage über die Staatszweckbestimmung oder Staatszielsetzung im Staatsorganisationsrecht verbunden wird, dann erweist sich die im Verfassungsrecht beinhaltete Kompetenzzuteilung nur als eine an den einfachen Gesetzgeber gerichtete Handlungsermächtigung, von welcher dieser Gebrauch machen kann, aber nicht muß. Die Entscheidung über den Gebrauch dieser Kompetenzzuteilung steht nicht unter einem Verfassungsgebot, sondern nur unter einer Verfassungsermächtigung. Sie ist eine vom Verfassungsgesetzgeber an den einfachen Gesetzgeber erteilte Blankovollmacht. Die Staatszweckbestimmung wird in diesem Fall von der Ebene des Verfassungsrechtes auf die des einfachen Gesetzesrechtes verlagert, womit die jeweiligen politischen Mehrheitsverhältnisse für die Staatszielsetzungen ausschlaggebend werden; an die Stelle der Vorhersehbarkeit und Berechenbarkeit des Staates durch die Verfassungsrechtsbestimmung tritt bloß die Wahrscheinlichkeit einer politischen Entscheidung, deren Realisierbarkeit nur aus dem Rahmen eines Partei- und Wahlprogramms, hernach unter Umständen aus der Regierungserklärung des jeweiligen Regierungschefs oder der Budgetrede des betreffenden Finanzministers erkennbar ist. Wie weit die Zuständigkeitsverteilung dann wirklich genützt wird, kann aus den einfachen Gesetzen erkannt werden, wobei das Budget die Anerkennung der Zwecke bzw. Ziele des Staates auch zahlenmäßig verdeutlicht.

Die *Kompetenzzuteilung* ist sowohl eine *Frage der Verfassungstechnik als auch der Verfassungspolitik;* sie hat eine Eingebundenheit des Staates durch das positive Recht zum Ziel. Treffend hat daher *Alfred Verdross* von der „Rechtsunterworfenheit des Gesetzgebers" gesprochen und bemerkt: „Auch der Staat kann, wie der Mensch nur frei sein in seiner Idee, das heißt in seiner ideal vorgezeichneten Ordnung. In der Rechtsunterworfenheit des Gesetzgebers erfährt also gerade die staat-

---

[20] *Hans Klein,* Über Staatsunrecht, Neudruck in: Die Wiener Rechtstheoretische Schule, S. 986.

liche Souveränität ihre tiefste Bestätigung[21]; soll der Staat souverän sein, so kann er es nur sein in seiner Verfassung, da er ja rechtlich erst in ihr zum Staate wird[22]."

Im Hinblick auf den heutigen Staat und seine Mehrzweckverwendung, die in der Mannigfaltigkeit der persönlichen Wünsche des Einzelnen, den organisierten Interessen der Gesellschaft und den Zwecken des Staates begründet ist, kommt der Kompetenzzuteilung eine besondere Bedeutung im Rahmen des Verfassungsrechtes zu. Wie treffend hat doch schon *Adolf Merkl* zu einer Zeit, als er sich der Rechtsschule Hans Kelsens besonders verbunden fühlte, 1921 in seiner Abhandlung „Zum rechtstechnischen Problem der bundesstaatlichen Kompetenzverteilung" hervorgehoben: „Eine Verfassung ist ein Kunstwerk, das auch anderen Ansprüchen als solchen rechtslogischer Natur gerecht werden muß. An eine Verfassung lediglich den rechtslogischen Maßstab anzulegen, der freilich in der Regel Ungereimtheiten zutage treten läßt, ist vielleicht nicht weniger eine Verkehrtheit. Was man aber von jeder Verfassung fordern muß, ist, daß sie einen inneren Ausgleich ihrer durch politische Influenzierung bedingten Widersprüche schaffe, daß sie eine Handhabe bereitstelle, die geeignet ist, das viele Irrationelle endgültig zu rationalisieren[23]."

Da *die Kompetenzverteilung* im Staat grundlegend durch das Verfassungsrecht erfolgt, sind die Zuständigkeitsregelungen *mitbestimmt von den Aufgaben der Verfassung selbst.* Die Aufgaben der Verfassung wieder erhalten ihre Prägung durch die *Funktionen der Verfassung* und die Zwecke des Staates; beide hängen neben den jeweiligen Bedingtheiten eines Staates von der Entwicklung des politischen Bewußtseins eines Volkes ab. Aus dieser Sicht ist der heutige Staat von einer Mehrfachheit seiner Funktionen und seiner Zwecke bestimmt. Seinen Funktionen nach hat er der demokratischen Repräsentation zu dienen, indem er den politischen Kräften eines staatlichen Gemeinwesens die Möglichkeit ihrer Organisation, Entfaltung und ihres Interessenausgleichs bietet. Diese Repräsentationsfunktion eröffnet der Pluralität der Gesellschaft ihre Entfaltung und kann nur dann positiv gewertet werden, wenn sie in eine gemeinwohlgerechte Staatswillensbildung einfließt, was wieder voraussetzt, daß der Staat neben der Funktion der Repräsentation auch eine solche der Integration erfüllt. Die Integration ist gegeben, wenn die Kräfte dieser Gemeinschaft zu einer Staatsgewalt vereint sind und so die Geltung des positiven Rechts ermög-

---

[21] *Alfred Verdross,* Zum Problem der Rechtsunterworfenheit des Gesetzgebers, Neudruck in: Die Wiener Rechtstheoretische Schule, S. 1557.

[22] Ebd., S. 1556.

[23] *Adolf Merkl,* Zum rechtstechnischen Problem der bundesstaatlichen Kompetenzverteilung, Neudruck in: Die Wiener Rechtstheoretische Schule, S. 1607.

lichen. Diese Integrationsfunktion der Verfassung ist die Bedingung für die Positivität des Rechts, dessen Effektivität im demokratischen Rechtsstaat sehr davon abhängt, wie weit das staatliche Recht beginnend mit der Verfassung imstande ist, den Ordnungsbedürfnissen seiner Zeit gerecht zu werden und im Hinblick auf die Wünsche des Einzelnen und die Interessen der Gesellschaft eine Antwortfunktion zu erfüllen.

Diese Antwortfunktion der Verfassung bietet dem Staat der Gegenwart die Möglichkeit, *das Dialoghafte des positiven Rechts* zur Entfaltung zu bringen. Dieses Dialoghafte des positiven Rechts verlangt gerade in der heutigen Zeit dem demokratischen Verfassungsstaat die Erfüllung einer vierten Funktion ab, nämlich die der Sozialhilfe. Der Einzelmensch erwartet sich im Wohlfahrtsstaat subsidiär und im Versorgungsstaat primär den Beistand der öffentlichen Hand gegen die Wechselfälle des Lebens, nämlich bei Krankheit, Behinderung, Alter und Tod.

Diese Mehrfachfunktionen des Staates haben seine Mehrzweckverwendung zur Folge gehabt, mit welcher heute der Staat sowohl den Rechts- und Machtzweck als auch den Kultur- und Wohlfahrtszweck zu erfüllen sucht, um nicht allein seiner Primäraufgabe nachzukommen, Ruhe, Ordnung und Sicherheit zu ermöglichen, sondern auch kulturellen Fortschritt, wirtschaftliches Wachstum und soziale Sicherheit zu gewährleisten.

Mehrfachfunktionen und Mehrzweckverwendungen des Staates können aber nicht allein proklamiert werden, wozu Präambeln und Einleitungsbestimmungen in Verfassungen Gelegenheit geben. Sie sollen auch in den übrigen Verfassungsbestimmungen, vor allem in den Staatsorganisationsvorschriften ihre konkrete Grundlage erhalten. Aus dieser Sicht erscheinen die Zuständigkeitsverteilungen geradezu im Dienste der Staatsfunktionen und der Staatszwecke stehend, sie ermöglichen ihre Aus- und Durchführung. Diese Funktionsbedingtheit und Zweckorientiertheit der Kompetenzverteilung erklärt es, daß die Zuständigkeit ein Beziehungsbegriff ist. *Ralf Dreier* hat es schon gesagt: „Zuständigkeit überhaupt heißt Bezogenheit eines Gegenstandes auf ein Subjekt[24].“ Und Karl Wenger erkannte: „Die Möglichkeit zur Wahrnehmung bestimmter Aufgaben (Aufgabenzuständigkeit) oder die Möglichkeit zur Inanspruchnahme bestimmter Rechte bzw. zur Übernahme bestimmter Pflichten wird einem Subjekt eingeräumt[25].“

[24] *Ralf Dreier*, in: Evangelisches Staatslexikon, 2. Aufl., hrsg. von Hermann Kunst / Roman Herzog / Wilhelm Schneemelcher, Stuttgart - Berlin 1975, S. 1701.

[25] *Karl Wenger*, Grundfragen und Grundbegriffe des Organisationsrechts, in: Allgemeines Verwaltungsrecht, hrsg. von Felix Ermacora u. a., Wien 1979, S. 350.

In der Kompetenz der Staatsordnung wird der Aufgabenbereich nach räumlichen, sachlichen, personellen und zeitlichen Gesichtspunkten bestimmt[26].

III.

Einen besonderen Stellenwert hat im Verfassungssystem eines Staates *die Kompetenzverteilung im Bundesstaat.* Neben der Mitwirkung der Länder an der Bundesgesetzgebung und dem Finanzausgleich zählt sie zu den wichtigsten Merkmalen eines Bundesstaates und gibt so dem Föderalismus seine staatsrechtliche Prägung[27].

Wie jede *Zuständigkeitsverteilung* drückt auch die des Bundesstaates in einem besonderen Maße den *Interessenausgleich aus.* Wird die Kompetenzverteilung in einem demokratischen Verfassungsstaat stets auf dem Kompromißweg zustandekommen und parteipolitische Standpunkte sowie standespolitische Interessen auszugleichen haben, treten bei der bundesstaatlichen Zuständigkeitsverteilung noch zusätzlich auch territoriale Wünsche auf, womit ein Interessenausgleich zwischen Bund und Ländern erforderlich ist. Dieser föderalistische Interessenausgleich ist teils geopolitisch in den unterschiedlichen Größenordnungen von Bund und Ländern gelegen, die auch verschiedene Anliegen, Bedürfnisse und Erfordernisse kultureller, sozialer und wirtschaftlicher Natur darstellen, teils sind es aber auch unterschiedliche parteipolitische Standpunkte, die dadurch zum Tragen kommen, daß der Bundesstaat die Organisationsform ist, in der sich die Demokratie, welche wieder besonders von den Parteien geprägt wird, entfaltet; so nimmt der Föderalismus die Form eines Parteienbundesstaates an und seine Kompetenzverteilung ist die des Parteienföderalismus. Dieser *Parteienföderalismus* verbindet die ideologischen bzw. weltanschaulichen Positionen der jeweiligen politischen Parteien mit ihrer Einschätzung der Situation

---

[26] Näher *Felix Ermacora,* Allgemeine Staatslehre, 2. Teilband, Berlin 1970, S. 917 ff.

[27] Siehe *Peter Pernthaler,* Die Zuständigkeitsverteilung zwischen Bund und Ländern auf dem Gebiet der Verwaltungsorganisation, Schriftenreihe des Institutes für Föderalismusforschung, Bd. 1, Wien 1976; *Herbert Schambeck,* Zum Föderalismus in der Republik Österreich, in: 30 Jahre Grundgesetz, hrsg. von Detlef Merten / Rudolf Morsey, Berlin 1979, S. 55 ff.; *Karl Weber,* Kriterien des Bundesstaates, Wien 1980; *Bernd-Christian Funk,* Das System der bundesstaatlichen Kompetenzverteilung im Lichte der Verfassungsrechtsprechung, Schriftenreihe des Institutes für Föderalismusforschung, Bd. 17, Wien 1980; *Alfred Korn,* Föderalismus in Österreich, St. Pölten 1984; *Edwin Loebenstein,* Die staatsrechtliche und staatspolitische Bedeutung der Kompetenzverteilungsnormen in einer bundesstaatlichen Verfassung, in: Mélanges André Grizel, Neuchâtel 1984, S. 243 ff. und *Josef Werndl,* Die Kompetenzverteilung zwischen Bund und Ländern. Ihre Ausgangslage, Entwicklung und Bedeutungsverschiebung auf der Grundlage des Bundes-Verfassungsgesetzes von 1920, Schriftenreihe des Instituts für Föderalismusforschung, Bd. 32, Wien 1984.

der Gegebenheiten von Bund und Ländern[28]; dieses politische Wollen ist jeweils mit den normativen Möglichkeiten zu verbinden. Schon *Adolf Merkl* bemerkte, es gehe darum, „in welcher gesetzestechnischen Weise die beabsichtigte Kompetenzverteilung verfassungsgeberisch verwirklicht werden soll“[29].

Die *Kompetenzverteilung* ist die Aufteilung der Staatsfunktionen Gesetzgebung, Gerichtsbarkeit und Verwaltung auf Bund und Länder. *In Österreich* ist nach Art. 82 Abs. 1 B-VG die Gerichtsbarkeit Bundessache, bezüglich des übrigen Teils der Staatsgewalt wird in den Artikeln 10, 11, 12 und 15 B-VG eine Zuständigkeitszuteilung getroffen, welche nach Art. 17 B-VG für die Privatwirtschaftsverwaltung nicht gilt, d. h., der Bund kann als Träger von privaten Rechten auch dort tätig werden, wo den Ländern die Gesetzgebung und Hoheitsverwaltung zusteht und umgekehrt können die Länder in jenen Angelegenheiten tätig werden, in welchen dem Bund die Zuständigkeit zur Gesetzgebung und die Hoheitsverwaltung zukommt .Auf diese Weise kann auf dem Wege der Privatwirtschaftsverwaltung die Kompetenzverteilung umgangen werden, wodurch der Bund als Träger von privaten Rechten überall dort tätig werden kann, wo es ihm als Träger von Hoheitsrechten verwehrt ist[30].

Für den übrigen Teil der Staatsaufgaben erfolgt die Kompetenzverteilung *nach Grundtypen*, die in den Artikeln 10, 11, 12 und 15 festgelegt sind. In Art. 10 B-VG werden die Angelegenheiten aufgezählt, die in Gesetzgebung und Vollziehung Bundessache sind, in Art. 11 B-VG jene, die in Gesetzgebung Bundessache und in der Vollziehung Landessache sind und in Art. 12 B-VG jene, die in Gesetzgebung über die Grundsätze Bundessache sowie Landessache in der Erlassung von Ausführungsgesetzen und der Vollziehung sind. Während also bei den Bundeszuständigkeiten das Enumerationsprinzip gilt, besteht zugunsten der Länder das Prinzip der Generalklausel, d. h., daß alle Angelegenheiten, die nicht ausdrücklich dem Bund in den Art. 10 ff. B-VG zugewiesen sind, nach Art. 15 Abs. 1 B-VG im selbständigen Wirkungsbereich der Länder „verbleiben“.

Analysiert man *die Lebenssachverhalte dieser Kompetenzverteilung,* so kann deutlich erkannt werden, daß sich der Bund viele der wichtig-

---

[28] Dazu *Kurt Wedl,* Der Gedanke des Föderalismus in den Programmen politischer Parteien Deutschlands und Österreichs, München 1969 und *Wilfried Haslauer,* Der Föderalismus Österreichs in der politischen Praxis, 10 Thesen zur Analyse, in: Bundesstaat heute, hrsg. von Alois Mock / Herbert Schambeck, Wien 1983, S. 17 ff.

[29] *Merkl,* Zum rechtstechnischen Problem der bundesstaatlichen Kompetenzverteilung, Neudruck in: Die Wiener Rechtstheoretische Schule, S. 1596.

[30] Näher *Hans Weiler,* Demokratie, Bundesstaat und Subventionen, Wirtschaftspolitische Blätter 1959, S. 127 ff.

sten Angelegenheiten selbst vorbehalten hat. So fallen nach Art. 10 in die Zuständigkeit des Bundes zur Gesetzgebung und zur Vollziehung so wichtige Angelegenheiten wie z. B. die Bundesfinanzen, Zivil- und Strafrechtswesen, Pressewesen, allgemeine Sicherheitspolizei, Angelegenheiten des Gewerbes und der Industrie, Verkehrswesen, Kraftfahrwesen, Post- und Fernmeldewesen, Bergwesen, Forstwesen, Wasserrecht, Ernährungswesen, Kultusangelegenheiten, Errichtung und Organisation von Wahlkörpern und militärische Angelegenheiten[31]. In die Zuständigkeit des Bundes zur Gesetzgebung und des Landes zur Vollziehung gehören nach Art. 11 B-VG Angelegenheiten wie das Staatsbürgerschaftswesen, Straßenpolizei und Assanierung[32]. Die Zuständigkeit des Bundes zur Grundsatzgesetzgebung und des Landes zur Ausführungsgesetzgebung und zur Vollziehung gilt nach Art. 12 B-VG z. B. für das Armenwesen, die Jugendfürsorge und die Bodenreform[33].

Den Ländern verbleiben somit nur: Angelegenheiten der Landesverfassung; Bauangelegenheiten, Feuerpolizei, Raumordnung und Raumplanung, soweit nicht entsprechende Zuständigkeiten in einzelnen Bundeskompetenzen inkludiert sind; Naturschutz, Jagd und Fischerei; öffentliches Wegerecht mit Ausnahme der Bundesstraßenangelegenheiten (vgl. Art. 10 Abs. 1 Z. 9 B-VG); Sportwesen; Angelegenheiten der Campingplätze; Dienst- und Personalvertretungsrecht eines Teiles der Landes- und Gemeindebediensteten (vgl. Art. 21 Abs. 1 B-VG); Einrichtung der Landesbehörden und sonstigen Landesämter (vgl. aber Art. 15 Abs. 10 B-VG); Veranstaltungswesen (Kino, Theater, Tanzschulen, Schaustellungen); Teile des öffentlichen Fondswesens; große Teile des Gemeinderechts (vgl. Art. 115 Abs. 2 B-VG); Leichenbestattung, Gemeindesanitätsdienst und Rettungswesen (vgl. Art. 10 Abs. 1 Z. 12 B-VG); Grundverkehrsrecht (vgl. Art. 10 Abs. 1 Z. 6 B-VG und Art. VII und XIII der B-VGN 1974); örtliche Sicherheitspolizei (vgl. Art. 10 Abs. 1 Z. 7 und Art. 15 Abs. 2 B-VG); Jugendschutz; Landwirtschaftsangelegenheiten, einschließlich der beruflichen Vertretungen (Kammern) auf diesem Gebiete; Fremdenverkehr.

Neben dieser *Hauptordnung der föderalistischen Kompetenzverteilung* gibt es *noch* eine solche *auf Teilgebieten* wie z. B. auf dem Gebiet des Abgabewesens[34], des Schul- und Erziehungswesens[35], des land- und forstwirtschaftlichen Schulwesens[36] sowie des übrigen durch Art. 14 B-VG nicht erfaßten Erziehungswesens und des Volksbildungswesens[37].

---

[31] Art. 10 Abs. 1 Z. 1 - 17 B-VG.

[32] Siehe Art. 11 Abs. 1 Z. 1 - 6 B-VG.

[33] Beachte Art. 12 Abs. 1 Z. 1 - 6 B-VG.

[34] Finanz-Verfassungsgesetz 1948, BGBl. Nr. 45/1948.

[35] Art. 14 B-VG; dazu *Johannes Hengstschläger,* Das Bildungswesen, in: Das österreichische Bundes-Verfassungsgesetz und seine Entwicklung, hrsg. von Herbert Schambeck, Berlin 1980, S. 597 ff.

Betrachtet man diese österreichische Kompetenzverteilung, so kann festgestellt werden, daß insofern der Vollständigkeitsgrundsatz bestimmend ist, als die Kompetenzverteilung zwischen Bund und Ländern alles umfaßt, was Gegenstand der Gesetzgebung und Vollziehung von Bund und Ländern sein kann; es gibt daher keine Materie, die nicht irgendeinem Kompetenzbereich, der schon vorgegeben ist, zugeordnet werden könnte[38]. Für neue Sachbereiche gilt die Zuständigkeit der Länder, denn Art. 15 Abs. 1 B-VG besagt in seinem Wortlaut deutlich: „Soweit eine Angelegenheit nicht ausdrücklich durch die Bundesverfassung der Gesetzgebung oder auch der Vollziehung des Bundes übertragen ist, verbleibt sie im selbständigen Wirkungsbereich der Länder." Das Wort „verbleibt" drückt eine ursprüngliche Zuständigkeit der Länder sowie das Subsidiaritätsprinzip aus[39].

IV.

Ohne in diesem zeitlichen und thematischen Rahmen näher auf alle Probleme der österreichischen Kompetenzverteilung eingehen zu können[40], sei doch auf *einzelne besondere Problemstellungen* aufmerksam gemacht. Es gibt kompetenzrechtlich so komplexe Angelegenheiten, daß sie als solche auf verschiedene Zuständigkeitsbereiche von Bund und Ländern verteilt sind und daher mit Recht als sogenannte *Querschnittsmaterien* bezeichnet werden. Dazu gehören Aufgaben wie Umweltschutz, Raumordnung, Raumplanung, Abfallbeseitigung, berufliche Rehabilitation[41], umfassende Landesverteidigung, Wirtschaftslenkung und Katastrophenbekämpfung. Zu ihrer Erfassung dienen die durch die B-VG Novelle 1974[42] eingeführten *Gliedstaatsverträge*[43]. Nach Art. 15 a B-VG können Bund und Länder sowie die Länder untereinander Ver-

---

[36] Art. 14 a B-VG.

[37] Art. VIII der Schulverfassungsnovelle 1962, BGBl. Nr. 215/1962.

[38] Vgl. VfGH Slg. 3234/1957.

[39] Dazu *Herbert Schambeck*, Österreichs Föderalismus und das Subsidiaritätsprinzip, in: Festschrift für Ernst Kolb, Innsbruck 1971, S. 309 ff.

[40] Siehe hiezu näher *Bernd-Christian Funk*, Die grundlegenden Ordnungsprobleme im System der bundesstaatlichen Kompetenzverteilung, Juristische Blätter 1976, S. 449 ff.; *ders.*, Das System der bundesstaatlichen Kompetenzverteilung im Lichte der Verfassungsrechtsprechung, Wien 1980 und *Heinz Mayer*, Entwicklungstendenzen in der Rechtsprechung des Verfassungsgerichtshofes, Österreichische Juristenzeitung 1980, S. 337 ff.

[41] *Johannes Hengstschläger*, Ausgangspositionen der beruflichen Rehabilitation, in: Arbeitsmarktpolitik, Berufliche Rehabilitation in Österreich, hrsg. von Alfred Bernfeld, Linz 1978, S. 101 ff.

[42] BGBl. Nr. 444/1974.

[43] Dazu *Heinz Peter Rill*, Gliedstaatsverträge, Wien - New York 1972 und *ders.*, Abschluß, Transformation und Durchsetzung von Verträgen gemäß Art. 15 a B-VG, in: Neuerungen im Verfassungsrecht, Wien 1976, S. 27 ff.

einbarungen über Angelegenheiten ihres jeweiligen Wirkungsbereiches schließen[44]. Durch diese Gliedstaatsverträge können *Wege des koopera-*

---

[44] Seit dem Inkrafttreten des Art. 15 a B-VG 1974 wurden folgende Vereinbarungen geschlossen:

A. Vereinbarungen der Länder untereinander

1. Vereinbarung über den Kostenersatz in den Angelegenheiten der Sozialhilfe, Sbg. LGBl. Nr. 95/1975, Nr. 34/77, Nr. 27/1979 (alle Länder).
2. Vereinbarung der Länder Kärnten, Salzburg und Steiermark vom 10. April 1978 über die Zusammenarbeit in Angelegenheiten der Raumordnung im Lungau-Murau-Nockgebiet, Sbg. LGBl. Nr. 44/1978.
3. Vereinbarung vom 16. Juni 1978 über die Einrichtung der Gemeinsamen Filmbewertungskommission der Länder, Sbg. LGBl. Nr. 74/1978 (alle Länder).
4. Vereinbarung der Länder Oberösterreich und Salzburg vom 2. Oktober 1978 über die Zusammenarbeit in Angelegenheiten der Raumordnung im gemeinsamen Grenzgebiet, Sbg. LGBl. Nr. 86/1978.
5. Vereinbarung über die Errichtung einer Planungsgemeinschaft zwischen den Ländern Burgenland, Niederösterreich und Wien, Bgld. LGBl. Nr. 20/1978.
6. Vereinbarung vom 31. Mai 1979 über die gemeinsame Beurteilung von Baustoffen, Bauteilen und Bauweisen (Bauarten), Sbg. LGBl. Nr. 37/1980 (alle Länder).
7. Vereinbarung vom 31. Mai 1979 über die Anerkennung von Nachweisen der jagdlichen Eignung und über die jagdliche Verläßlichkeit, Sbg. LGBl. Nr. 59/1979, Nr. 45/1980 (Kärnten, Salzburg, Vorarlberg, Wien).
8. Vereinbarung der Länder Niederösterreich und Oberösterreich vom 27. August 1979 über die Zusammenarbeit in Angelegenheiten der Raumordnung im gemeinsamen Grenzgebiet, OÖ. LGBl. Nr. 87/1979.
9. Vereinbarung der Länder Oberösterreich und Steiermark vom 10. September 1979 über die Zusammenarbeit in Angelegenheiten der Raumordnung im gemeinsamen Grenzgebiet, OÖ. LGBl. Nr. 88/1979.
10. Vereinbarung der Länder Kärnten, Niederösterreich, Steiermark, Vorarlberg und Wien über Angelegenheiten der Behindertenhilfe, Kntn. LGBl. Nr. 69/1979.
11. Vereinbarung über die Einrichtung einer gemeinsamen Kommission zur Begutachtung von Schulbüchern für land- und forstwirtschaftliche Berufs- und Fachschulen, Sbg. LGBl. Nr. 69/1980 (Kärnten, Niederösterreich, Oberösterreich, Salzburg, Vorarlberg).
12. Vereinbarung gemäß Art. 15 a B-VG zwischen den Ländern Niederösterreich und Burgenland über die flächenmäßige Beschränkung des Weinbaues sowie die Errichtung einer gemeinsamen Weinbaukommission der Länder, Bgld. LGBl. Nr. 31/1980.
13. Vereinbarung betreffend den Landesgrenzen überschreitenden Berufsschulbesuch, Sbg. LGBl. Nr. 35/1981, Nr. 64/1981 (alle Länder, ausgenommen Tirol).

B. Vereinbarungen der Länder mit dem Bund

1. Bund und alle Länder: Vereinbarung gemäß Art. 15 a B-VG über die Krankenanstaltenfinanzierung und die Dotierung des Wasserwirtschaftsfonds (ohne Unterzeichnungsdatum; Inkrafttreten: 22. September 1978; BGBl. Nr. 453/1978 und 118/1983)
2. Bund - Wien: Vereinbarung gemäß Art. 15 a B-VG über Vorhaben in der Bundeshauptstadt Wien, an welchen der Bund und das Land Wien interessiert sind (9. Mai 1979; BGBl. Nr. 18/1980)
3. Bund - Kärnten: Vereinbarung zwischen dem Bund und dem Land Kärnten über gemeinsame Maßnahmen zur Sicherung eines ausgewogenen Verhältnisses von Wald und Wild (9. August 1979; BGBl. Nr. 444/1980)

tiven Föderalismus beschritten werden[45], die zwar einerseits die Kompetenzverteilung lebensnah und zweckdienlich ergänzen, aber andererseits Effekte in der Zuständigkeitsverteilung erzeugen, welche mit der ursprünglich vorgesehenen Ordnung der Kompetenzen nicht übereinstimmen. Dies gilt gleichermaßen auch für die Beschlußfassung von *Verfassungsbestimmungen auf Zeit,* mit welchen in Abänderung der bisher geltenden Kompetenzverteilung neue Zuständigkeiten begründet werden, was seit vielen Jahren in Österreich bei der Begründung der Zuständigkeit des Bundes in Gesetzgebung und Vollziehung bei den Wirtschaftsgesetzen der Fall ist. Für diese ist nach der Kompetenzverteilung des B-VG in Art. 10 Abs. 1 Z. 15 eine Bundeskompetenz nur aus Anlaß eines Krieges oder im Gefolge eines solchen für zur Sicherung der einheitlichen Führung der Wirtschaft notwendig erscheinende Maßnahmen, insbesondere auch hinsichtlich der Versorgung der Bevölkerung mit Bedarfsgegenständen, vorgesehen.

Nach der Rechtsprechung des Verfassungsgerichtshofes[46] ist mit dem Inkrafttreten des Staatsvertrages 1955 die verfassungsrechtliche Voraussetzung für die *Anwendbarkeit der Bedarfsgesetzgebungskompetenz* weggefallen, weshalb seither die kompetenzbegründenden Verfassungsbestimmungen in den einfachen Wirtschaftsgesetzen stets mit einer Geltungsdauer von nur ein paar Jahren beschlossen werden. Diese Vorgangsweise gefährdet dadurch, daß sie sich ins Provisorische und Experimentelle verliert, die Normativität der Verfassung und damit der Rechtsordnung. Wie treffend erklärte doch schon *Werner Kägi* 1945 in seiner Habilitationsschrift über die Entwicklungstendenzen im moder-

---

4. Bund - Kärnten: Vereinbarung über Vorhaben im Land Kärnten, an welchen der Bund und das Land Kärnten interessiert sind (11. September 1979; BGBl. Nr. 38/1980)
5. Bund und alle Länder: Vereinbarung gemäß Art. 15 a B-VG über die Einsparung von Energie (ohne Unterzeichnungsdatum; Inkrafttreten: 15. August 1980; BGBl. Nr. 351/1980)
6. Bund und alle Länder: Vereinbarung über den höchstzulässigen Schwefelgehalt im Heizöl (18. 11. 1982; BGBl. Nr. 292/1983)
7. Bund - Niederösterreich: Vereinbarung zwischen dem Bund und dem Land Niederösterreich zur Verbesserung der Wirtschaftsstruktur im Lande sowie zur Sicherung von Dauerarbeitsplätzen (19. 10. 1982; BGBl. Nr. 113/1983)
8. Bund - Kärnten: Zweite Vereinbarung gemäß Art. 15 a B-VG über Vorhaben im Lande Kärnten, an welchen der Bund und das Land Kärnten interessiert sind (14. 3. 1983; BGBl. Nr. 604/1983)
9. Bund - Oberösterreich: Vereinbarung zwischen dem Bund und dem Land Oberösterreich über gemeinsame Regionalförderung (19. 12. 1983; BGBl. Nr. 147/1984)

[45] Vgl. *Konrad Hesse,* Aspekte des kooperativen Föderalismus in der Bundesrepublik Deutschland, in: Festschrift für Gebhard Müller, Tübingen 1970, S. 141 ff.

[46] VfGH Slg. 4570/1963, 4939/1965.

nen Verfassungsrecht: „Das Institut der Verfassungsrevision, mit dem sich — wenn der Wille zum klaren Recht wirklich vorhanden wäre — auch heute noch die meisten Probleme, die die ‚Dynamik' des Lebens aufgibt, bewältigen ließen, tritt immer noch zurück gegenüber anderen Formen und Wegen der Änderungen, die dem Verfassungsrecht die gewünschte ‚Elastizität' und ‚Dynamik' verleihen[47]."

Ähnliche Probleme wie mit der Weiterentwicklung der Kompetenzzuteilung des öffentlichen Rechts gibt es mit deren *Auslegung*[48]. Im Rahmen der Methoden und Grundsätze der Interpretation ist über den Bereich der Kompetenzregelung für das allgemeine Verfassungsverständnis die sogenannte *Versteinerungstheorie* besonders bestimmend geworden[49]. Nach dieser Interpretationstheorie sollen die Verfassungsbegriffe in dem Sinne verstanden werden, der ihnen im Zeitpunkt des Inkrafttretens der Kompetenzbestimmungen, nämlich am 1. Oktober 1925, nach dem Sinngehalt des Standes der einfachgesetzlichen Rechtslage zugekommen ist.

Diese Versteinerungstheorie erweist sich als Ausdruck des Bemühens um Kontinuität im Verfassungsverständnis und in der Rechtsentwicklung, die aber eine erforderliche Weiterentwicklung der Kompetenzbestimmungen deshalb nicht verhindert, weil ja der Verfassungsgerichtshof, auf den diese Theorie der Versteinerung zurückgeht[50], erklärt hat, daß Neuregelungen zulässig sind, sofern der Zusammenhang inhaltlich systematisch gegeben ist[51]. So aber in der gegebenen Zuständigkeitsregelung die angestrebte Kompetenzzuteilung nicht unterzubringen ist, bedarf es einer neuen Verfassungsregelung[52].

---

[47] *Werner Kägi*, Die Verfassung als rechtliche Grundordnung des Staates, Untersuchungen über die Entwicklungstendenzen im modernen Verfassungsrecht, Zürich 1945, Neudruck Darmstadt 1971, S. 111.

[48] Siehe dazu *Heinz Schäffer*, Verfassungsinterpretation in Österreich, Wien 1971; *ders.*, Verfassungsinterpretation, in: Das österreichische Bundes-Verfassungsgesetz und seine Entwicklung, hrsg. von Herbert Schambeck, Berlin 1980, S. 57 ff.; *Herbert Schambeck*, Möglichkeiten und Grenzen der Verfassungsinterpretation in Österreich, Juristische Blätter 1980, S. 225 ff.; *Ludwig K. Adamovich / Bernd-Christian Funk*, Österreichisches Verfassungsrecht, 2. Aufl., Wien - New York 1984,4 S. 164 ff. und *Robert Walter / Heinz Mayer*, Grundriß des österreichischen Bundesverfassungsrechts, 4. Aufl., Wien 1982, S. 90 f.

[49] Siehe auch *Heinrich Neisser / Gernot Schantl / Manfried Welan*, Betrachtungen zur Verfassungsgerichtsbarkeit, Österreichische Juristenzeitung 1974, S. 369 ff. und beachte betreffend die übrigen Interpretationsmethoden und Grundsätze *Walter / Mayer* (FN 48).

[50] VfGH Slg. 2721/1954.

[51] z. B. VfGH Slg. 3670/1960, 6262/1970 siehe auch *Schambeck* (FN 48), S. 230, bes. FN 48.

[52] Siehe *Heinz Peter Rill*, Grundfragen des österreichischen Preisrechts, Österreichische Zeitschrift für Wirtschaftsrecht 1974, S. 99.

Wie mit dem Hinweis auf die Versteinerungstheorie deutlich wurde, zeigt das Bemühen um das Verstehen der Kompetenzverteilung nicht bloß die Regelung der Zuständigkeit, sondern leitet darüber hinaus zum *Verfassungsverständnis* an, eine Aufgabe, die über die Kompetenzverteilung im Bundesstaat hinausreicht und das Ordnungsbewußtsein unserer Zeit überhaupt berührt. Wie schon *Thomas Hobbes* betonte, besteht ja die Staatslegitimation vor allem in der Sicherheitsgewährung[53], Sicherheitsgewährung setzt Zuständigkeitsregelung voraus und diese das entsprechende Staatsverständnis; ein Anliegen, das gerade in einer Zeit nicht unaktuell ist, in welcher die Staatsallmacht anscheinend zur Lähmung der Einzelinitiative führt, während zur gleichen Zeit Anarchismus und Terrorismus Grenzsituationen herbeiführen, die man für längst überwunden angesehen hat. Die Kompetenzzuteilung verlangt den Einsatz der begründeten Staatsautorität, deren Untätigkeit ebenso verantwortungslos wäre wie deren Omnipotenz. Das Bedenken ihrer Möglichkeiten und Grenzen vermag aber zu einer humanen Ordnung zu führen, die unsere Zeit braucht.

---

[53] Siehe *Thomas Hobbes*, Elementarum Philosophiae Gestio Tertia de Cive 1647, Caput II, 3. und *Josef Isensee*, Das Grundrecht auf Sicherheit, zu den Schutzpflichten des freiheitlichen Verfassungsstaates, Schriftenreihe der Juristischen Gesellschaft e. V. Berlin, Heft 79, Berlin - New York 1983.

RECHTSTHEORIE 16 (1985), S. 181—200
Duncker & Humblot, Berlin 41

UNFAIR CONTRACT TERMS IN ADMINISTRATIVE GUIDANCE

By Zentaro Kitagawa, Kyoto

1. Introduction

Unfair contract terms are a universally recognized problem and subject of various judicial or legislative innovations in many countries[1]. In Japan, the need for innovations exists, but a striking contrast is found in Japan's attempt to control such contract terms. Let me start with my own recent experience in November and December of 1983, during a joint research survey on the control of standard form consumer contracts in Europe[2].

Before the Japanese group of which I was a member visited several European institutions and organizations, we sent a list of questions we wanted to discuss. One of our questions, however, was not understood well by the British and French business people with whom we held discussions. The question was: to what extent do the government agencies usually assist private business firms or organizations in the preparing or drafting of standard form contracts? In Japanese practice, government agencies often give action to a business organization for drafting or revising a model standard form for their particular field of business or type of product. More than that, some statutes such as Art. 21, paragraph 3 of the Transport Business Act (Law No. 241, 1949) provides that, if an enterpreneur employs the model standard form prepared by the competent government agency as its own without any modifications, it is deemed to have satisfied the statutory filing or approval requirements.

We asked our question about government agency assistance on the assumption that a similar practice would exist in European government-business relationships. However, we were informed that such government participation in contract formation is, except for a few special areas, simply non-existent in England and France. Though we were not completely sure of the accuracy of this information, we quit asking the

[1] See, as to European developments, *Th. Bourgoigne* (ed.), Unfair Terms in Consumer Contracts, 1983, Centre de Droit de la Consommation.

[2] See: Present Situation Concerning the Control of Standard Form Consumer Contracts in Europe, (Japanese), 1983, Keizai Kikaku Kyōkai.

question. Again, when we look at the Japanese practice, we find the opposite result: governmental involvement in a business' standardization of contract terms is quite common.

At the same time, we should not forget the historical setting. The European civil law system was introduced into Japan to create a modern legal system. The influences of the civil law system can be traced back to the reception of Western laws in Japan, a process extending over several decades starting from the middle of the nineteenth century. At that time, Japan gave up its policy of isolation, opening its markets to the world. It had started to become a modern state. One of its most important undertakings in its effort to become a modern state was the compilation of the basic codes such as the Constitution (1889), Civil Code (1898), Commercial Code (1899), Criminal Code (1880), Code of Civil Procedure (1890), and Code of Criminal Procedure (1880). The Civil Code, enacted after about thirty years' preparation, was a product of the comparative law method, particularly owing many of its provisions to both the French and German civil law[3]. Soon after the enactment of the Civil Code, Japanese law professors as well as lawyers *rebuilt* the civil law system, entirely depending on the German "Rechtswissenschaft"[4]. The German influence was so pervasive and profound that the Japanese "Rechtswissenschaft" was at one time regarded by P. Koschaker as "a pressure gauge which registers changes within the German legal boiler before the Germans themselves are aware of them"[5].

On one hand, a sharp contrast exists between Europe and Japan with regard to the government-business relationship, while on the other hand, the Japanese legal system belongs to the European civil law tradition.

A well-known lesson of comparative law teaches us that different legal concepts and institutions in different legal systems result in a functional equivalence in the solution of the same legal problem[6].

A functional equivalence is found when the same or similar interests or values are protected by the solutions given to a problem common to many legal systems using different legal concepts and institutions. For example, the just reliance of a contracting party at the contract formation stage is protected in many legal systems, but by way of differing

[3] See *Z. Kitagawa*, Rezeption und Fortbildung des europäischen Zivilrechts in Japan, Arbeiten zur Rechtsvergleichung, Bd. 45 (1970), p. 32 ff.

[4] This German influence can be characterized as theory reception. As to the details of the process, see *Z. Kitagawa* (note 3), p. 67 ff.

[5] *P. Koschaker*, Europa und das Römische Recht, 3. Aufl. 1958, p. 132.

[6] *J. Esser*, Grundsatz und Norm in der richterlichen Fortbildung des Privatrechts, 1956, p. 339, 346 ff.; *Z. Kitagawa* (note 3), p. 106 f.

legal instrumentalities, e.g., the doctrines of irrevocability of an offer, promissory estoppel, or culpa in contrahendo.

But if we accept this lesson of functional equivalence as valid, the case of administrative guidance found in Japan's legal system might seem to make a serious challenge to its validity. It is possible that this comparative law lesson does not hold true for administrative guidance. The problem of whether European law has an equivalent protective device deserves our attention because such an analysis may reveal something valuable for comparative law studies in terms of building a better system of contract law for today and tomorrow.

2. Government Involvement in Business Activities; Administrative Guidance

2.1 Government Control or Cooperation

Free competition is essential to the modern law of contracts and is incorporated in the law as the principle of freedom of contract or private autonomy. Furthermore, this concept requires that governmental interference with private transactions should be kept to a minimum and should be allowed only in cases where public order or good morals otherwise would be damaged. In other words, government agencies are not allowed to interfere with private contracts, simply because they regard a contract term as unreasonable. Statutory authorization for such intervention is normally required. For example, administrative regulations relating to essential living conditions (e.g., energy supply or water supply), professional services such as physicians and attorneys, or transportation services authorize each respective competent agency to intervene in private contractual relationships. Government agencies cannot, however, decide that a contract is "unreasonable" without statutory authorization. This proposition also applies to the Japanese law of contracts. It is left to the judiciary to decide whether or not unreasonable contracts are enforceable. Under the principle of freedom to contract, negotiation of contract terms is solely the task of the contracting parties. But this apparently self-evident pattern of contract formation is not always the case in Japanese contract practice. As in other business activities, government-business cooperation often takes place in contract formation[7].

[7] Therefore, there arises a danger that one would fail to grasp the actual situation under Japanese law if one uses the legal framework of a Western legal system and does not pay enough attention to the private law consequences of government-business interrelationships in Japan.

This cooperation between government and business in contract formation, the so-called "administrative guidance" system, may be traced back to the beginnings of modern Japan. A brief look at this historical development will prove useful.

2.2 Historical Background of Government-Business Relations

Due to the historical background that the Japanese government supported as a part of its national industrial policy, the formation and development of some key industries such as textiles, steel, iron, shipbuilding, and chemicals from its earliest stages, business people did not have a strong desire to be independent from the government. On the contrary, business favored governmental involvement, particularly when such involvement was part of a national industrial policy which enabled businesses to obtain subsidies and low-interest government-sponsored loans or when government agencies were looked to intermediate or advise to prevent excessive competition among businesses. Sometimes it was felt that governmental involvement was needed because the rapid development of Japan as a modern state did not *modernize* Japan in the real sense of the word. The legislative machinery in Japan, for instance, did follow Western models but did not catch up with resulting social changes. The judicial machinery in Japan which was also well organized remained, however, even more ineffective than the legislative machinery in this regard. Under such circumstances, there were areas which the law did not effectively address due to a malfunctioning of the legislative or judicial machinery. To fill the resulting gaps in the law, governmental agencies necessarily intervened in business and business activities. In such cases, this governmental involvement was a kind of expanded jurisdiction or competency, added to the original supervising authority. The well-known device for achieving this effect is called administrative guidance.

2.3 Administrative Guidance

Administrative guidance (gyōsei shidō) is known to the world as something like a magic device for economic growth, this device being responsible for the implementation of an effective government-business relationship in Japan. An administrative agency, performing its duties through administrative acts (gyōsei kōi), can intervene in private transactions, placing such restrictions upon them as the agency is empowered by law to impose and can, under certain circumstances, force violating private parties to comply with the restrictions. Administrative guidance uses warnings, instructions, cautions, guidances, recommendations, requests, and advices. It is different from the administrative act, as described above, in the following way: Administrative guidance is an extralegal act, which is called a factual act (jijitsu kōi), having no legal effect per se. Consequently, it is voluntary in nature and no compulsory power or order is provided for. Private parties to whom it is addressed may, in theory, follow or simply neglect the guidance. However, the *de facto* effect of administrative guidance is quite the opposite. Administrative agencies indirectly exercise great pressure on private parties because an uncooperative private party may be adversely treated in another situation where the administrative agency has control over some other activity or discretion in handling some other business matter[8].

2.4 Problems

At the present time, this unique system of government-business cooperation by way of administrative guidance is accused of being a cause of international trade friction between Japan and the U.S.A. or the EC. At the same time, however, this system is studied with interest by many foreign countries because of its efficiency and positive impact upon economic growth.

Therefore, the next question which must be addressed is whether the Japanese pattern is uniquely suited to Japan or does it contain something useful for other legal systems. In the following section, a recent case of government involvement in improving contract terms is discussed in order to answer this question.

3. Standard Form Contracts Reviewed by a National Council

3.1 Activities of the Standard Form Contracts Committee

Recently, the Standard Form Contracts Committee[9] of the National Better Living Council (hereafter "SFC Committee") finished its four years' investigation and review of about fifteen consumer standard form contracts. In March 1984, it published its report, including recommended guidelines[10].

---

8 See *Tanakadate / Sonobe*, Administrative Law in General, § 114, in: Kitagawa, Doing Business in Japan, Vol. 6, Part II, Ch. 1.; A good analysis is found in *W. Pape*, Gyōseishidō und das Anti-Monopol-Gesetz in Japan, 1980.

9 The SFC Committee consists of three law professors, one practicing attorney, two business representatives, one labor representative, two consumer representatives, one journalist, and representatives of pertinent business associations (e. g., the National Bank Association, the Life Insurance Association). The SFC Committee is not a standing committee of the Council.

10 The first interim report was published in November, 1981, and the final report incorporates this report with minor changes.

The SFC Committee chose and discussed about fifteen standard form contracts which are presently being used in consumer contracts in Japan. Some of these were identical or similar to types used in other countries, and some were unique types used only in Japanese business. Finally, twelve standard form contracts were reviewed and included in the 1981 Report. They were selected for various reasons, e.g., types of consumer complaints which arose, number of court cases which arose, the importance of the transaction in modern life, opinions from over two hundred and sixty consumer centers of the concerned local governments, and hearings with business firms and consumer groups. The most determinative element in deciding which contracts would be finally selected was the determinations made by the Consumer Administration Section-I (Shōhisha Gyōsei Dai-ikka) of the Economic Planning Agency, a government agency which coordinates the consumer protection measures of the concerned ministries and agencies of the national government. The twelve types of contracts are as follows: life insurance contract, non-life insurance contract, package tour contract, mutual aid contracts for ceremonial occasions, bank loan agreement, comprehensive bank account regulation, automobile sales contract, credit card contract, golf club membership agreement, contract for transportation of goods, hotel contract and warehousing contract.

The SFC Committee started its proceedings with a general discussion of its methods and activities. In the following three sessions, various aspects of consumer standard form contracts were discussed based on the testimony of some local consumer centers and from two leading consumer organizations. After the SFC decided on tentative items to be reviewed by the Committee, the twelve consumer contracts were reviewed one at a time. Each contract was reviewed at least twice. At the first session held to review each contract, the business representative, usually sent from the pertinent business associations, was heard. For almost all sessions, detailed materials and drafts of the reports prepared by the Consumer Administration Section-I were submitted to the SFC Committee. Several sessions were set aside to draft the Committee's reports.

3.2 The Report of the SFC Committee

3.2.1 General Guidelines

The SFC Committee's Report consists of three parts. The first part set out seven general guidelines for drafting and interpreting standard form consumer contracts. These general guidelines were set forth based on the discussions and reviews made of each individual contract. Consequently, the guidelines are not necessarily an exhaustive listing, but are convincing because of the Committee's pragmatic approach to developing them. The following will briefly discuss the seven general guidelines.

(1) To draft a standard form contract for consumer use:

In some areas such as transportation and warehousing, the standard forms used for consumer transactions are the same ones used in transactions between merchants. Therefore, some of the terms used are not appropriate for consumer transactions and are phrased in such a highly technical fashion that consumers cannot understand them. Furthermore, the present forms do not contain terms that are required in transactions with consumers. Since the forms are for business use, they are too detailed for use in consumer contracts.

(2) To incorporate those terms which are essential to the consumer:

In standard form consumer contracts currently in use, those terms that concern the contents of consumer's rights and duties are often missing, such as the scope of the drafter's liability and requisites for the recession of the contract. Without including these terms in their contracts, consumers will have difficulty in making their decisions about whether to enter into a contract properly or reasonably discovering possible remedies.

(3) To produce fair and equitable terms allocating contractual benefits and risks:

Business enterprises may deviate from non-mandatory provisions as provided for by the Civil and Commercial Codes, but may not do so significantly. They may not completely exempt themselves from liabilities that are reasonable in light of their business experience or expertise and they may not demand actions of a consumer far beyond his or her reasonable expectations.

(4) To set forth clear-cut terms so as to avoid varying interpretations:

Should a doubt arise as to a contract's interpretation, it shall as a matter of principle be interpreted in favor of the consumer's interests.

(5) To reflect as much as possible business realities in drafting contract terms.

(6) To make contract terms as easily understandable to consumers as possible:

The use of too technical legal terms should be avoided. Too detailed provisions and the use of too many provisions should be avoided.

(7) To disclose the contents of standard form contracts in an appropriate way.

3.2.2 General Principles Concerning Contract Issues

In the second part of the report, the Contracts Committee recommends the general principles for about twenty five contract issues, which are also based on discussions and reviews made of standard form consumer contracts within the SFC Committee. The contract issues thus selected are classified into eight categories: contract formation, consumer's rights and duties, breach of contract (by a consumer as well as by a business enterprise), modification and termination of a contract, change in a contract party, security for an obligation-right, allocation of risk and others. Each of these categories is divided into two or more subdivisions.

To pick out some examples from these general principles, the delivery of a written contract is required at the time of contract making and the introduction of a so-called cooling-off period is recommended for all consumer contracts concluded by a salesman. Consumer's rights and duties should be drafted specifically and clearly and may not deviate from the consumer's reasonable reliance. Options among possible payment methods should be made available to consumers. Interestingly, the general principles governing breach of contract as formulated by the Committee do not differ from the theories the courts have developed under the Civil Code. Thus, the scope of damages is, as a rule, to be determined by a principle of "adequate" causation, and the consumer's right to rescission or cancellation may not be restricted. Acceleration clauses, though allowed, may operate only in cases where the consumer's nonperformance is inevitable, and the clause is subject to rigid and distinct procedural requirements.

The SFC Committee did not intend to spell out fundamental contract principles with the intention of creating a uniform standard form contract act, but some of the above mentioned principles could be useful as such. With further articulation, this report could be used in the future as the initial draft for such an act.

3.2.3 Recommendations for Better Terms Relating to Standard Form Consumer Contracts

The third and main part of the report is the recommendation to make currently used consumer standard form contracts fairer more consumer-oriented. The SFC Committee carefully reviewed those contract terms considered detrimental to consumers. Some recommended guidelines were directed simply to making unreasonable contract terms or contract structure more understandable in order to allow consumers to make rational choices. The guidelines also made substantive recommendations concerning contract terms or conditions to take the place of particularly unreasonable and unjustifiable contract terms. Since the SFC Committee had no binding authority to set legal norms, there is a limit to the actual efficacy of these recommendations. This is particularly true when the interests between business and consumer differ severe, or when the guidelines deviate significantly from current business practices. To make the recommended guidelines convincing and acceptable, the SFC Committee decided upon the final form of the guidelines based on a *consensus* among its members. Because the membership of the SFC Committee included representatives of pertinent business organizations, the consensus method increased the possibility that the recommended guidelines would be accepted by the affected business organizations. And, as is explained below, some business organizations actually have revised their model standard form contracts in accordance with the recommended guidelines. However, at the same time there are certain weaknesses underlying this method consensus. Namely, the more serious the confrontation between business interests and consumer interests, the more difficult it is to formulate effective guidelines using the consensus method. In most cases, persistence on the preservation of extremely one-sided terms, favorable to business, in the contracts reviewed by the SFC Committee was certainly overcome. However, some guidelines remain fairly modest because of strong resistence on the part of business.

Now, I'll discuss several guidelines and make comments in order to show what legal issues are the subject of the recommended guidelines.

Package travel

For package travel transactions, the travel business standard form contract provided that a sponsoring travel agent should act as agent, broker, or intermediary, respectively, in order to render travel services, particularly concerning the provision of transportation, lodging facilities and other travel service-sponsored facilities under the package travel program which it was sponsoring. The travel services thus set forth under the concerned standard form contracts were understood by consumers to be a compound set of obligations on the part of the sponsoring travel agent. According to the representative of one of the travel business associations doing business in Japan, however, the legal obligation of a sponsoring travel agent was to render only those individual travel services listed in the standard form contract. That is, other services such as transportation from the airport to the hotel, if not so stated in the contract, were not regarded as a contractual duty, but as an additional "service" which the agency was not obligated to render.

This construction found its counterpart, for example, in the section governing the agent's liability, which provided that the sponsoring travel agent should be liable for the compensation of damage *directly* subtained by the traveler in cases where, in the course of the performance of the travel contract, the traveler receive an injury resulting *directly* from an intentional act or negligent act on the part of the agent. This provision apparently attempted to limit the agent's liability to such an extent that, for instance, even an injury caused by the negligence of a tour guide employed by the sponsoring travel agent would be excluded because the injury wouldn't result directly from the negligence of the agent.

It took the SFC Committee a long time to reach a consensus on these issues. In its report, the SFC Committee recommended that a sponsoring travel agent be obligated to render the package travel services as a unified obligation and, as a rule, be liable for any injury resulting therefrom. But it did not recommend a method for modifying the one-sided negligence requirement which was clearly detrimental to travelers. The reason why this issue was left unarticulated was due to the fact that the travel agent business association, whose members are mostly made up small and medium-sized businesses, was then trying to introduce a no-fault damage compensation system with a limit set on the amount of compensation an injured party could receive.

In July, 1981, an interim report of the SFC Contracts Committee set forth the Committee's guidelines concerning the package travel standard form contract. At the same time, a committee attached to the Ministry of Transportation, which is the competent government agency dealing with the transportation industry, was reviewing the same contract and decided basically to follow the above mentioned guidelines of the SFC Committee. Consequently, a revised model standard from contract for package travel was issued on February 14, 1983 in the Official Gazette[11].

Under the revised model standard form contract, travel business agents shall *undertake* to make arrangements for enabling travelers to receive travel services in accordance with the agreed upon travel schedule. However, the agent shall not undertake the actual rendering

---

11 Under Article 12-2, Travel Business Act (Law No. 239, 1952), registered travel business agents shall obtain approval from the Minister of Transportation for its travel business standard form contract. If, however, a travel business agent simply uses for its contract the Ministry's model standard form contract, such approval is regarded as having been given to it (Article 12-3, ibid, as amended by Law No. 33, 1982).

of such travel services. The agent's liability, which is still based on the negligence doctrine, also extends to the negligence of a tour guide. It is furthermore noteworthy that a special damage compensation scheme now provides for damage of various types sustained by a traveler, irrespective of negligence. For example, 15 million yen is to be paid as compensation for each death occurring during international travel and 150,000 yen is to be paid per traveler as the maximum amount of compensation for the loss of or damage to a traveler's belongings.

In the case of package travel, the recommended guidelines contributed to a reform of the Travel Business Act and to a substantial revision of the model standard form contract for use in the travel business within two years of the guidelines' publication.

Life insurance

The standard form contract for life insurance approval and its modification is subject to government approval[12]. Many consumer complaints about life insurance have been reported. This led the SFC Committee to review life insurance contracts from the standpoint of consumer protection. The recommended guidelines are concerned with the following issues: (1) the insurer's additional duty to notify the insured concerning the nullification of a contract due to the non-payment of a premium with a grace period of two months beginning on the original premium due date, (2) the introduction of a new procedure to determine the real intention of the insured as to whether he or she agress to the use of a premium loan plan to pay for premiums due after the lapse of a grace period, (3) the elimination of the gap between a consumer's understanding on one hand and the contract term on the other as to the place for premium payment, (4) the preparation of a list of the more concrete and understandable disclosure items, (5) the payment of insurance benefits under a sickness rider for sicknesses not known to the insured at the time of contracting, (6) the change in the place for the payment of insurance benefits for the sake of the insured, (7) the introduction of a new contract term which requires that sickness riders be registered with the Life Insurance Association, (8) the need for supplying more easily understandable information concerning the cash-surrender value of a policy, and (9) the redrafting of insurance contracts in plain language.

After these guidelines were published in November, 1981, the Life Insurance Association set up committees to investigate how to handle them and came to the conclusion that the life insurance business should

---

[12] Insurance Business Act (Law No. 41, 1939), Article 1 paragraph 2 and Article 10 paragraph 1. See for further discussion, *Kitagawa*, Doing Business in Japan, Vol. 6, Part II, Ch. 6, 6.07 (Ishibashi).

revise its insurance policy in accordance with the guidelines, excepting number 5, above. As of April 2, 1983, all the life incurance companies had revised their insurance contracts accordingly. It is said that the revision was the most innovative and substantial one since World War II.

A look at one issue, namely number 3 of above, will illustrate the nature of the revisions. Under the former standard contract, the payment of a premium should take place at the principal office of or some other place designated by the insurance company. *For convenience sake*, however, payments could be made to a collector sent by the company. Because the contract was interpreted as offering collection services only as a matter of convenience, the place for premium payment was, as a matter of principle, the principal office of or some other place designated by the company. But this was quite detrimental to the insured because premiums were, in practice, usually collected at the insured's residence and the insured might forget to pay if the insurance company did not send a collector. Now, following the recommended guideline, a new provision has been inserted. Namely, the insured has an option as to four methods of premium payment: remittance by money order, automatic payment into the insurance company's bank account, collection at the insured's residence, or cash tender. Should the insured choose the collection method, the insurance company is obligated to collect the premium at the residence of the insured.

As the above illustration reveals, the SFC Committee's guidelines gave great impetus to the fundamental revisions that were undertaken by the insurance companies.

Ceremonial occasions

Under the so-called mutual aid contract for ceremonial occasions the service provider collects from its contracting member a specified amount of money (Y 2,000 to Y 5,000) per month for a certain period of time (usually 5 years or so) and renders particular ceremonial services (wedding or funeral related) designated by the contract when its member requires such. This type of contract is regarded as a prepaid special transaction which is subject to the Installment Sales Act (Law No. 159, 1961). Under the Installment Sales Act Enforcement Ministerial Ordinance (Ord. 95, 1976), a special clause to the effect that a consumer is prohibited from terminating the contract. Particularly in the case of a continuing contract („Dauervertrag"), the contractual prohibition against termination may negate party autonomy. The model mutual aid contract for ceremonial occasions nevertheless had an unreasonable termination clause which said that a contracting member could terminate the contract only because of truly unavoidable circumstances such as the member having to go on public assistance or moving so that the receipt of ceremonial services under the mutual aid contract was no longer practical. In practice, mutual aid companies refused their members' requests for termination by relying on this termination clause.

The SFC Committee recommended in its report that the termination clause should be changed so that a contracting member could terminate a contract upon the payment of an reasonable termination fee. Several more issues were discussed by the SFC Committee. The president of the National Mutual Aid Business Association for Ceremonial Occasions strongly resisted these changes because he was afraid that they would lead to excessive competition among mutual aid companies.

The recommended guidelines were reviewed again by the Installment Sales National Council, a council attached to MITI, which issued a report in September, 1983, to the effect that, along with other recommendations, the termination clause should be changed. Thus, this guideline of the SFC Committee was reinforced by another national council. The model standard form mutual aid contract for ceremonial occasions was released in February, 1984. Its termination clouse reads as follows: "This contract may be terminated upon request by a contracting member. The termination fee which is provided for in this contract shall not be charged when the terminating contracting member has gone on public assistance."

Tied loans

Consumer loans are often tied to sales contracts for automobiles, houses, or other durable consumer goods. The SFC Committee reviewed two such loan agreements: the standard form consumer loan contract and the standard form sales contract for automobiles. In these two contracts, the sales transaction is tied to the loan guaranteed by the seller. For these two contracts, the SFC Committee has, among other things, recommended that the joint liability of the seller and the bank be introduced. Joint liability allows the consumer who receives a defective product from the seller to also raise the related defense with regard to such defect against the bank which was not a contracting party to the sales contract. The recommended guidelines were supported by the Consumer Policy Section of the Industrial Structure Council, another council attached to MITI, which issued its report in February 1984, directly aiming at a revision of the Installment Sales Act. Because of jurisdictional controversies between MITI and the Ministry of Finance, the latter having competency over the banking business, the draft to amend the Act which has been submitted to the Diet does not introduce the doctrine of joint liability for consumer loans[13]. However, this problem may be handled by a council attached to the Ministry of Finance in the near future[14]. At present, it would be safe to make the comment that the recommended guideline concerning joint liability in tied consumer loans has created an impetus for future developments in this area.

Other transactions

Among other consumer contracts reviewed by the SFC Committee, some are now in the process of revision (the model non-life insurance contract, contract for transportation of goods, and warehousing contract), but others have yet to receive any particular actions on the part of business or business associations, such as the model golf club membership agreement. Credit card standard form contracts will have to be revised due to the current reform of the Installment Sales Act. This reform has extended consumer protection measures, including joint liability, to credit card transactions.

To the extent that the recommended guidelines have successfully resulted in revision of pertinent contract terms, the SFC Committee can be proud of the authoritative effect of its guidelines on business. But this is not always the case. As mentioned above, no positive measures have yet been taken in regard to some contracts. Even when such measures are taken, the extent of the revision is not always the same as was sought by the SFC Committee. All these problems are due to the plain fact that the SFC Committee is not authorized to create legal norms. But, nevertheless, it may well be said that the activities of the SFC Committee have been largely successful, notwithstanding the lack of such authority. This success, without a doubt, owes much to the consensus method the SFC Committee employs.

4. Jurisprudential Considerations

4.1 Administrative Standard vs. Statutory Standard

The activities of the SFC Committee of the Economic Planning Agency, discussed above, are only one aspect of administrative guidance. However, the SFC Committee's method contains some lessons for contemporary law.

---

[13] The draft introduces the doctrine into the area of credit card transactions and other consumer credit sales transactions. It passed the Diet in May 1984.

[14] This is because an informal committee of the Ministry of Finance has submitted its report to the Ministry in March, 1984, recommending the enactment of a uniform consumer credit act. However, such an enactment is not yet planned.

The SFC Committee approach starts with the investigation of court cases and consumer complaints and tries to find a better solution for each contract term, together with administration officials, consumer representatives, business representatives, and professionals (scholars, attorneys at law, etc.). The outcome of such an elaborate and time-consuming joint undertaking is the compilation of recommended guidelines. The first lesson to be drawn from these activities for legal theory is as follows: the recommended guidelines provide for a series of administrative standards. "Standards" are here to be understood as guiding rules built on and combined with concrete issues[15]. Standards in this sense are not necessarily legal norms[16]. Administrative standards are standards which are prepared by or together with a government agency for implementing a given administrative policy. As such they may be authoritative in carrying out further legal developments, as in our SFC Committee's instance, authoritative in revising consumer contracts in various ways. For example, as described above, such standards or guidelines became a trigger for starting other council activity within the competent government agency; they were then reflected in legislative action. Furthermore, local governments' consumer centers, which handle consumer complaints, may rely on such administrative guidance when giving advice to consumers and businesses. In contrast, statutory standards are found in statutes and have, of course, the character of legal norms. They apply, as a rule[17], uniformly and continuously to the legal problems concerned. Courts must apply them to actual cases when rendering a judgment. The violation of a statutory standard is usually accompanied by some legal sanction. Turning to administrative standards, the "application" of such a standard in the legal-technical sense is normally not required. Administrative standards may well be resorted to as "persuasive" authority, but not as binding authority. It is also not mandatory for the party to whom an administrative standard is addressed to follow it *uniformly* and *continuously*, as is the case with a statutory standard. Taking these weaknesses into account, some might treat administrative standards, at most, as supplementary devices for improving consumer contract terms. Until recently, as a matter of fact, the majority of lawyers and law professors have not paid much attention to the "soft" approach of administrative standards. However, no one

[15] As to such standard, see further Z. *Kitagawa*, Standard als Weg zur „besseren Privatautnnomie", Festschrift für K. Larenz zum 80. Geburtstag, 1983, p. 332 ff.

[16] The character of a legal norm may be attributed to such standards when the standards refer to a statutory norm or its generally accepted interpretation.

[17] Even if not deleted, a statutory rule may occasionally become inapplicable, e. g., due to changed circumstances or due to the long-term development of court cases and doctrines.

can deny the remarkable achievements of such standards. It follows quite naturally that there is a new trend in legal studies toward reevaluating the meaning and role of such standards. Some of the recognized merits will be discussed below.

An administrative standard is particularly useful when the apparent need for a new law is not capable of being met due to various reasons; for example, the successful objection of pressure groups to such legislation, the unsuccessful adjustment of jurisdictional disputes between the relevant government agencies, the lack of a powerful pressure group or sponsoring organization without which there is no impetus to prepare a new law, or the strangeness, and thus difficulty in gaining acceptance, of a new legal concept to the existing legal system. Administrative standards can play an effective role in such instances: first, even an opposing pressure group or organization may agree on an administrative standard which is less fully articulated or has fewer legal sanctions than a corresponding statutoary standard; secondly, the fatal jurisdictional friction among government agencies may be avoided if such a new system merely operates at the level of an administrative standard; thirdly, the lack of a powerful consumer oriented pressure group or sponsoring organization does not prevent a "substitute" institution such as the Standard Form Contracts Committee from introducing administrative standards; fourthly, an administrative standard may be possible even in new areas where it would seem too early to discuss a new statutory standard.

Consequently, it is legitimate and necessary to recognize the role of administrative standards, for instance, in improving contract terms. Administrative standards, may serve, together with statutory standards, to support the fundamental principle of private autonomy and free enterprise in the contemporary business world.

4.2 Administrative Standard by Social Consensus

Another philosophical implication of administrative standards is that an administrative standard, if based on a social consensus[18], brings about successful change along with a positive reaction to that change on the part of the pertinent social sector, in our contract cases, this means a revision of contract terms in accordance with the standards that are formulated. Social consensus denotes the accord of participating members, but not necessarily by formal vote. The way in which a consensus

[18] For instance, in our SFC Committee case, this means a consensus among the members of the committee or council consisting of consumer representatives, business representatives, government agencies, attorneys at law, and university professors.

is formed and the degree of the consensus varies from case to case. Thus, business representatives from a business association in a newly developed industry (such as golf clubs, packaged tours, credit cards, ceremonial occasions, etc.) were quite often unaware of the importance of some private law principles or theories in defending the use of an abusive contract term. Although it was not easy for them to understand fundamental principles or theories of private law, a consensus could rather easily be attained, once it was revealed that business representatives misunderstood underlying legal theories or principles. In contrast, business representatives from such established industries as the insurance business or banking business were well aware of the legal problems and the subject matter of consumer complaints and defended their contract terms with a skillful combination of legal arguments and arguments based on business usage. Compatibility or adjustability with business usage or practice was often decisive as to whether a recommended guideline would be acceptable to them. Therefore, if the continuity of a certain business usage or practice was basically secured despite a change in contract terms, a new standard favoring consumer interests could be agreed on.

The social consensus approach is used in Japan in connection with a decision-making process by governmental committee or council aided by the competent government agency. So long as this mechanism is operative, an administrative standard can be an effective problem-solving instrument, sometimes more effective than a statutory standard, in revising contemporary contracts.

4.3 Administrative Guidance in the Perspective of Comparative Law

Having discussed the way administrative guidance operates in Japan, the question of whether the Japanese pattern is uniquely suited to Japan or could contain something useful for other legal systems must be addressed. The Japanese system of regulating unfair contract terms in consumer transactions has the following feature: the Civil Code of Japan remains unchanged in this regard. There are, however, several consumer-related business transaction statutes which contain provisions concerning unfair contract terms.[19] Since their application is limited to specific types of business, universal legislation for preventing the use of unfair contract terms is not present in the Japanese legal system. It

[19] Examples are: Land and Building Transaction Business Act (Law No. 176, 1952). Travel Business Act (Law No. 239, 1952), Installment Salec Act (Law No. 159, 1961), Door-to-Door Sales Act (Law No. 57, 1976), Unlimited Chain Association Prevention Act (Law No. 101, 1978), etc. See, as to their outline, *Kitagawa* (note 12), Vol. 6, Part XI, Ch. 8, § 8.05 (Kato).

is also true that Japanese courts are rather reluctant to negate or limit the operation of unfair contract terms. Thus, judicial control by the use of statutory standards is generally not successful for controlling such terms. This is why the SFC Committee and other national councils were set up to improve consumer contracts. Consequently, the Japanese system of controlling unfair contract terms is characterized by the dominant role of the administrative standard. The anti-monopoly agency, which is also responsible for consumer protection policy, does not contribute to the regulation of unfair contract terms.

European systems, compared to the Japanese system, show several different approaches to the problem of unfair contract terms. In the 1970's, legislative wave swept over West Europe and many countries enacted special private laws with similar purposes[20]. If we restricted our comparison to the level of legislation, we would fail to find an equivalence between Europe and Japan. However, by expanding the comparison to include both judicial and administrative control, we find there is a common ground where consumer interests are protected against the use of unfair contract terms. Furthermore, administrative guidance, which seems to be a Japanese specialty, may be discussed as one interesting model device for administrative control. As discussed above, if an administrative standard is determined by social consensus through a national committee made up of representatives of each pertinent social sector, its efficacy is usually guaranteed; particularly, business organizations often change their own model contract forms on the basis of self-regulation or because of administrative guidance by their supervising government agency.

The procedures for deciding such administrative standards are important because they guarantee the *participation* of pertinent groups and organizations, and because they offer a place for social compatibility and for the creation of contractual justice by consensus. This resembles the European phenomenon called "reflexive conceptions of contract law"[21], a new approach to modern contracts. This approach supplements the present decision-making procedures based solely on competition and the market mechanism with new alternative devices for decision-making[22]. Of course, a further analysis of this resemblance is needed before we can finally conclude that a system similar to Japanese administrative guidance would result in such an alternative mechanism for decision-making that would be usable in the contemporary system

20 For a good summary, see *Th. Bourgoignie* (ed.) (note 1), p. 34 et seq. (Hondius).

21 See ibid., p. 21 - 32 (Hart).

22 For example, the introduction of bargaining systems and the creation of countervailing power and organization.

of contract law. Nevertheless, we may reasonably suggest that administrative guidance, which has been regarded by many as uniquely Japanese, can be brought into the domain of comparative law.

5. Conclusions

The dichotomy between private law and public law underlying the European and also the Japanese legal systems is an appropriate legal framework for keeping the operative field of private contracts as broad as possible and administrative interventions into this private autonomy as modest as possible. However, in the course of economic development, private transactions are more and more frequently subordinated to administrative regulations, and business is forced to accept governmental interventions into the private domain. The reason for such changes vary from case to case and from country to country. In any event, the conversion of private law into public law, for whatever reason, is an unavoidable and inevitable change in contemporary law. Consumer law, competition law, and international transactions law are some typical areas illustrating such a conversion. But it must be noted that the conversion has been taking place not only in the traditional private domains but also in newly expanding areas. The operative fields of contracts have been expanded as broadly as possible and have penetrated into every corner of our private sector in contemporary society. In other words, the conversion of private law into public law has been accompanied by an expansion of private law. To catch up with this expansion, legislative devices are not satisfactory, particularly when the discrepancy between business practices and technical legal norms is large. Court cases will supplement such legal norms, but cannot easily reflect what actually happens in a society. It is therefore assigned to administrative bodies to fill this discrepancy.

In this paper, I discussed the present situation of government involvement in consumer transactions, especially in improving consumer contract terms. I also illustrated how, in Japan, the Standard Form Contracts Committee attached to the Economic Planning Agency developed a series of administrative standards for twelve standard form consumer contracts and how many of them are now successfully incorporated in current standard form consumer contracts. Finally, some jurisprudential considerations were discussed in order to find a rationale for government involvement in improving contract terms. The purpose of the Standard Form Contracts Committee is, in my view, to set forth administrative standards which may be resorted to as persuasive authority by a government agency when exercising administrative guidance powers or by a business organization in revising its model standard form contract. Thus, government involvement in these cases takes the form of an issuance of administrative standards. After comparing typical features of administrative and statutory standards, we found that there emerged broad areas where administrative standards effectively resolved the discrepancies between law and reality, sometimes better than a statutory standard. Furthermore, administrative standards, if based on social consensus, can play a significant role in problem-solving, such as, in our example, in improving unfair or unreasonable contract terms.

It is only fair to mention that the "soft" approach to building a new system for problem-solving is not inevitably successful in Japan, but the use of administrative standards as a gap-filler between law and reality, particularly in the emerging and expanding areas of private law, is an indispensable problem-solving device today. Administrative standards together with statutory standards create a functional equivalent to European systems that are used to control unfair contract terms. Furthermore, administrative guidance based on such administrative standards may be regarded by comparative lawyers as an alternative device for creating a legal system of self-regulation, a new perspective for the modern system of contract law.

(Author's Note: June, 1985) The model standard from contract for transportation of goods has been revised, following the SFC Committee's suggestions (see *supra* at 3.2.3., end): In addition to this, some other consumer contracts have begun to be revised.

RECHTSTHEORIE 16 (1985), S. 201—216
Duncker & Humblot, Berlin 41

CONTRACT AS A SOCIAL FORM OF LIFE

By Stig Jørgensen, Århus

It is a good idea to bring Japanese and European lawyers together to present their views on the general conception and use of contract in their respective countries in order to improve the understanding of the common features of the means of exchanging goods and other values in the different cultures, but also to realize why there are — and must be — differences in the way we handle and describe what we are actually doing. Professor Kitagawa mentioned in his paper the general comparative law principle that different cultures facing the same practical problems solve them in the same way but use their special traditions, concepts and institutions to reach the solution.

In his paper Professor Kitagawa has put emphasis on the special devices Japanese business law in modern times has developed to protect the consumers against unfair conditions in general form contracts. Due to the special political tradition in Japan that job has been done by administrative and not by legislative and judicial means. In my paper I will try to give a general view of the instrument and concept of contract throughout the history of man, but I hope that my exposé will also throw a sidelight on the interesting development in modern Japanese law.

In the previous century the famous English legal historian John Summer Maine coined the phrase: From status to contract. In an earlier book (Vertrag und Recht, 1968) with reference to the growing use of standard form contracts I changed the phrase into: From status to contract and back again. What I am hinting at, which I shall mention in my paper, is that Japanese contract law so to speak jumped into the modern technological world one hundred years ago, when the golden age of contract was already declining. Mass production demanded mass sales at standardized conditions designed by the manufacturers without special bargaining with the individual customer. That, of course, affected the content and use of contract which to a substantial extent became a "take it or leave it". In labour law the growing trade unions protected the interests of the upcoming working class in general agreements with the employers organizations. But in the other departments of contract law there were no strong interest groups to protect the interests of the general population which was often overlooked by the industries which protected their mutual interests in negotiated agreed documents, which met the demand for new law where the legislation could not keep up with the evolution.

One of the points of my paper is that European civilization during the years of the Renaissance developed an individualistic conception of man based upon the idea that each individual according to his sovereign will could affect not only nature but also his relations with other people by consent. That analytical and relationistic conception of man and nature was the basis of science and technology, and in the social and legal field it was the basis of the concept of contract, i.e. the social contract as the justification of political democracy and the private contract as the device for circulation of goods and other values. Thus, when the conception of human and subjective rights: i. e. *spheres of inviolable, legally protected and purely formal positions of integrity*, was accepted, only legal procedures were acceptable as solutions of legal conflicts. Japan, on the other hand, had kept her traditional collectivistic or organic structure of society and conception of man with its administrative conflict solutions, which, on the one hand, favours the protection of social interests, but on the other hand reduces the predictability of the outcome.

The social foundation of an individualistic contract thinking must of course be a society of some degree of strategic equilibrium between the individuals which, however, never became a reality but instead an illusion when evolution turned the population into producers and consumers. Of course, there was also in Europe the same need for protecting the social interests as there was in Japan. Japan received the European contract law but — as Professor Kitagawa points out — changed it according to her own traditions of administrative conflict solution so that conflicts are avoided by voluntary compliance with the so-called "guide lines" censoring the contract conditions of the various industries. According to their traditions Europeans generally used legislative and judicial procedures in fighting unfair contract conditions. But — as Professor Kitagawa mentioned — the results according to general principles of comparative law tended to concur, with the exception perhaps, that the legal position of — especially a foreign — individual is not so transparent in Japan as it is in Europe. Legal solutions increase predictability but might decrease protection, whereas administrative solutions decrease predictability but increase protection.

Now I shall turn to my own paper about the general idea and function of contract. My analysis separates a *material* justification from a *formal* justification. The material justification is found in *reciprocity,* the formal one in *consent*. You may also speak about a *functional* approach and an *ideological* approach. As it appears from the introductory legal anthropological remarks, the former might be regarded to be the elder one.

Men have at all times needed to exchange things and services with one another. Reciprocity is thus a logically necessary part of an exchange relation.

Anthropology teaches us that man is a social being in the sense that the human race would not be able to survive if there was not a social organization ensuring that the children could survive in spite of their helplessness during the first years of their lives. The price of developing a brain capacity like the one of *homo sapiens* is that the fetus has to leave the womb so early that the rest of the development into an independent individual has to take place outside the womb. According to anthropologists the female pelvis cannot be dimensioned larger than the actual size. The relation between the size of the head and thus the brain capacity and the pelvic region has remained unchanged throughout homo sapiens' hundreds of thousands years' history.

Therefore, in order to secure the survival of the children there has to be a minimum of *social organization* ensuring the division of labour which enables the mothers (or others) to rear the children while others provide food and protection. The smallest *social unit* is probably the nuclear family, father, mother and children, but the smallest social organization known from so-called primitive peoples in historical times is rather a family group of 30 - 50 persons[1].

The behaviour of social species of animal is governed by *instincts*, i. e. coded and unchangeable behaviour patterns, whereas man, who has an extreme paucity of instincts, is endowed with a brain capacity enabling him to control his behaviour through representative *ideas*, consciousness. The social needs are thus represented by moral and legal ideas, which are the foundation of the existence of the *small society* and at the same time the condition of the development of the *great society*[2]. Precisely because of his paucity of instincts man can easily

[1] See on the latest legal biological research: *Werner Schurig*, Überlegungen zum Einfluß biosoziologischer Strukturen auf das Rechtsverhalten (1983). See also *Julian Jaynes*, The Origin of Consciousness in the Break-down of the Bicameral Mind (1976); *George Edgin Pugh*, The Biological Origin of Human Values (1978); *C. Owen Lovejoy*, The Origin of Man, Science, 211 (1981), p. 341 ff.; *Alois Troller*, Überall gültige Prinzipien der Rechtswissenschaft (1965); *Stig Jørgensen*, Pluralis Juris (1982), p. 36; *same*, Das Individuum, die Gesellschaft und das Widerstandsrecht, in: Österreichische Zeitschrift für öffentliches Recht (1973), p. 19 ff.

[2] See *F. A. Hayek*, Law, Legislation and Liberty, vol. 1 - 3 (1982). See also *P. S. Atiyah*, Promises, Morals and Law (1981), and *Stig Jørgensen*, Law and

adapt himself to the cultural development, which the cerebrum has enabled him to make.

We still do not know, however, why man lived under almost constant cultural conditions as food-gatherers and hunters for hundreds of thousands of years, and why about 10,000 years ago a dynamic development started, which at a still increasing speed has brought humanity to the highly technological society of today. However, doubtlessly it has something to do with the development of the agricultural technology, which permitted man to become resident and to make the economic surplus, which on the other hand was the condition of the extension of the superior form of organization with more division of labour liberating labour for abstract tasks.

The starting of this development must also have something to do with essential changes of man's world of ideas and of his language, which is the medium, by means of which his thoughts are expressed. The human cerebrum and particularly the lobes of the brain developed rapidly nearly half a million years ago and have since then been unchanged. That is to say that the brain already at that time has had the capacity to make the ideas and the culture which, however, did not begin until several hundreds of thousands of years later. Why it did not start long before, and why it did start about 10,000 years ago in the Middle East, we do not know.

Modern anthropology and archaeological research finds that the climatic changes at the end of the latest Glacial Age are of great importance. The desiccation of areas in Africa and the Middle East decimated the amount of prey, while at the same time there were wild cereals, which might be grown, and animals, such as goats, sheep, dogs, and so on, which might be tamed. However, these conditions have no doubt existed elsewhere and at other times without starting the development. On the other hand, it is good old learning that necessity is the mother of invention.

However that may be, the development started because the outward conditions were present, and because man had an enormous unused brain capacity[3] and a linguistic faculty, which also had unlimited potentialities.

Society (1971), Ch. 2; *same,* Vertrag und Recht (1968), p. 13 ff. and 111 ff.; *same,* Contract as Form, in: Scandinavian Studies in Law, vol. 10 (1966), p. 97 ff.; *same,* Ethik und Gerechtigkeit (1980); *same,* Values in Law (1978), p. 59 ff.; *same,* Pluralis Juris (note 1), p. 11 ff. See also *Conrad D. Johnson,* The Idea of Autonomy and the Foundation of Contractual Liability, Law and Philosophy, vol. 2 (1983), p. 271 ff.

[3] Modern brain physiology has shown that the forebrain has no specific function, like the cerebellum and other parts of the cerebrum, and therefore is important for refined feelings and thoughts.

Anthropologists warn us against considering present "primitive" peoples as preliminary stages of our present cultures and against using the *concept of development* as a scheme of interpretation for the description of our history at all. The known "primitive" cultures in our time have as a rule lived under so extreme circumstances that it is absurd to consider their cultures as a valid manifestation of the preliminary stage of mankind. Although it is self-evident that the concept of development is an ideological construction, the purpose of which is subsequently to justify what has actually happened and to make this understandable, and even though we shall never be able to *prove* that a certain development is *necessary*, it is not sufficient to make us reject the idea of development in history and (social) anthropology.

The concept of development can — like the concept of causation — not be proved. Already Hume demonstrated that it cannot be proved, as it is impossible to base necessity on empirical experiences. Necessity exists only in the world of thought, and as Kant established, this is on the other hand a condition — or category — of cognition and understanding in the same way as the conception of time and space. I have myself on another occasion maintained that it is similar with *the general prevention,* which claims that rules of sanction prevent people from doing forbidden things. If a certain amount of freedom of action was not presupposed the concept of responsibility was absurd, which was also realized by Kant, and if these concepts were not presupposed it was absurd to make rules and sanctions at all[4].

In the same way the concept of development must be a condition of cognition, if we shall altogether be able to make a subsequent description of historical matters. We must respect the fact that on the one hand archaeology and anthropology point out certain "primitive" cultures in the past, and that on the other hand we observe certain "advanced" cultures in the present. Culture has thus changed, and it is this change that we must call development. This does not imply any acceptance of a certain current theory of development, according to which what actually happens is bound to take place, but on the other hand it is an acknowledgement of the fact that certain traits of development are universal. There is no necessity for instance of a Marxist process of development from "primitive" via "feudal" and "capitalist" to "socialist" social systems. Experience shows this to perfection. However, there seems to be a fundamental difference *between* the "concrete" thinking and the "collective" conception of man in "primitive" cultures *and* the "abstract" thinking and "individualized" conception of man in urbanized cultures.

---

[4] *Stig Jørgensen,* Johs. Andenæs og almenpræventionen, in: Lov og frihet, Festskrift til Johs. Andenæs (1982), p. 175 ff.

Not only *developmental psychology* speaks in favour of the idea that the development of each individual takes place in this way, but also legal history speaks in favour of such a "development" of social life, and maintains that it is not a question of influence but of "parallel courses", although the tempo of development varies[5]. For instance, the fact that Japan has more easily managed to control the technological development with its highly developed organization may probably be due to the Japanese culture not yet having developed the individualistic conception of man, which together with Christianity was introduced into the Western World during the Renaissance, and which was in full bloom in the 19th century. On this basis the Western technology was created, which came to change society so thoroughly in a new "collective" direction that the representative "democracy" found it difficult to manage the governing function, while the more collective conception of man and society in Japan corresponded exactly to the needs of technology[6].

I have in several of my earlier works[7] developed the conception *that* the contract as a fully developed idea belongs to a later time, *that* it is inseparably bound up with the idea of individual responsibility for

---

[5] *Jørgensen*, Law and Society (note 2), Ch. 2; *same*, Ethik und Gerechtigkeit (note 2), p. 12 ff. and 30 ff.; *same*, Values in Law (note 2), p. 65 ff.; Pluralis Juris (note 2), p. 21 ff.; *same*, Vertrag und Recht (note 2), p. 13 ff. Already the Italian philosopher *Giambattista Vico* (1668 - 1744) presupposed such a parallel concept of development and connected it with a theory of development for the social organization from a "religious" via an "authoritarian" to a "human" stage, cf. *Aristotle:* monarchical, oligarchical and democratic; and *Max Weber*, Wirtschaft und Gesellschaft (1964), p. 26 ff. (traditionelle, charismatische und rationale Legitimität).

[6] See on Japanese development of the law, *Paul Eubel u. a.*, Das japanische Rechtssystem (1979); about the reception of European civil law in Japan; *Z. Kitagawa*, Europäisches Zivilrecht in Japan (1970) and Rezeption und Fortbildung des europäischen Zivilrechts in Japan, in: Arbeiten zur Rechtsvergleichung, hrsg. von H. Dölle und E. v. Caemmerer (1970), p. 221 ff.; see also *same*, Resonance Theory: a Tentative Approach to the Dispute Settlement Mechanism, in: Rechtsvergleichung, Europarecht und Staatsintegration, Gedächtnisschrift für L.-J. Constantinesco, hrsg. von Gerh. Lüke und anderen (1983), p. 393 ff. On the explanations of the falling criminality in Japan, see *Robert B. McKay*, Japan: Streets without Crime. Dispute without Lawyers, in: Japan House Newsletter, vol. XXIV, No. 9 (New York 1977); and *Johs. Andenæs*, Kriminalitet og økonomisk udvikling: et japansk under, in: Lov og rett (1979), p. 464 ff. In all cases it is tried to limit the level of conflict through an unofficial group control and unofficial non-legal procedures of solving the conflicts based on acceptance on the part of the family and other social and occupational units. See also *José Llompart*, Rechtsbewußtsein und Verantwortungsgefühl im Japan der Gegenwart, RECHTSTHEORIE 14 (1983), p. 285 ff.; *Mitsukuni Yasaki*, Significance of "Legal Consciousness" in Regard to Social Facts and Social Institutions, Osaka University Law Review 31 (1984), p. 1; *Manfred Rehbinder*, Die Rezeption fremden Rechts in soziologischer Secht, RECHTSTHEORIE 14 (1983), p. 305 (Korea).

[7] See above note 2.

tortious acts, and *that* this ideology from a breakthrough in the Mediterranean cultures during the 5th century B. C. through various stages of development arrived at its apotheosis from the middle of the 18th century to the middle of the 19th century. The technological development created from that time new forms of production, which by means of mass production have resulted in large-scale operations and large-scale marketing which had to be calculated and financed, so that there was no longer room for the individual responsibility and the individual contract.

All over the world the general *culpa-rule* (negligence) presupposing individual culpability as the condition of the liability for damages was replaced by an enterprise liability either in the form of a strict liability, like for instance for the railways, or a liability of factory owners for the errors committed by their workers, gradually often in the form of a "presumptive liability", i. e. presumed negligence of the factory as a whole. At the same time the individual conception of contract is rejected, i. e. the combination of the free will of two individuals in favour of the *standard contract* presupposing that the individuals have counted on *normal market* conditions unless explicit exception has been made.

And by this the ring is closed. We approach the thinking which originally dominated the exchange of goods and services, *the idea of equivalence*. The binding element is the receipt of a performance, for which you "owe" a consideration. The direct exchange between two persons both being present is no doubt the original one, at any rate it is the most simple form of voluntary exchange of goods and services. Outside the nearest family circle there will naturally be a difference between voluntary exchange of services (and goods) and involuntary deprivation of goods which are not unlimited. If there is an unlimited access to a resource, e. g. air, there will be no competition and no compulsory or voluntary surrender of goods. It appears from anthropological descriptions of primitive cultures that the balance between violence and mutual interest can be fragile. The various tribal societies, at the same time competing for and combining the utilization of external goods and their own products, have established "pre-contractual" exchange relations without direct contact. For instance members of one tribe have placed their surplus products in a certain place, whereupon they have retired. When they returned at a later date, they have found either their own goods or some other goods as payment. In the former case there has been made no "contract", but in the latter case the parties have entered into a contract. Thus in their common interest they have replaced mutual competition by a mutual satisfaction of needs by voluntary means. At later stages they have met face to face and have directly exchanged goods and services in the market place or over the counter (bar).

To this operation are attached the representative ideas of performance and consideration, *the justice of equivalence,* which implies that it is the receipt of a performance that brings about *the obligation,* which is *equivalent* to the thing received. Even *Aristotle* emphasized the justice of equivalence, the *commutative* and equalizing justice, as the oldest and most fundamental one, while the *distributive* justice is a later addition, which arose at the time of Solon as a manifestation of the importance of individuals and performances to the emerging city-state. The equalizing justice has two main elements: The demand of criminal law for proportionality between crime and retribution (in contrast to the unlimited revenge of earlier times), and the demand of private law for accordance between the value of the performance and consideration.

However, also legal history and culture history bear witness of the fundamental idea that the receipt of a performance binds the recipient to give a consideration. It is not the will but the receipt that establishes the obligation, even if the receipt is involuntary. The Islandic writer *Haldor Laxness* gives an illustrating example in his novel: "Frie maend" (Free Men). A peasant family in the wilds is in want and needs desperately the help of a witch. When the witch accepts an invitation she is offered some food, which she, however, refuses. Then the peasant catches her and feeds her forcibly. The fact is that she is now "obliged" to help him, as she has actually received something. However, she is as cunning as the peasant, and she goes outside and vomits. Then she is released from her obligation, and the peasant gets no help.

However, there are innumerable examples of this kind of thinking, a. o. also within legal history. In Greek law it was the receipt of deposits, arha, which established and thus were a condition of the obligation; and also within Roman law there had to be a *causa* in the form of a *real contract* or a *consensual contract,* corresponding to certain socio-typical relations: purchase, leasing agency, and so on, unless there was a formal *stipulation.* The purely informal, written or oral promise was not binding, especially not in case of unilateral dispositions (gifts). In general this is still the situation in European mediaeval law, in the legislation and legal practice as well as in the legal theory, which on the whole was based on the Romanistic tradition after the discovery of the Digests' and Aristotle's writings in the 12th century. While the temporal Romanism (glossators, commentators, systematists) continued along this line, it was the catholic *moral philosophy* which prepared the later theory of contract. This theory had its most abstract version in Grotius (1625), who citing antique and ecclesiastical authorities claimed that two men as well as two states must be bound by their mutual promises, as by these they had each deposited a *particle of freedom* with the other, and thus had bound their will.

In the following centuries, concurrently with the growing prosperity in the cities, this type of contract came to prepare the way for new informal kinds of contracts during the transformation of the societies taking place at that time. However, within English law it was maintained that one was not obliged because one had made a declaration of intention, but because one had made a *bargain*[8]. The starting point was in the Middle Ages the same as on the Continent. One was bound, if certain formal rules (*seal*) were fulfilled. These formalities ensured *consideration* and *evidence;* among other things donatio mortis causa had to be secured by will, which was authorized by canon law as an intervention in the traditional law of family succession in order to secure property and other values to churches and convents as frankalmoins. Otherwise a person could be bound only in case of a special claim *(writ)* like in Roman law *(actio)*, i.e. the most common sociotypical relations between two parties. However, on the basis of a special fictional technique (assumpsit)a further development took place during the 16th century. By this English contract law was released from its traditional patterns, but at the same time the connection to the fundamental idea of the oldest contract law was maintained through the doctrine of *consideration*. The original meaning of "consideration" is reflection, but it got the technical meaning to combine the old doctrine of obligation by seal with an informal business practice, as it laid down as its only condition of the existence of consideration that the promisee had imposed a detriment on himself, or that the promisor had received a benefit. In other words there had to be a *quid pro quo*[9]. The purpose was naturally to ensure equivalence between performance and consideration like in the medieval Continental doctrine of *justum pretium*, but gradually it became a mere formality.

However, ideologically the doctrine has roots in common with the Continental natural law, which was developed by Grotius, Pufendorf, Thomasius and Wolff in the 18th century. It is true that this, according to Grotius' teaching, acknowledged the accepted promise as binding irrespective of its form and the unilaterality of the obligation. But if it was a mutually binding contract, the connection between performance and consideration was maintained, so that annulment or reduction of the performance or the consideration entitled the other party to cancel his obligation wholly or partly, for "one shall not give more than one gets"

[8] *Atiyah* (note 2); *Stig Jørgensen*, 4 obligationsretlige afhandlinger (1965), p. 17 ff.

[9] *Jørgensen*, Values in Law (note 2), p. 69 ff.

as a contemporary Danish writer expressed himself[10]. This form of the *idea of equivalence* came to influence commercial law and civil law on the whole a great deal, as the traditional Romanistic theory demanded that one party's non-fulfilment of his obligation had consequences only when there was culpa on the part of the non-fulfilling party. *Actio redhibitoria* and *actio quanti minoris* (annulment and proportional reduction of one's own performance because of defects) originally applied only to market trade, and at any rate only to the contract of sale. Therefore, for instance, there does not exist this very day in German law a general rule of annulment and reduction as the BGB is based on the Romance tradition of culpa (negligence) as the condition of liability, whereas the HGB contains such rules for commercial sale. On the other hand, for instance Danish private law practice and theory already at the end of the last century accepted such a fundamental connection between performance and consideration, though naturally with some modification.

However, by this we have already anticipated the development, which took place at different times within different legal systems. The development of trade necessitating credit facilities established *the claim* as a substitute for the goods or services received on credit. On the other hand *the debtor* in Roman law and in other known legal systems was personally bound in a literal sense. *Obligare* means linguistically to bind and *nexum* means to connect, and the conception corresponded to the fact that the debtor, in case he did not fulfil his obligation, was literally at the mercy of the creditor, as the creditor could kill him or sell him into slavery. In this way the connection between performance and consideration was preserved in an abstract form, a development, which corresponds to the magic ideas of a religious or moral obligation, which is known from other cultures. In the growing distant trade of the Middle Ages and the Renaissance it was originally the merchant himself who travelled along with his commodities by ship or in other ways, in order partly to protect the values in transit and partly to be in charge of the sale at the destination. Later on, when the princes undertook the job of securing the trade routes in return for payment of a duty, private protection was no longer necessary. According to modern history this was an essential economic background for the establishment of secular organizations, which were above the traditional family unit.

Another practical result of this development was the creation of the idea of representation and agency[11], which meant that an intermediary

---

[10] *Jørgensen*, Die skandinavische Lehre der Vertragsverletzung, in: Festschrift für Karl Larenz (1973), p. 549 ff.

[11] *Jørgensen*, Fuldmagtsproblemer, in: Juristen (1968), p. 401 ff.

— skipper, agent and so on — could make rights and obligations *in the name of another person.* This development implied also *money economy,* consisting in *an abstract measure of value:* at first fungible things (pecunia: cattle), then metal (copper, silver, gold) and coins (metal bearing the prince's stamp), later on notes, bills and other orders including other claims for money, which in the later stages imply confidence in the political organization guaranteeing the economy and issuing the means of payment.

According to culture history and philology the idea of money[12] in an abstract sense arose in Athens at the time of Solon (6th century B. C.) in the same period as other abstract ideas, such as *good, justice* in a distributive sense, *individual, democracy.* For during this period arose with its good or bad qualities an advanced city-culture based on an actual division of labour and the necessity of a new instrument for the organization of the economic and political function. The economies of earlier times, hunting, nomadic and agricultural economies, are collective, as all the individuals take part in the economic process, which in return ensures the individuals a share of the yield dependent on *their social status.* Everybody had a function, not only the young and strong people; the older people represent experience, which is of great importance in a *static* society, while the children represent future labour, and the social thinking is thus *conservative* and *dynastic,* i. e. the present generation represents the family or the people, which is the spiritual foundation identifying the individuals with the past and the future.

Besides rendering it possible to make a surplus in the economy, a capital, the division of labour also creates a need for new *moral* and *legal* concepts, and thus also for a new political organization. When *labour* is priced (in money) then the old and the young people have no value. In a *dynamic* society the experience of the old people has no particular value, as it becomes antiquated, and the young people is also an economic burden, as they neither at the present nor if ever represent any contribution to the economy of the parents. The individualistic economy creates a *need* for a new morality, which by means of mercy as a religious demand creates the foundation of existence for the weak and ineffective people[13]. This revolution takes place gradually at the time between 450 B. C. and up to the birth of Christ, when it

[12] See to the following, *Jørgensen,* Ethik und Gerechtigkeit (note 2), p. 15; *same,* Pluralis Juris (note 2), p. 21 ff. See on the development of the concepts "subjective law", "individual", "person", "responsibility", "conscience" which were not to be found in Japanese culture and law when European law was received in this century, *Llompart* (note 6).

[13] *Jørgensen,* Ethik und Gerechtigkeit (note 2), p. 12 ff.

penetrated linguistically and culturally first in Palestine, later on in Greece and Italy.

The *legal* innnovation is as mentioned *the contract* as a pattern of binding individuals and individual responsibility. Politically the idea of the individual as a sovereign rational being results in *the social contract*[14], which by analogy with the private contract conceives society as an agreement among the citizens about governing society together. These thoughts were developed by *the Sophists* in Athens in the 5th century B. C. "Just as it is not the gods who created man, but the other way round, so it is not the gods, but man who made the laws." This idea of democracy founding its binding force on a "social contract" emerges later on in the 17th century, when Europe has again established the economic foundation of an urbanized money economy based on the division of labour. At the beginning of the 17th century *Hugo Grotius* revives the idea, which is adopted by the contemporary *Hobbes,* but with quite another content. While Grotius builds on the anthropology of Aristotle and the Catholic moral philosophy, according to which man is a social being (zoon politikon), Hobbes was the first to consider man as a completely sovereign individual, however without any natural morality. While Grotius in a way considered man as social, Hobbes considered man as selfish and anti-social, and this is why he (man) in self-defence towards the other wolves entrusts his sovereignty to a prince, who autocratically will see to it that the individuals keep peace. Hobbes' political background was England, which was threatened by civil war, whereas Grotius partly agitated in favour of justifying the independence of the Netherlands of the Spanish ascendancy.

The social contract has in later theory been applied to representative democracy (Locke, Montesquieu, Kant, Fichte) as well as to direct democracy (Rousseau), and in recent times the idea has got new content in John Rawls' theory about the just society[15].

After this incursion into legal and cultural history I should like to pause and have a look at the legal and moral philosophical analysis of the contract as a pattern of binding individuals. What is it that makes good the binding effect of the contract?

Modern *moral philosophy* as well as *economic theory* sometimes presuppose what is to be made good, namely that a contract is binding. John Rawls, for instance, bases the whole of his *moral* and *political*

---

[14] *Jørgensen,* Values in Law (note 2), p. 69 ff., 73 ff. and 103 ff.; *same,* Ethik und Gerechtigkeit (note 2), p. 37 ff.

[15] *Jørgensen,* Pluralis Juris (note 2), p. 24 ff.; *same,* Ethik und Gerechtigkeit (note 2), p. 37 ff.

theory of justice on the assumption that the social contract is binding. Also economic theory since Adam Smith and up to the present time presupposes in its market economic foundation that the citizens' contracts are binding. However, it is an accepted fact within *legal theory* since the middle of the last century that it is not the contract alone as a declaration of intention which is the binding cause but the power which derives from the rules of *the legislation* and thus again from the *political* organization of the state, as law and state according to a positivist as well as a Marxist interpretation are two sides of the same question. This combination of legal theoretical, economic and political premisses has found a concise expression in *F. A. Hayek's* social theory taking as its starting point a politico-legal analysis of the needs of modern society[16]. In a highly developed society, "the great society", based on an extremely specialized technology and division of labour, there is a need for a politico-legal organization constituting two sides of the same question. At a very abstract level this organization is to take care of the communication, which in the most efficient way develops the resources of society and distributes the profit in the form of consumption and investment. Hayek rejects an intellectually *"governed"* model, for instance socialism, which results in inefficiency and bureaucracy, and a *natural* model, as the very civilization consists in the repression of natural needs in the "small" society (solidarity, loyality, equality) corresponding to the feelings which are built-in the biological code being unchanged since the rise of homo sapiens.

Hayek sees like *Hume*[17] three fundamental social laws:

1. stability in property
2. transfer by "consent"
3. fulfilment of promises.

Economy is not the fundamental thing but is derived from the legal/political organization[18]. The market mechanism, which can be considered as the abstract and pluralistic and thus anonymous mechanism of distribution and priorities, must be placed on an equal footing with rules of law, which make and guarantee general expectations, the individual freedom and equal possibilities of the individuals.

This unreserved approval of liberal democracy has to be made with certain reservations. However, the theoretical content is essential. In the first place it is important to establish that the economic system derives from the legal and the political systems and not the other way

---

[16] See above note 2.

[17] *Hayek*, Law, Legislation and Liberty (note 2), vol. 2, p. 40.

[18] *Jørgensen*, Der Begriff des Eigentums in geschichtlicher und gegenwärtiger Betrachtung, in: Festschrift für Helmut Schelsky (1978), p. 249 ff.

round[19]. This is of importance to modern legal science, which has been using economic arguments, for instance the law of torts and the environmental law. Secondly *the consideration of confidence,* i. e. consideration of the fact *that* the individuals trust each other, and *that* the individuals *can* trust each other, is emphasized as the fundamental condition of the existence of any organized society. Without mutual confidence one cannot plan one's own conduct. Thus, the demand for truth has at all times been one of the most important *moral commandments.* It is one of the Ten Commandments of Christianity, but forms a part of the "minimum content of law", which *Herbert Hart* stresses as "descriptive natural law" for all cultures, and which *K. E. Løgstrup,* the Danish moralist, groups with the "sovereign manifestations of life" belonging to human nature[20].

It is no mere coincidence that the considerations of truth and confidence are emphasized as social conditions as well as the basis of a private and political theory of organization. Any social theory is based on a conception of man (anthropology). A social theory and an "economic" organization based on the contract model conceive human beings as *individuals* with a rational will, which holds them responsible for the consequences of their actions, including their declarations of intention, and which therefore also ascribes a binding effect to the contract, thus establishing the necessary confidence.

Whether this or that anthropology is the "right" one, we — as already mentioned — do not know for sure, and the question may be absurd, as man's paucity of instincts may be the reason why he can adapt himself to all outward forms of organization necessitated by the culture that he has created. Perhaps it is correct, as found by Aristotle, that man is indeed a social animal but that the political forms of government, monarchy, oligarchy and democracy[21], are nothing but different types corresponding to different needs under changing circumstances.

---

[19] Adam Smith's economic theory was part of his social and legal philosophy; see *Peter Stein,* Adam Smith's Jurisprudence between Morality and Economics, in: Cornell Law Review (1979), p. 622 ff.; *P. Winch,* Science and the Legislator: Adam Smith and after, in: The Economic Journal, vol. 93 (1983), p. 501 ff.; see also *Paul Burrows / Cento G. Veljanovski,* The Economic Approach to Law (1981), p. 1 ff.; *Robert E. Lane,* Individualism and the Market Society, in: Nomos XXV (1983) (Liberal Democracy, ed. by *J. R. Pennock / J. W. Chapman*); Rational Man and Irrational Society?, ed. by *Brian Barry / Russell Hardin* (1982); *Mortimer R. Kadish,* Practice and Paradox: a Comment on Social Choice Theory, in: Ethics, vol. 90 (1983), p. 680; Philosophy of Economics, ed. by *W. Stegmüller / W. Balzer / W. Spohn,* Studies in Contemporary Economics (1982); *Jørgensen,* Pluralis Juris (note 2), p. 24 ff.

[20] *Sissela Bok,* Lying, Moral Choice in Public and Private Life (1978).

[21] *Jørgensen,* Demokratie und Völkerbewegung, in: Filosofia del Derecho y Filosofia Politica, X. Weltkongreß der IVR, vol. III (1981), p. 83 ff.

However, extreme individualism and extreme collectivism are probably forms of fantasy rather than forms of reality. In real life the organization must be adapted to the balancing of, on the one hand, the individuals' egoistic interests and, on the other, the superior objects of the social organization. The *commutative* and the *distributive* justice have to compete in the same way as the need for freedom and security and the need for an exchange of goods and services on the basis of *contract* and *status*[22].

Finally I should like to make some remarks upon the influence of the idea of contract on the institution of marriage[23]. Also here it is essential to emphasize the two important but different elements of the contract: the *material* principle of equivalence and the *formal* principle of consensus.

While the material element dominates under *primitive* social conditions, where the family and the property of the family — primarily its landed property — are the predominant interests, the formal element becomes prevalent from the breakthrough of urbanization in Europe in the 16th and 17th centuries.

However, already in classical Rome the institution of marriage had become an informal, terminable contract between the parties. Together with the disruption of the Roman Empire the institution of marriage changed again into the old private status relations, but the Church came gradually to play a more important part, until the development turned in the 17th century.

Within the old agrarian societies based on the family, which arose again, it is up to the family to choose the persons to carry on the family through marriage and procreation of children. This is the reason why the contract is not made between the individuals, but between the heads of the families, often while the persons in question are still children, either as children's marriages — within certain cultures — or, like in Europe, normally as *betrothal*, an agreement about future marriage.

Until the 16th century the Church had to accept that marriage was a temporal institution and that it could even be made by an informal contract between the parties in connection with sexual intercourse. Hereby arose an intermediate form between the old material and the more recent formal idea of marriage, probably with the original purpose of ensuring that children born by parents cohabiting against the

---

[22] See also *Jørgensen*, Contract as Form (note 2) and *V. Aubert*, In Search of Law (1983), p. 115 f.; *W. Schmidt*, Zur sozialen Wirklichkeit des Vertrages (1983).

[23] See *Mary Ann Glendon*, State, Law and Family (1977), Ch. 7.

will of the family should not be illegitime like children from promiscuous relations. In the 16th century *church wedding* becomes a condition of the validity of the marriage in Catholic as well as in Protestant countries, but the formal element of the contract, consensus, becomes to an increasing extent instructive to the concept of marriage together with the rationalistic natural law thought in the 17th and 18th centuries. This applies to the institution of marriage as well as to the arrangement — in regard to the law of property — which can be made according to a marriage settlement. Besides it applies to the institution of separation and divorce which began to evolve in Protestant countries. Altogether, in the natural law theory the institution of marriage is conceived as a contract in regard to the law of property to such a degree that infidelity is considered to be at variance with the establishment of the contract of an exclusive *ius reale personale* (Kant) with a mutual right of use.

This development reflects the development in labour relations, which, as mentioned above, like other legal matters in regard to the law of property develop from status into contract (Maine). As I have pointed out the trend since the middle of the last century has been towards status relations, this applies with special force to labour contracts, which on the one hand are based on collective agreements and on the other hand to an increasing extent have been made irrevocable.

Still, there is a certain irony in the fact that the institution of marriage has continued the development towards a purely contractual level. In today's Denmark less than half of the couples living permanently together has formalized their relationship through marriage. The majority is based solely on a written or unwritten agreement, which can freely be terminated with the consequences that it will have for the distribution of the children (who are considered to be unconjugal and therefore are given to the mother), and the mixed property, which, however, is divided either according to the agreement or if such one does not exist on an estimate.

The cause of this development must be found in the social development which has involved women in trade, and which has therefore gradually adapted the tax system and the social system to this fact, with the result that the parties are no longer treated economically and socially as a family, but as two individuals. In several countries — most extreme in Sweden — the marriage acts have been changed in such a way that they approach the reality of the informal marriage, like a contract which can freely be made and terminated without very heavy economic or social consequences. By this I have said nothing about the situation of the children and thus of the next generation.

RECHTSTHEORIE 16 (1985), S. 217—232
Duncker & Humblot, Berlin 41

THE COMPREHENSION OF SOCIAL RELATIONSHIPS WITH REGARD TO THE NECESSITY AND POSSIBILITY OF ORDER AS A PROBLEM IN THE SOCIOLOGY OF LAW*

By Mitsukuni Yasaki, Japan

It is my honour to speak of the topic I was given in this Straniak Symposium.

As this is the last day, I would like to mention later, if it's necessary, ideas expressed by both my Japanese colleagues, Prof. Oki and Prof. Kitagawa.

At first, I shall start with the following simple assumptions:

1. All social groups have their own unique «life style», whether in the West[1] or East, whether South or North, whether past or present.
2. As a part of this life style, they have developed and established several institutions[2], which may be called the «first layer of institu-

* The topic I was given is "Das Erfassen gesellschaftlicher Beziehungen im Zusammenhang mit der Ordnungsbedürftigkeit und -möglichkeit als rechtssoziologisches Problem". I wondered what this topic means, especially what "als rechtssoziologisches Problem" means. I must confess that I am an amateur in the field of Rechtssoziologie. But, Professor José Llompart, Sophia Univ. suggested to me to take *the main theme* into consideration, that is, "Japanisches und europäisches Rechtsdenken — Versuch einer Synthese philosophischer Grundlagen". So, I decided to deal with the topic 'Erfassen' in terms of a general theme, in other words, in connection with philosophical connotations.

[1] In this paper I used the term "West" in a loose sense. For example, I used it in a sense of "West and East", or "West and Japan". Here "West" is used in its broadest sense and it includes certainly so many different socio-cultural conditions coming from such diverse countries that it makes it very hard to use such an umbrella term "West". On the other hand, the modern "Western" formal state law I used includes both so-called civil law in continental Europe and common law in England and the U.S. But, as it is well known, each of them has its own unique features which, in turn, often make us hesitate to use such a vague term as "Western" law as a whole. At this moment, however, I had to use that term "West" in the way as shown in the text for the convenient purpose of making a contrast to the term "Japan", "Japanese". I had to postpone for the present a task of examination which seems to be necessary and significant in regard to law and culture in the countries which are not referred to in this paper due to their location outside the West and Japan. Cf. *Yasaki*, Legal culture — past and present (Hōbunka — dentō to genzai), Shiso, Nov. 1983.

[2] Cf. *Yasaki*, Significance of "Legal consciousness" in regard to social facts and social institutions, 31 Osaka Univ. L. Rev., 1984.

tion», such as the relationship between men and women relation, mutual exchange, and so forth.

3. Sooner or later, they also have developed a much more artificially elaborated institution which may be called the «second layer of institution»[3], such as marriage laws, property law, contract law, to sum up, law, modern formal law, Parliament, courts, etc.

4. The second layer of institution may be much more apt to be received and accepted by foreign groups and countries.

5. We must be careful, however, about the coexistence, or parallel existence, or conflicting existence of each unique first layer of institution and the second layer of institution (cf. note 3).

6. So, it may be necessary for us to acknowledge to some extent "Relativity" of institutions as far as these are embedded into each life style, culture, and so on.

---

[3] Although those terms used in the text obviously are connected with three different working hypotheses of law to be mentioned at the last part of this paper, I would like to make a simple comment on first layer and second layer of institution by citing another paper I recently wrote. "Sources of such technical terms, as is well known, are many, for example, Kulturnorm und Rechtsnorm, Handlungsnorm und Entscheidungsnorm, primary rules of obligation and secondary rules ...". *Yasaki* (note 2), p. 10. A way of expression in this paper is rather close to Atiyah's though considerably modified. For instance, he puts it as follows: "Many of us think we have 'money in the bank'. But that isn't a physical fact at all. Strictly speaking, as has been well said, the only person who has money in a bank is the bank itself. What the customer has is a legal right to obtain money from his bank in various ways, and subject to various limitations. Many ordinary words in everyday use (for instance, 'wife' or 'husband') can only be fully understood by reference to a complex and interwoven network of law and regulation. In some societies the word 'wife' or its equivalent, for instance, might just mean 'the woman I live with'. But in a developed society it does not mean that: your wife remains your wife even if you don't live with her, and the woman you live with doesn't, by that fact alone, become your wife". *P. S. Atiyah*, Law and modern society, 1983, p. 51. "Institution" has a different meaning from the first layer of institution. It rather often indicates social arrangements of a more complicated, artificially elaborated type, ranging from religious sects, social clubs through schools, labor unions, corporations to law, society, and the state as a whole. We tentatively call them a second layer of institution. As stated above, these institutions, certainly including law, look certain, reliable, stable, useful and objective on the one hand, and controlling, repressive on the other, and accordingly reified. A relation between social facts and institutions, too, must be carefully examined. It is sure that social facts supply very important materials to social institutions. But it is institutions (second layer) which give naked facts social meaning. That is why I called above first layer of institution institutional (second) facts. That fact someone killed another is surely an important and relevant fact to law, but it is the penal law provision which deals with the fact as a legal or legally relevant fact. So far, facts and institution are intimately connected with each other in a feedback relation. It may be, however, a much more proper expression, if we call this relation a "spiral".

7. As far as the above points are concerned, basic ideas of social system to be discussed soon by Prof. Krawietz may be not so far removed from mine.

8. The task of comparison between yours and ours may well be said to be possible partly by examination of the said first and second layers of institution. For instance, a so-called peculiarity of Japanese society sometimes is connected with this delicate relation of the second to the first layer of institution, in other words, relation of the traditional to the modern. In this aspect, we have a kind of split of opinions about how to deal with the traditional by contrast to the modern.

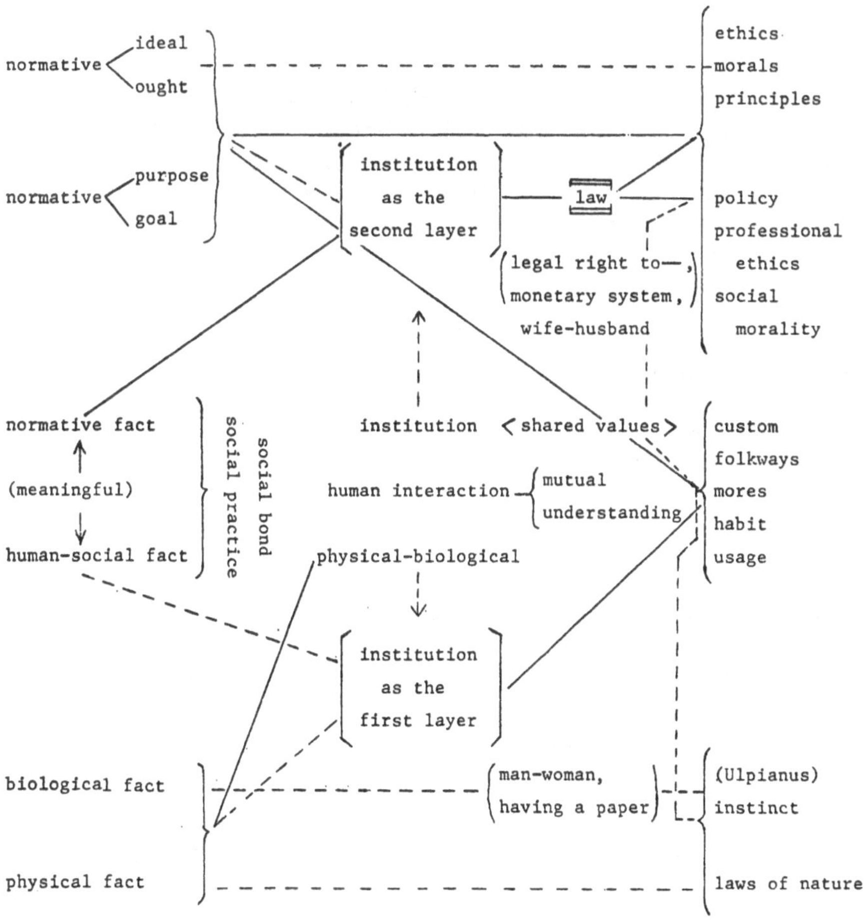

Yasaki (supra note 2), pp. 9 f.

I.

As to the West and Japan, most people perhaps imagine Japan as forming a great contrast to the West. It is true that Japan is located very far from the Western world, and makes a difference from the West in regard to her cultural tradition, including legal tradition. There may be, however, only a few people who still now speak and think of Japan in terms of mere exoticism. The so-called "modernization" has been realized in Japan in the course of a century, and it is the same with law — it is necessary for us here to remember these phenomena being called "The reception of the Western law in Japan" and the received Western law —. It is my first impression and assumption that Japan is remote from and yet related to, different from and yet similar to the West since 1868, but especially since 1945. It looks like contradiction, but it is my feeling that this is a fact.

'Gesellschaftliche Beziehungen' certainly consist of individuals. Individuals don't live in a vacuum. They are interwoven with human relationships where they are given positions and play roles, which in turn form the foundations of all different social groups and organizations. If I may use 'gesellschaftliche Beziehungen' in the above context, we may also say that such social relationships are easily found in both the West and Japan.

Then, where can we find a difference, a contrast between them? It may well be found in the unique structural connection of individuals with the social groups or organizations they are involved in. The connection also may and often does affect the basic features, or at least some of each society and the state.

II.

Let us now draw our attention to the so-called "outlook of the state as relying on family bond" (kazoku Kokka-kan) in Japan. It had been usual for most Japanese, generally speaking from 1868 to 1945, to see the state and society as based on the family (Ie) and to feel it the highest virtue to be at once royal subjects and dutiful sons (or daughters) (chū kō wa ryōzen de aru).

This way of thinking seems not very far removed from the Western way of attitude or view of "patriarchaler Patrimonialismus" or benevolent paternalism which often appeared in the process from the decline of feudalistic society to the formation of a modern society or state. It is often pointed out that the Japanese way of seeing the state as relying on the family bond has been so much influenced by old traditional, and yet Japanese influenced and modified Confucianism on the one hand, and by rather newly appeared political ideologies in the Meiji era on the other that these influences may have become a distinct feature of the Japanese interpretation as opposed to that of the West. We have surely to pay attention at the same time to the gradual development of modernization described above in layers parallel to this remaining traditionalism.

What then, is the situation since 1945? Japan, it is well known, has been democratized and demilitarized. So, a radical change? It is true that Japan has changed. There is a change in law and legal thinking, too. But, to overestimate that change is to overlook a complexity immanent in the process of modernization of Japan as interwoven with the traditional or traditionalistic elements still remaining there. But, as to the latter, we perhaps need to acknowledge their different, and opposite aspects, that is, one tending to be obstructious to modernization, and the other eventually compatible with it.

If so, why is this compatibility possible? This problem stimulates me to examine again the connection mentioned above of individuals with social groups or organizations where they are given their position and playing their role. It may perhaps give us some chance to find a clue to understanding the causes. — I shall return to this topic later, including problems as to whether the compatibility of traditionalism with modernity will be conceived in terms of its role or a part of its real substance —. First of all, we are operating with keywords such as individuals and social groups or organizations, traditionalism and modernity. By making each of them compatible or opposite and so on, we may have an image of social relationships in operational assumptions in Japan, both by contrast with and in connection with the West.

III.

Let me show two very simple diagrams:

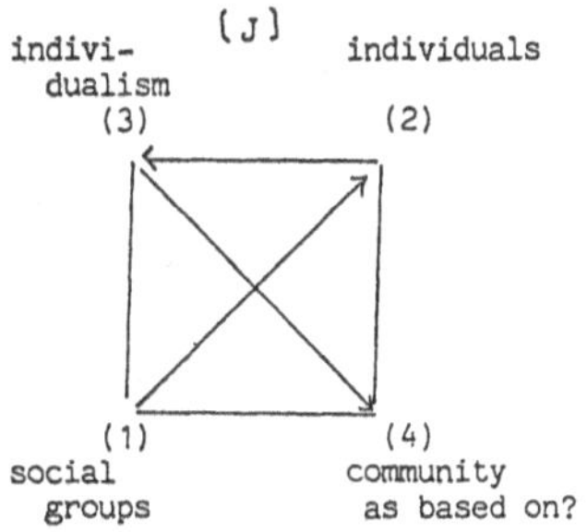

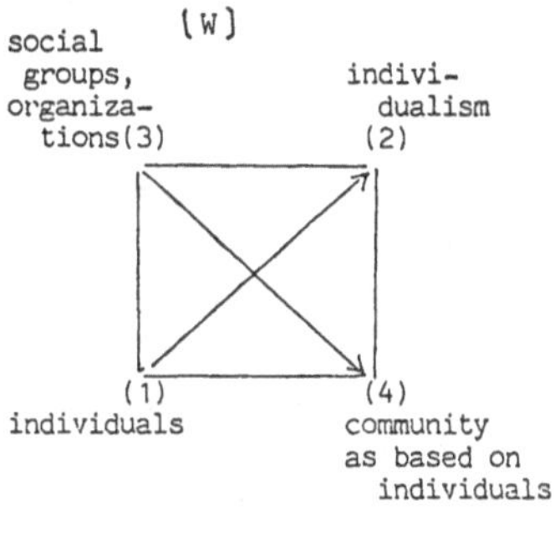

For instance, in the case of Japan [J], we can imagine a fatal course of her development of modernization by tracing from (1) the older traditional social groups through the emancipation of individuals (2), and emergence of individualism (3) (under the rapid and strong influence of the Western culture including law) to (4), that is, a call for refinding of a community in the present. What is a structuring principle of the re-foundation of such a community, is, however, too difficult to explain in a few words. That is why I added (?) to this. And you can also get an image of the Western development [W], if I may put it in such broad terms, by tracing it from an important place of individuals (1) in the modern period through the enduring role of celebrated individualism (2) in a variety of social groups or organizations (3) to some ambiguous aspirations to attain a community ideal (4) in the face of the so-called limits of Western individualism. Therefore, we find aspiration for community or communitarian ideals in both Japan and the West, and we recognize the fact that neither individuals nor collective social bodies are sole constituents in either. Nevertheless we may make a conjecture on a contextual difference, again by use of these simple diagrams.

How to make a distinction between a "private" and a "public" sphere within individuals' and social life will be an example for our understanding of the contextual difference. Indeed, it has been a great problem for Japan as well as the West in regard to social groups or organizations as to whether to maintain traditionalism or to develop and further modernization.

Returning to the starting point, individuals as constituting social groups or organizations do act from time to time, more or less, in accordance with their intentions, motives, feelings, images, ideas, etc., to sum up consciousness, if I may use the word in such a way. The individual's action is in this respect followed by his or her consciousness. Below, I will deal with social actions and social relationships as followed, though not always, by their social consciousnesses. We also need to take note of some influences of various institutions, including law, on social actions and social relationships, as far as these are as a rule oriented to and controlled by so many institutions.

Differences between Japan and the West in regard to the social relationships, I think, may well be seen at each stages of their units. At the level of individuals a problem of contract, at the level of social groups or social organizations a problem of how to take enterprises whether big, middle or small, out of their difficulties in the late capitalistic societies, and at the level of institutions a problem of the official formal state law (as a part of the second layer of institution) and unofficial informal law (as a part of the first layer of institutions) will respectively show us fine nuances of differences, combined with a problem of a private and a public sphere.

Traditionalism or modernity in this respect will serve simultaneously as a time scale, that is, scale of historical development in a descriptive sense, and as scale of evaluation (for instance "Japan is still now so extremely traditionistic that she is behind the modern West and has to be modernized"). In the latter case modern, modernity and modernization indicate a plus symbol, while tradition and traditionalism indicate a minus symbol. But it is often hard for us to make a clear distinction between a descriptive time scale and an evaluative one, which again raises a difficult question to our examination.

Within a series of problems I illustrated above, a problem concerning contract promise ... may well be put aside because it has been reported and discussed in this Symposium by other speakers and participants especially by Prof. Kitagawa. It is the case with a private and a public sphere. A part of this problem has also been reported on by Prof. Oki and discussed especially in regard to the private and public Law.

IV.

A "private" sphere, however, is relatively an ambiguous word. "Privacy" as connected with a private sphere is a good example. As it has been developed from the beginning of Warren and Brandies' achievement to the Griswold case (1965) in the U.S., it has been given a huge range of various meanings. Nevertheless, it is still now commonly acknowledged among the Japanese that a right to privacy has been well developed and established in the West, to say nothing of the U.S., while not in Japan.

But I have a simple question about this. It must be noticed that a right to privacy is going to be guaranteed to some extent in Japan and that even the West in regard to this right does not offer the same degree of protection, and yet that both Japan and the West have to face the newly raised serious problems concerning mass communication, and so on. Of course I am not intending to say that we Japanese at present have guaranteed the right to privacy well. In this respect that criticism still must be partly true.

The word "private", however, has various referents and it is apt to be used for various purposes. The privacy mentioned above is certainly one of the important parts of the private sphere, but there remain other spheres which could also be called private. Take an example from family life. The Japanese tend to like to live, if possible, in a house separated from others by a fence whether stone, or wooden ... Within a house, even today they like to separate outside and inside by taking off their shoes at the entrance (front door) of the house. Inside, they like to separate a bathroom, a dressing room, and a rest room. Within the bathroom, it is a customary practice for the Japanese to wash without using the bathtub.

These examples are really trivial, but these show with some pursuasive power spheres or ideas of *privacy* existing in the Japanese way of life. Nevertheless, we may notice a slight or huge difference between Japanese and Western people in the use of the term *private*.

At first, we can find a parallel usage of words, private and public with inside and outside. But from what kind of perspective we say this is inside, that is outside? But by what kind of measure can we draw a line between them? In the Japanese case above, we may count a sense of cleanliness. If so, we may furthermore take into consideration especially a humid weather condition as causing a desire for cleanliness[4].

In addition, however, we must pay attention to a social relation at a family level that is still now influential to such ideas as inside and outside, private and public. Going back home and taking off one's shoes is to place distance and to relax in one's own house. In Japan at present there is certainly a great tendency especially for the younger generation to have an individual room separable from others by means of a lock, as in the West, to secure privacy. But we can still trace a meaningful role of the inside idea influencing the "private" idea.

So far, the present situation in Japan perhaps gives us a double impression as to the inside-private problem, the family relation or idea on the one hand, individualism on the other. Diagram [J] may be reread from this new angle.

Once, Karl Löwith clearly pointed out in contrast to the Japanese as a salient feature of the Western living style that each family member, has an individual (bed)room partioned off by a wall and lockable, to maintain his or her privacy, and that if they feel it necessary, they can meet in their common (living)room[5]. Let me put aside differences within the Western living style.

---

[4] Cf. *Tetsurō Watsuji*, Fūdo, Iwanami-shoten, 1944. A climate-philosophical study, transl. into English by *G. Bownas*.

[5] *K. Löwith*, Preface, Introduction, Das Problem der bürgerlichen Gesellschaft (1) - (2), first appeared in Shisō, no. 198 - 9, 1938, then reprinted as a part of Von Hegel zu Nietzsche, 1941. It is a disappointment to find no Preface, no Introduction in this reprint.

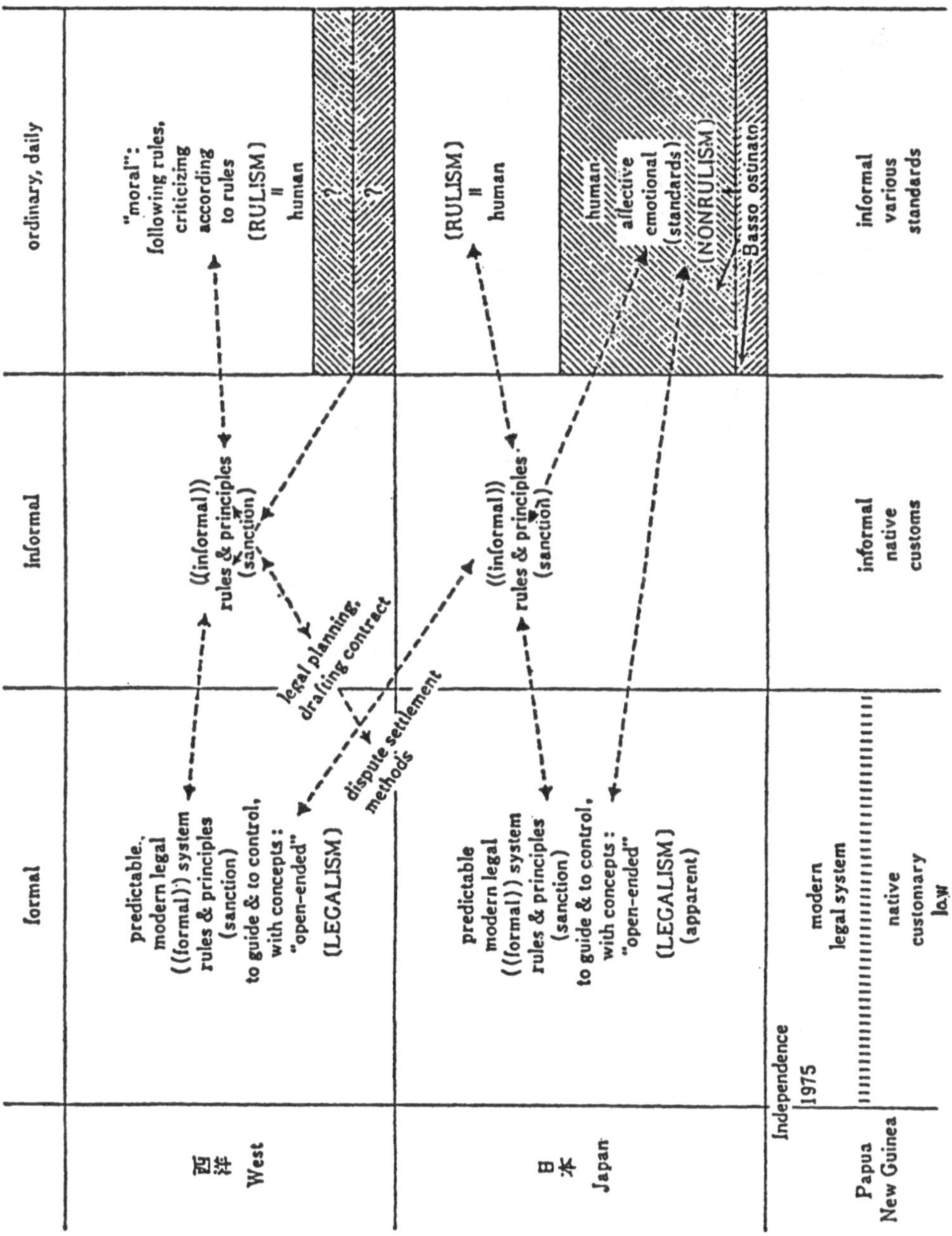
ordinary, daily
informal
formal
"moral": following rules, criticizing according to rules (RULISM) ॥ human
?
?
((informal)) rules & principles (sanction)
legal planning, drafting contract
dispute settlement methods
predictable. modern legal ((formal)) system rules & principles (sanction) to guide & to control, with concepts: "open-ended" (LEGALISM)
西洋 West
(RULISM) ॥ human
human-affective emotional (standards) (NONRULISM)
Basso ostinato
((informal)) rules & principles (sanction)
predictable modern legal ((formal)) system rules & principles (sanction) to guide & to control, with concepts: "open-ended" (LEGALISM) (apparent)
日本 Japan
informal various standards
informal native customs
modern legal system
native customary law
Independence 1975
Papua New Guinea

The ambivalent features of Japanese living style summarized above may remind us of two different directions of idea or attitude. One is "Ie" idea as connected with Japanese house structure (symbolized by taking off one's shoes at the entrance), and another is "my home" style as coming from a new life style of individualism apparent within a fairly generation. It is interesting here to find a somewhat ambivalent tension, but sometimes a tendency fusing into one between them.

Social relations, organizations and institutions have been established and changed according to their own logic, but more or less, directly or indirectly related to such ambivalent or dual features of the living style. Hence "the necessity and possibility of order", "Ordnungsbedürftigkeit" and "Ordnungsmöglichkeit". According to the Western idea of law we may probably find here a wider sphere of freedom of contract or of Privatautonomie, even of private law. But, as pointed out and discussed in this Symposium, there still remain delicate differences despite a similarity at first glance between the West and Japan. That is why the received Western law in Japan has been supposed to work along an ordinary impression, but not in reality. A recent case, so-called "neighbourhood litigation"[6] may serve as an impressive example. While Ordnungsbedürftigkeit in that private sphere in Japan has been met not only by the framework of modern law, but rather mainly by social morality, customary practice and so on, it has been in the West principally realized by the framework of modern law guaranteeing Privatautonomie or freedom of contract within which remains a wider space for each individual to make a choice of legal acts upon his or her free decision-making. It is certainly necessary to take into account possible influences by social morality, customary practice and a sense of justice to this private sphere in the West, but I only would like to ask you to refer to another map, and to leave the topic for later examination.

V.

It is indeed in Japanese society well known that highly technologically developed capitalism coexists with such social relationships. I write "coexist". Generally speaking, it is true. But, it implies sometimes and somewhere the possibility of friction, conflict, contradiction, which in turn raise many problems concerning law and society, a few of which shall be mentioned below.

Capitalistic society as a historical phenomenon has been developed in connection with adequate judicial, administrative and legislative

---

[6] *Yasaki,* Legal culture in Japan, modern-traditional, 1983, p. 1, 11 IVR World Congress paper.

functioning of the modern state. Max Weber recognized here a great tendency of formal rationalization in the West. As far as modern Japan accepted modern Western formal law since the end of 19th century, the accepted, received modern framework of formal law has been assumed to serve as an efficient tool for capitalistic development in Japan. Yes, it has served in this way, but only partly. We can guess several reasons as to why this has been only partly so.

1. At first, we must examine these reasons along to the historical steps Japan has gone up or down. But I don't deal with this, as I briefly mentioned this above, but only in regards to pre-2nd World War Japan and post-2nd World War Japan, and the recent neighbourhood litigation.

2. What is remarkable matter in Japan, even if leaving these out of consideration, is that so many social groups or organizations in our developed capitalistic society still now keep and maintain, more or less, a connection with that social relationship, especially a kind of relationistic mentality or attitude therein. The Japanese tend to think of themselves as mutually related beings, and to give high estimation to such relatedness — someone called it "contextualism" as seen between "referential subjects"[7] —.

You may imagine this is an old-fashioned mentality and it belongs to the past. But it is also a reality. At first glance, perhaps you can't realize it. If you look at human relations in big, small or mid-sized enterprises, either conference or meeting, either public officials or ordinary people, you may sometimes notice such relationistic mentality in operation, while human relationships in general appear on a surface to consist of free and equal individuals under a network of formal system of law. Recently, it is said, this mentality begins to receive attention, especially in terms of infusing new life into Western capitalistic business enterprise, though I have no intention to make a judgement on this point[8].

---

[7] *E. Hamaguchi,* Rentaiteki jiritsusei to Kanjinshugi, in: Nihonteki shūdanshugi, ed. by E. Hamaguchi and Shunpei Kumon, Yūhikaku, 1982, p. 21 f.

[8] Once, I dealt with this ambivalent situation concerning modernity and traditionalism in Japan in the followng three possible approaches:

"1. Traditional or Japaneselike as a minus image. Japan is still now behind the Western world in law, culture, and society. To adjust progress, we need much more to westernize, modernize everything, for instance, to sharpen rights- consciousness. Emphasis on 'Backwardness' is clear in this way, and it plays the role of a minus image to be overcome.

2. Descriptive understanding. Surely, traditional factors in Japan are Japaneselike. It tells the mere fact that certain things still now exist in Japan which may well be called Japaneselike or traditional, but we need not imply from this fact that Japanese idea or institution is *behind or backward,* since the fact is the fact.

3. Japaneselike as a plus image. Why is Japanese tradition bad? Japanese way of employer-employee relations and business administration are now going to be highly evaluated. To evaluate these as behind or backward

3. In our society the Japanese have to be safeguarded with and watched, or serious problems arise. For instance, a problem of so-called "Salaryman loan". People living in contemporary society want more and more as living conditions are getting higher and more expensive, and yet leisure orientated. Some of them have a loan again and again from a loan shark at exorbitant interest, and are finally driven to family tragedy such as suicide, divorce, or joint family suicide.

Another is an unusual case of the Bank of Japan (Nihon-ginkō) furnishing funds to a company in 1965. One of the biggest stock brokers, Yamaichi-shōken, was faced to an economic crisis in 1965. One of their businesses was investment trust. When business conditions became prosperous at that time, many people had their money invested in such investment companies. But, what happened in a recession? We saw the opposite picture of high increase of cancellation of such contracts leading a serious crisis in that company. On this occasion the Bank of Japan decided under the plea of maintaining credence system to furnish huge amount of funds to this Yamaichi-shōken without any security and any fixed limits of term, not directly, but it was said this is really an unusual case.

4. As far as we probably find similar cases in the West, too, phenomena of this sort may look very common and popular within a circle of capitalistic societies or states, not peculiar to Japan, and may well be called a few critical symptoms of the "corporatistic" situation in the contemporary society.

I still have a slight question, however, as to whether these are really common in such a sense or not. "Salaryman's loan" case seems to be connected with something peculiar to the Japanese. Even the "Yamaichi" case may be so[9]. Then, we must again examine in what sense "peculiar" to Japanese is used. At this moment, I only would like to point out the meaningful role of several organizations or ideas pertinent to this issue, such as like corporatism, paternalism, and basso ostinato.

---

is, according to this view, nothing but turning the other way of Japanese' inferiority complex to the Western world.

Admitting a relativity of distinction between description and evaluation or prescription, a seemingly better approach is the second way. Accordingly I shall draw a tentative sketch on law in Japan and the West by referring to legalism, rulism and so on". *Yasaki*, 11 IVR World Congress paper, 1983, p. 5.

[9] Such cases whenever appeared, called for popular interest, and indeed these were treated, discussed, and criticized by newspapers, journals, books as current topics. As to the Yamaichi case, for example, see, *H. Kumon*, Reflections on Yamaichi case (Yamaichi mondai no hansei to kyōkun), Asahi Journal, vol. 7, no. 24, 1965. Three years studies in legal consciousness in Japan planned by the Japan Association of Sociology of Law, a part of which appeared in its Journal, have been completed this spring and must be useful for this purpose, too.

VI.

Some scholars have referred to newly appeared features of corporatism, or welfare state tendency especially since the end of the second World War. For instance, R. Unger puts it as follows:

> "First, it is a state in which the government assumes a widespread and overt responsibility for the distribution of economic and social advantages, as a complement or a limit to the market. That is what makes it a welfare state. The firm distinction between formal equality of political or legal status and almost unlimited substantive inequality of social circumstance is abandoned as a premise of social policy.
>
> Second, it is a state in which bodies intermediate between the individual and the agencies of government corporations, unions, associations achieve an ever larger place in the life of the society. This makes it a corporate state. The history of liberal society is in part the history of the ongoing dissolution of all the communal organizations associated with the earlier society of estates. The principles of class and role contribute to the disengagement of the individual from these organizations and to his dependence on markets, bureaucratic institutions, and national governments"[10].

Again, according to R. Voigt, "In late-capitalism the state takes responsibility for the solution of consequential problems of modernization by serving complementary functions for the industrial-economic process. ... Economy-, trade union- and governmental administration do at least cooperate very closely when determining rules of distribution ('corporatism')"[11].

The case above is an example of such corporatism in the welfare state. And the welfare state in its function is paternalistic, as far as it aims to realize its policy goals. While corporatism and paternalism are common phenomena at present in Japan as well as in the West, we can't ignore somewhat Japanese — like features still inherent in or interwoven with this common tendency. For instance, these may come from the famous "nemawashi", that is, to make an implicit consensus or understanding before formally doing business, which partly depend on the relationistic attitude said above, or may come from the modern version of "benevolent" paternalism in Japan.

VII.

A further question is what reaction, or what response law in Japan has shown to such interrelated complex situations as these, in other words, how these situations have been reflected and treated in the field of law.

---

[10] *R. M. Unger*, Knowledge and Politics, 1975, p. 175.

[11] *R. Voigt*, Regulatory Law in the welfare state, 1984, p. 2 - 3.

We have seen modern Western formal state law received in Japan. It is said that the law of this sort has common features, autonomous, general, predictable, public, positive... No need to repeat, such law at first glance has been received in Japan, but it is not very influential, or effective in reality. To examine briefly why, it may be better for us to use two different terms of types of law from this modern law as a working hypothesis. One is regulatory, another is interactional, or autonomous. The former is intimately related to the policy-making dimension, whether through administrative officials, bureaucrats or not, the latter to dimension for members of different social groups to raise their demands and to find negotiation through the standards they found mutually.

These terms of types of law including modern state law are not really new, as these were suggested by many scholars like E. Ehrlich, M. Weber... Recently increased new interest in these types of law, however, may well be understood in terms of the recent situations of corporatism, paternalism and so on in the welfare state in Japan as well as in the West. If I may be permitted to use such terms, perhaps the matter may well be as follows: As well as in the West, we have the received law as modern law, and yet regulatory law on the one hand, interactional law on the other in Japan. So far, situations here and there look similar[12].

Besides, we have had rather a long history of three types of law, or three different roles, functions[13] of law even before 1868, though we have to restrict the term modern formal state law to a limited sense proper to the period and social conditions. Even after the reception of

[12] A kind of hint about the idea of this sort may well be traced to the natural law tradition or natürliches Recht idea latent in the historical school of law in Germany, and recently not only found in achievements of M. Weber and E. Ehrlich, but also Sumners, Malinowski, or C. Schmitt... At present, attempts of this sort can be seen in many papers, for instance, *R. M. Unger*, Law in modern society, 1976; *P. Nonet / P. Selznick*, Law and society in transition, 1978; *G. Teubner*, Substantive and reflexive elements in modern law, 17 Law & Society Review, 1983; *H. Rottleuthner*, Theorien der Rechtsentwicklung zwischen Empirie und Geschichtsphilosophie, 11 IVR World Congress paper, 1983; *Csaba Varga*, Macrosociological theories of law, 11 IVR World Congress paper, 1983; *R. M. Unger*, The critical legal studies movement, 96 Harvard L. Rev., 1983; *W. H. Clune* III, A political model of implementation and implications of the mode for public policy, research, and the changing roles of law and lawyers, 69 Iowa L. Rev., 1983; *A. Asaro*, The public/private distinction in American legal thought, 28 The Am. J. of Jurisprudence, 1983; *Shigeaki Tanaka*, Law and politics as underlying adjudication (Saiban o meguru hō to seiji), Yūhikaku, 1979; *M. Yasaki*, Model-change or role-change of law in the end of this century (Hō-moderu, Hōkinō ron to seikimatsu), Shisō, Sept. 1982.

[13] I am still wondering on the usage of these three types, whether to use these as "models", "functions" or "roles" of modern law. It depends, I think here, on each case by case use in historical, sociological, legal ... context.

modern Western state law, particularly the civil law, there still remains and continues a tendency for state agencies to use regulatory law for attaining their goals, and for people to use litigation procedure on the surface, and in fact to seek dispute settlement from the above authority by means of regulatory measures. The welfare and corporate state situation at present tend to be partly based on the regulatory law in its promoted, enlarged, and strengthened role. Here is a chance and space for Japaneselike factors to support and cooperate with it[14]. This part may well be understood in terms of Prof. Kitagawa's presentation.

It is the case with an interactional law. As far as the process of modernization in Japan has been realized by the modern state law in combination with the regulatory law, interactional law appears hard to develop in Japan. But we must pay attention to the following points. First, the Japanese way of traditionalistic modernization has been considerably influenced by the different individual life style of social groups, which is in turn deeply connected with relationistic attitude peculiar to the Japanese, which becomes sooner or later one of the basic components of interactional law here.

Second, it grows in most cases in the customary way within members of certain social groups and develops gradually. As mentioned above, and as is pointed by E. Ehrlich, the interactional law is well illustrated by folkways in rural society, fishermen's communities, or mountain villages. It may remind us of the possibility of utilizing traditional regulatory law, or paternalism, as a sound foundation, based on popular consensus.

Third, interactional law, however, is not limited to such phenomena, but also possible and functioning within social organizations like corporations, schools, labor unions, etc. in the highly developed, complex society of our age.

Fourth, especially approximately since 1960, we have noticed a slightly new type of interactional law getting more apparent. Due to increased worse conditions of living, mainly caused by nuisances, destruction of nature and the environment, error of medical treatment, and so on, people in society are getting anxious about their surroundings as well as enthusiastic for leisure — very interesting —. A few people started with making their claim for compensation more concrete and clear and demanded some form of better conditions from the authorities. When the legislative authority — and it is often true and real — worked

[14] *Yasaki*, Paternalism and the free human being in the process of modernization of English law (Igirisu hō kindaika-gendaika katei ni okeru paternalism to jiyūjin), Handaihōgaku, no. 130, 1984.

too late to respond, their demands are naturally directed and made to judicial or administrative authorities and these authorities in practice sometimes do so. In doing so, it is interesting to find often that there appears simultaneously a trend to a new type of interactional law from the popular side, and a new series of regulatory, policy oriented law to repress, or respond to such popular demands as well as case law.

Furthermore, we have to keep it in mind that in the Japanese way of feeling has been latent a distinct factor through, or despite of historical development. It is impressively pointed out by Masao Maruyama[15] that each race's, or nation's mythology is naturally characterized by their own many traditional factors, but it will be better understood if we look at it in terms of "herstellen" (tsukuru), "produzieren" (umu), "werden" (naru). To apply it to each, Japanese mythology tends to combine both "produzieren" and "werden" at first, then gradually converges to solely the latter, while other mythologies, especially in Europe use the term "herstellen". Japanese attitude, or feeling has been based on this factor "naru" (werden), though not always, that is, intermittently in historical development, but as an amorph style in our history like "basso-ostinato", like sub-, but basic stream in a huge scaled long river. The attitude, or feeling may be characterized by remembering such Japanese preference of "nature" to "art". Certainly, it seems strange to foreigners if they only pay attention to the extraordinary developments in Japan since 1868 that were mainly the result of technological development, which in turn was followed and achieved by manipulating, or destroying nature. Yes, it is true. But it is also true that Japanese preference of nature still remains even at present in their attitude, or feeling, however ambivalent this may look.

VIII.

I have referred to ambivalent phases latent in the Japanese character — if I may say in such a vague way —, social relationship, organizations... A remaining question is how to discern positive factors from negative in proper Japanese way of life and thinking. As you see, these factors are so deeply interrelated with each other and yet with modern factors that I find it difficult. At this moment I have to be content with showing you a rough sketch about the situation in Japan, and after having learned from you, I would like to continue to consider it.

---

[15] *Masao Maruyama,* An old stratum as underlying historical consciousness (Rekishi-ishiki no Kosō), in: Nihon no shisō, vol. 6, Chikuma-shobō, 1972.

RECHTSTHEORIE 16 (1985), S. 233—277
Duncker & Humblot, Berlin 41

IDENTITÄT ODER EINHEIT DES RECHTSSYSTEMS?

Grundlagen der Rechtsordnung in rechts- und gesellschaftstheoretischer Perspektive

Von Werner Krawietz, Münster

I. Mangelnde Einheitlichkeit des japanischen und des westeuropäischen Rechts

1. Wenige grundlegende Vorstellungen im Rechtsdenken der Gegenwart sind heute so umstritten wie die Annahme einer Einheit der Rechtsordnung bzw. einer Einheit von Rechtssystemen. Gleichwohl oder eben deswegen haben die wissenschaftlichen Veranstalter dieser Tagung, die Herrn Kollegen *José Llompart* und *Alois Troller*, uns zu Beginn dieses Symposions sehr nachdrücklich aufgefordert, mit Blick auf die Möglichkeit einer solchen Einheit den Versuch einer *Synthese von japanischem und kontinentaleuropäischem Rechtsdenken* zu wagen.

Ich stimme mit beiden Kollegen darin überein, daß es in der Tat notwendig ist, eine derartige Analyse und Synthese vorzunehmen, um auf diese Weise festzustellen, aus welchen Elementen sich die Rechtsordnungen in der modernen Gesellschaft aufbauen und wie sich diese Elemente fortlaufend zur Identität eines Rechtssystems, d. h. zu einer mehr oder weniger einheitlichen, in sich kohärenten und konsistenten Struktur zusammenfügen[1]. Auch bedarf es in der Tat einer Deutung und Erklärung, wie staatlich organisierte Rechtssysteme ihre Identität bewahren und auf Dauer sicherstellen können, obwohl sie genötigt sind, sich fortlaufend durch Eigenproduktion neuer Rechtsnormen an die sich permanent wandelnden gesellschaftlichen Gegebenheiten ihrer Umwelt anzupassen. Die Frage ist nur, wie eine derartige Analyse und Synthese bewältigt werden kann. Leider haben die Veranstalter uns hierüber im unklaren gelassen. Genau hier liegen aber die eigentlichen Schwierigkeiten der — fachsystematisch gesehen — sehr heterogenen Problematik, die das *Luzerner Straniak-Symposion 1984* sich mit dem eingangs erwähnten Rahmenthema gestellt hat.

a) Mich hat in diesen Tagen das Emblem zunehmend fasziniert, mit welchem die Straniak-Stiftung und ihre Organisatoren auf ihren Pla-

[1] Eingehend hierzu: *Werner Krawietz*, Recht als Regelsystem, Wiesbaden 1984, S. 68 ff., 74 f. et passim.

katen in der Öffentlichkeit für dieses Symposion geworben haben und sich damit zugleich auch für den Austausch kultureller, zivilisatorischer, wirtschaftlicher und technischer Kontakte engagieren sowie für die Zusammenarbeit zwischen dem Fernen Osten und Europa, insbesondere zwischen Japan und dem westeuropäischen Kontinentaleuropa. Ich meine das rot-weiß-blaue Zeichen, auf das wir hier während des Symposions jeden Tag geblickt haben und das für mich die mögliche Einheit der auf beiden Seiten involvierten, mehr oder weniger staatlich organisierten Rechtssysteme symbolisiert. Dieses Signet besteht aus einer roten runden Scheibe, die etwa zur Hälfte abgedeckt wird durch ein gleich großes, breitflächiges blaues E, dessen Querbalken nach Osten hin geöffnet sind. Beide Zeichen — nebeneinander angeordnet — werden im Überschneidungsbereich überdeckt bzw. zusammengehalten durch ein weißes, großflächiges Paragraphenzeichen. Ich meine, daß diese Verflechtung verschiedener Symbole zu einem einheitlichen Signet in schöner Form eine mögliche Synthese von japanischem und europäischem Rechtsdenken verkörpert.

b) Nach meinem Eindruck handelt es sich — um im Bild zu bleiben! — um die rote Sonne Japans, aufgehend offensichtlich! Rechts davon das aus verschiedenen Teilen oder Balken, d. h. aus diversen staatlich organisierten Rechtssystemen zusammengefügte, aber doch eine relative Einheit darstellende Europa, allem Anschein nach ein wenig alt und müde geworden, auf der Seite liegend! Was beide trennt, was aber auch beide gemeinsam haben und demzufolge auch beide miteinander verbindet, das ist das Paragraphenzeichen als Symbol für das Recht, das — in Weiß ausgeführt, also farblos, d. h. variabel und offen, aber nicht ohne formale Kontur! — zugleich die Rechtsordnung verkörpert, die als eine normative Struktur in Japan wie in Europa allen sozialen Beziehungen zugrunde liegt. Man kann das Paragraphenzeichen, das hier nicht Schwarz auf Weiß ausgeführt ist, als ein Symbol für geschriebenes wie für ungeschriebenes Recht begreifen, dessen durch Paragraphen repräsentierte Normen — inhaltlich farblos, d. h. gegenüber vermeintlich substanziellen Norminhalten indifferent! — zum Zwecke der laufenden Anpassung an die sich wandelnden gesellschaftlichen Verhältnisse einer stetigen inhaltlichen Veränderbarkeit unterliegen, also zur Zukunft hin offen bleiben.

c) Jenseits aller bloßen Symbolik und ihrer mehr oder weniger spekulativen Ausdeutung stellt sich jedoch die Frage, *ob* unter den gegebenen Umständen im Erfahrungsbereich des Rechts überhaupt noch von einer wirklichen/möglichen *Einheit der Rechtsordnung* bzw. einer *Einheit des Rechtssystems* gesprochen und *wie* diese gegebenenfalls *erfaßt und festgestellt* werden kann. Mit der Frage danach, wie eine derartige

Einheit erfaßt und festgestellt wird, meine ich nicht nur, (1) auf welche Weise das *Recht* es bewerkstelligt, sich selbst als ein rechtliches *Regelsystem zu institutionalisieren,* sondern (2) auch die Frage danach, wie die *Identität dieses Rechtssystems,* das sich selbst in einer sich permanent wandelnden sozialen Umwelt als Einheit zu etablieren sucht, d. h. durch geeignete Systemstrategien in sich kohärent und konsistent zu halten bemüht, trotz aller Umweltveränderungen, sozialer Konflikte und störender Einwirkungen von außen, gleichwohl gewährleistet und zuverlässig auf Dauer gestellt wird. Auch stellt sich damit (3) die Frage, wie diese *Entwicklung* — vom Standpunkt einer *diese* Entwicklung beobachtenden und analysierenden Wissenschaft! — erfaßt und begriffen werden kann[2].

2. Stellen nach allem, was bisher gesagt wurde, die Paragraphen des in Japan bzw. des in den einzelnen europäischen Staaten geltenden Rechts die Einheit der jeweiligen Rechtsordnungen in ihren Regionalgesellschaften schon dar oder überhaupt erst her? Ist die Einheit somit eine zwischen diesen Rechtsvorschriften schon bestehende, ihnen präsupponierte, durch diesen ihren Gegenstand prädeterminierte Ordnung oder vielmehr eine durch das Rechtsdenken erst noch zu schaffende, anfänglich ganz und gar nicht einheitliche, sondern nur post festum herzustellende, bloß gedankliche Ordnung, welche allenfalls sekundär die Einheit des geltenden Rechts ausmacht? Ist möglicherweise die Einheit des Rechts — ganz abgesehen von dem bloß rechtspolitischen oder wissenschaftspolitischen Charakter der Forderung nach mehr Einheit! — in Wirklichkeit so beschaffen, daß sie zunächst allenfalls als Einheit von Teilgebieten des Rechts existiert, zum Beispiel im Rahmen der Kodifikation einzelner Lebensbereiche (BGB, StGB), die nach und nach zur

---

[2] Sicherlich zu einseitig: *Niklas Luhmann,* Rechtssoziologie, 2. Aufl. Opladen 1983, S. 360 f., nach dessen Auffassung die soziologische „Theorie des Rechts" das Rechtssystem „von außen" beschreibt und „dadurch mehr, aber auch weniger" sieht als die Rechtstheorie. Demgegenüber operiere die Rechtstheorie, hier verstanden als eine rein rechtswissenschaftliche Disziplin, *innerhalb* des Rechtssystems, indem sie eine „vereinfachende Beschreibung seiner selbst" anfertige, also auch die „normative Grundeinstellung des Systems mitvertreten" müsse. Zur Kritik dieser Theoriekonzeption von Luhmann schon: *Krawietz,* Recht als Regelsystem, S. 98 f., 116 f. Gleichfalls und mit Grund kritisch gegenüber dem vorgeblichen „Triumph der Außensicht": *Klaus-Peter Koepping,* Feldforschung als emanzipatorischer Akt? Der Ethnologe als Vermittler von Innen- und Außensicht, in: Ernst Wilhelm Müller / René König u. a. (Hrsg.), Ethnologie als Sozialwissenschaft, Opladen 1984, S. 216 - 239, 219 f., 226 ff. Es dürfte schlechterdings unmöglich sein, ein Rechtssystem bloß von außen, d. h. ohne jede Bezugnahme auf seine normative Binnenperspektive, zureichend zu beschreiben. Ebensowenig kann ein Rechtssystem bloß von innen, d. h. unter Verzicht auf jede Außensicht, beobachtet und beschrieben werden. Zumindest die deutsche Rechtstheorie, die sich spätestens seit Ihering als eine Form normativ-realistischer *und* soziologischer Jurisprudenz begreift, verbindet in ihrer Theorie des Rechts üblicherweise *Innen- und Außensicht* miteinander.

Einheit der Rechtsordnung zusammenwachsen können, aber nicht müssen? Und setzt sich das nationale Rechtssystem einer bestimmten Regionalgesellschaft jeweils zusammen aus derartigen partikularen Teilrechtssystemen, die nach und nach durch die Rechtsordnung insgesamt zur Identität eines in struktureller Hinsicht einheitlichen, kohärenten und in sich konsistenten Rechtssystems integriert werden? Mehr Fragen als Antworten!

a) Was die wechselseitigen Beziehungen verschiedener nationaler Rechtssysteme zueinander, beispielsweise das Verhältnis von Japan und Westdeutschland, angeht, so mag es — was ich allerdings für ganz unangebracht hielte! — manchem deutschen Rechtsbetrachter schmeicheln, daß das deutsche BGB, in welcher Form und welchem Ausmaß auch immer, durch das japanische Recht rezipiert worden ist. Es wäre jedoch völlig verfehlt — und das haben auch die diversen Referate der japanischen Kollegen unmißverständlich deutlich gemacht —, erwarten zu wollen, daß auf diesem Wege bzw. durch eine Fortsetzung desselben eine inhaltliche Einheit zwischen japanischem und westeuropäischem, insbesondere westdeutschem Rechtsdenken, hergestellt worden ist oder künftig hergestellt werden könnte[3]. Wie illusionär eine derartige Auffassung ist, wird vor allem deutlich, wenn man bedenkt, daß selbst bei Rezeption eines identischen Rechtstextes die sich hieran anschließenden Adaptionen des in Geltung gesetzten, rezipierten Rechts an die im neuen politischen, kulturellen und wirtschaftlichen Kontext höchst unterschiedlichen gesellschaftlichen Bedingungen erfahrungsgemäß nahezu zwangsläufig wiederum zu divergierenden Rechtsauffassungen führen[4]. Ich glaube deshalb nicht, daß auf diesem Wege wesentlich mehr als eine oberflächliche Vereinheitlichung des Rechts erzielt werden kann.

b) Ganz abgesehen davon bin ich der Auffassung, daß der Zugang zur Problematik dieser Tagung anders angesetzt werden muß, weil es — jedenfalls an diesem dritten und letzten Tag des Symposions — nicht bloß um Rechtstexte und ihre normative rechtsinhaltliche Bedeutung geht, sondern auch um das Erfassen der gesellschaftlichen Bezüge allen Rechts, das heißt vor allem um eine Antwort auf die Frage, wie soziale Ordnung, insbesondere die Ordnung des Rechts in der modernen Gesellschaft, überhaupt möglich ist. Um die sozialen Dimensionen näher zu charakterisieren, d. h. im vorstehenden Zusammenhang wenigstens anzudeuten, wie diese Ordnungsprobleme in Japan und in Westeuropa heute wirklich beschaffen sind, möchte ich vor allem darauf hinweisen,

[3] Eine brillante Gesamtwürdigung bietet: *Zentaro Kitagawa*, Rezeption und Fortbildung des europäischen Zivilrechts in Japan, Frankfurt a. M. 1970.

[4] Grundlegend zur Rezeptionsproblematik: *Manfred Rehbinder*, Die Rezeption fremden Rechts in soziologischer Sicht, in: RECHTSTHEORIE 14 (1983), S. 305 - 315.

daß es sich dabei — wie auch Herr Kollege Yasaki hervorgehoben hat — um (gesamt-)gesellschaftliche Ordnungsprobleme handelt, d. h. um eine ungeheure Menge von sozialen Beziehungen und sozialen Interaktionen zwischen einzelnen Menschen, sozialen Gruppen, Institutionen und Organisationen, die sehr weitgehend durch die einschlägigen Rechtsordnungen reguliert werden. Die Dimensionen dieser Ordnungsproblematik werden deutlich, wenn man sich vor Augen führt, daß es heute allein in Japan 118 Millionen Menschen gibt und in Europa insgesamt 492 Millionen leben, davon allein jetzt rund 321 Millionen Menschen in der Zwölfer-Gemeinschaft der EG (einschließlich Spanien und Portugal), deren soziale Beziehungen im Rahmen der jeweils zuständigen staatlich organisierten Rechtssysteme sämtlich mit Mitteln des jeweils geltenden Rechts strukturiert und gesteuert werden. Die ungeheure Zahl wirklicher/möglicher sozialer Interaktionen stellt jedes Rechtssystem auf eine harte Belastungsprobe. Ich sehe hier davon ab, daß es mit Blick auf die involvierten, im wesentlichen staatlich organisierten Rechtssysteme selbstverständlich auch grenzüberschreitende Aktivitäten gibt, die einer Regulierung mit Mitteln des Gemeinschaftsrechts oder des Völkerrechts unterliegen.

c) Die Aufgabe, eine so ungeheure Menge von wirklichen / möglichen sozialen Interaktionen mit Mitteln des Rechts zu regulieren, ist allerdings, makrotheoretisch betrachtet, so voraussetzungsvoll, daß es nicht genügt — und auch hier stimme ich mit Herrn Kollegen Yasaki überein! —, von den durch die Paragraphen des geltenden Rechts symbolisierten und repräsentierten Rechts*vorschriften* auszugehen, um nach deren rechtlichem *Sinn,* d. h. nach ihrer normativen *Bedeutung* zu fragen. Vielmehr kommt es darauf an, alles Recht — auf der Grundlage einer freilich erst noch im Detail auszuarbeitenden, *geschichtlich-gesellschaftlichen Rechtstheorie* — von vornherein als Bestandteil der normativen Struktur der Gesellschaft zu begreifen, dessen Funktionen sich in vollem Umfange freilich erst einer rechts- und gesellschaftstheoretischen Analyse erschließen. Offensichtlich fehlte es in dieser Hinsicht jedoch bislang an einem sozialadäquaten, hinreichend ausgearbeiteten — vor allem rechtswissenschaftlich, soziologisch und philosophisch fundierten — *Handlungs- und Forschungsparadigma,* das (1) nicht bloß den Bedeutungsrahmen für alles normengeleitete rechtliche Handeln abgibt, sondern (2) auch die Grundlage und den Bezugsrahmen für wissenschaftliche Aussagen, das heißt für rationale Deutungen und Erklärungen des am geltenden Recht orientierten menschlichen Handelns schafft und damit zugleich (3) die spezifischen Existenz- und Erkenntnisbedingungen des Rechts und der hier schon präsupponierten Rechts- und Gesellschaftstheorie reflexiv aufzuhellen sucht. Allem Anschein nach handelt es sich dabei um eine Aufgabe, die nur durch inter- und multidisziplinäre *Kooperation von Juristen, Soziologen und Philosophen* zu bewältigen ist.

3. Im übrigen möchte ich meine Genugtuung darüber bekunden, daß die japanischen Kollegen uns eine ganze Reihe von wichtigen Hinweisen dafür geliefert haben, welche zentralen Probleme bei einer Synthese von japanischem und europäischem Rechtsdenken zu berücksichtigen sind[5]. Ich meine, daß wir insoweit sehr viel von ihnen lernen können. Im einzelnen habe ich ihren Referaten folgende Gesichtspunkte entnommen, die auch aus meiner Sicht zentrale Bedeutung besitzen und für die hier beabsichtigte Synthese des Rechtsdenkens sehr wichtig sind:

a) Der erste Punkt, auf den vor allem Herr Kollege *Oki* aufmerksam gemacht hat, ist eine *Kritik am Legalismus.* Unsere kontinentaleuropäischen Rechtsordnungen sind in der Tat auch nach meinem Eindruck noch immer viel zu legalistisch in dem Sinne, daß sie im staatlich organisierten Rechtssystem der Gesetzgebung gewöhnlich einen viel zu prominenten Platz — wenn nicht gar ein Monopol! — für Rechtserzeugung einräumen und dabei die übrigen Quellen des Rechts eher geringschätzig behandeln, indem sie ihnen allenfalls einen abgeleiteten Stellenwert (beispielsweise als von der Verfassung bzw. vom Gesetz bloß *delegierte Rechtsquellen!)* zusprechen. Dieser juristische Positivismus, der in Form eines Gesetzes- und Rechtspositivismus die Rechtsbetrachtung allzu lange zu einer ganz unhistorischen, gegenüber ihrem geschichtlichen und gesellschaftlichen Ort gleichgültigen Betrachtungsweise verflüchtigte, bestimmt unser Rechtsdenken nach wie vor sehr stark und stellt bis auf den heutigen Tag — zumindest latent! — eine prinzipielle Gefährdung aller Rechtsbetrachtung dar, deren Ausmaß dem westeuropäischen Rechtsdenken nicht immer voll bewußt ist. Wir können insoweit nur dankbar sein für die wohltuend unaufdringliche Art der Kritik, durch die unsere japanischen Kollegen aufgezeigt haben, wo uns in Westeuropa heute der Schuh drückt.

b) Ferner hat Herr Kollege *Oki* auf einen zweiten, sehr neuralgischen Punkt hingewiesen, der — wenn ich ihn richtig verstanden habe — eine behutsam vorgetragene *Kritik an dem im westeuropäischen Denken vorherrschenden Rechtsbegriff* beinhaltet. Er hat nämlich darauf aufmerksam gemacht, daß die *Orientierung des Rechtsdenkens an den Aktivitäten des Rechtsstabes,* d. h. an dem Verhalten derjenigen, in unserem Reichskreis vorwiegend staatlichen Agenturen und Instanzen, die mit der *Aufstellung, Anwendung und erforderlichenfalls zwangsweisen Durchsetzung von Rechtsnormen* befaßt sind, möglicherweise für

[5] Wichtige Hinweise im Vorfeld dieses Symposiums verdanke im dem in Münster geführten Gespräch mit Herrn Kollegen *Koresuke Yamauchi.* Siehe unten FN 8.

ein zureichendes Verständnis des Rechts gar nicht die zentrale, alle anderen Rechtsvorstellungen dominierende Bedeutung besitzt, die im kontinentaleuropäischen Rechtsdenken üblicherweise mit der Existenz eines wie auch immer ausgeprägten Rechtsstabes verknüpft wird. Ich möchte Herrn Oki in diesem Punkt ganz nachdrücklich zustimmen, da ich seine Skepsis vollauf teile. Es ist eine schlichte Tatsache, daß man unter bestimmten gesellschaftlichen Bedingungen auch *ohne* einen Rechtsstab auszukommen vermag. Auch teile ich seine Auffassung, daß die Struktur der Norm, insbesondere diejenige der Rechtsnorm, keineswegs voraussetzt, daß in einem Rechtssystem notwendigerweise (1) stets auch Sanktionsnormen institutionalisiert sein müssen und (2) schon allein deswegen auch ein Rechtsstab ausdifferenziert werden muß. Offensichtlich können diese beiden Voraussetzungen unter bestimmten gesellschaftlichen Bedingungen gänzlich fehlen, weil wirkliche/mögliche Rechtskonflikte sich erfahrungsgemäß auch auf andere Weise bereinigen lassen, nämich ohne daß man zum Kadi rennt bzw. irgendwelche Gerichte bemüht.

c) Mit dem vorstehenden eng zusammen hängt ein dritter Punkt, auf den uns alle japanischen Kollegen hingewiesen haben, nämlich darauf, daß wir — ganz abgesehen von den staatlich organisierten Rechtssystemen und ihren politisch-rechtlichen Entscheidungsmechanismen — den *gemeinschaftsbildenden und selbstregulierenden gesellschaftlichen Kräften* doch etwas mehr vertrauen könnten und sollten als bisher[6]. Auch ist in diesem Zusammenhang mit Grund von den gesteigerten Möglichkeiten einer außergerichtlichen Beilegung und Schlichtung sozialer Konflikte, insbesondere auch von Rechtskonflikten, gesprochen worden. Ich teile durchaus die Auffassung von Herrn *Yasaki* und einer Reihe anderer japanischer Kollegen, die zutreffend darauf aufmerksam gemacht haben, daß es (1) Gesellschaften gibt, die einen Staat im modernen Sinne gar nicht kennen, und (2) auch in den staatlich organisierten Rechtssystemen der modernen Gesellschaft die Möglichkeit ins Auge gefaßt werden muß, *neben* dem staatlichen Recht auch *nicht-staatliches*, das heißt genuin gesellschaftliches Recht als solches zu identifizieren. Was damit — zumindest im Bereich der Rechts- und Gesellschaftstheorie! — ansteht ist nicht mehr und nicht weniger als die *Verabschiedung eines positivistisch verengten Rechtsbegriffs* und seine Erweiterung zugunsten der geschichtlich-gesellschaftlich geläuterten Vorstellung, daß *alles Recht* nicht bloß ein Entscheidungsprodukt des Rechtsstabes ist, sondern als *gelebte*, d. h. realiter geltende und normativ wirksame *Ordnung des menschlichen Handelns* zugleich und vor allem auch den jeweiligen Ent-

[6] Das entnehme ich auch den Gesprächen mit und dem in Münster gehaltenen Vortrag von: *José Llompart*, Rechtsbewußtsein und Verantwortungsgefühl im Japan der Gegenwart, in: RECHTSTHEORIE 14 (1983), S. 285 - 303.

wicklungsstand sozialer Institutionalisierung und Organisation reflektiert, den es voraussetzt und an den es gebunden bleibt.

d) Wie Herr Kollege *Kitagawa* sehr eindrucksvoll belegt hat, ist es unter diesen Umständen unendlich schwer, eine Einheitsvorstellung vom Recht aufrecht zu erhalten bzw. zu entwickeln. Auch hat er gezeigt, daß selbst dann, wenn man sich auf einzelne Rechtsmaterien, wie zum Beispiel auf das Zivilrecht, beschränkt, eine Einheit des Rechts nur sehr schwer herzustellen ist, da beispielsweise letzteres — *rechtsvergleichend* betrachtet — sich aus verschiedenartigen *Rechtsschichten* zusammensetzt, nämlich aus französischem und deutschem Recht, in das zunehmend auch common law hineinspielt. In dem Maße, in dem rechtliche Regulierungen zu einer Rechtsordnung zusammengefügt werden, deren Teile auf höchst unterschiedlichen Grundlagen gewachsen sind, stellt sich die Frage, ob und wie unter den heutigen gesellschaftlichen Bedingungen überhaupt noch die Einheit einer Rechtsordnung geschaffen bzw. die Identität eines Rechtssystems auf Dauer sichergestellt werden kann. Für ihre Beantwortung hat unser dänischer Kollege *Stig Jørgensen* in seinem Referat den problemaufschließenden wichtigen Hinweis beigesteuert, daß es schon bei der Analyse darauf ankommt, von vornherein die Fundamente des Rechtssystems und demzufolge auch den Zugang zum Recht tiefer zu legen. Folgerichtig hat er auf die Notwendigkeit verwiesen, eine anthropologische Begründung des Rechts zu suchen, die zugleich die Beantwortung der Frage erlaubt, warum wir das Recht brauchen. Wir benötigen das Recht, weil das menschliche Handeln weitgehend nicht instinktmäßig festgelegt ist, so daß wir genötigt sind, eine soziale Welt des Rechts, d. h. sekundäre geschichtlich-gesellschaftliche Intitutionen und soziale Systeme der Verhaltensorientierung aufzubauen. Herr Kollege *Yasaki* hat — in eben diesem Sinne — von Institutionen, Gruppen und Organisationen gesprochen. Es handelt sich bei beiden Kollegen um eine Problemsicht, der ich mich im folgenden vollauf anschließe.

e) Wer bestrebt ist, die auch in der Rechtstheorie weit verbreitete Reduktion der Rechtsbetrachtung auf eine bloße Paragraphenanalyse zu vermeiden, d. h. seine Erkenntnisinteressen nicht auf eine reine Analyse der durch den Normsatz symbolisierten Wortnorm einzuengen, kann sich gleichwohl nicht auf eine — wie auch immer verstandene — Anthropologie des Rechts beschränken[7]. Diese vermag zwar zur Funktionsbestimmung des Rechts beizutragen, bietet jedoch keine zureichende Grundlage für eine Strukturtheorie der Rechtsnorm, letztere verstan-

---

[7] Eingehend hierzu: *Jan Broekman*, Law, Anthropology and Epistemology, in: Eugenio Bulygin / Jean-Louis Gardies et al. (Hrsg.), Man, Law and Modern Forms of Life, Dordrecht 1985, S. 15 - 42.

den als integrierender Bestandteil der normativen Struktur der Gesellschaft. Ich stimme daher auch insoweit mit Herrn Kollegen *Yasaki* überein, der als Zugang zum Recht eine gruppen- bzw. institutionentheoretische Betrachtungsweise gewählt hat. Ich hätte sogar, was meinen rechts- und gesellschaftstheoretischen Zugang zum Recht angeht, eine ähnliche Theoriesprache wählen, nämlich wie Herr Kollege Yasaki die Terminologie der Gruppentheorie verwenden können oder auch diejenige der Institutionentheorie, deren Terminologie ich in anderen Veröffentlichungen gelegentlich benutzt habe. Ich wähle hier jedoch einen etwas anderen Zugang zum Recht, nämlich eine *Verbindung von Rechts- und Gesellschaftstheorie,* insbesondere von Institutionen- und Systemtheorie, da ich der Auffassung bin, daß diese Art der Theoretisierung den Versuch einer Synthese von japanischem und europäischem Rechtsdenken erleichtert.

II. Ansatzpunkte und Anspruchsniveaus einer Synthese des Rechtsdenkens

1. Der Versuch, zu einer Synthese von japanischem und europäischem Rechtsdenken zu gelangen, ist nach meinem Eindruck von vornherein zum Scheitern verurteilt, wenn wir uns dabei allzu einseitig und vordergründig an bestimmten Rechtsinhalten orientieren. Vom rechtstheoretischen, rechtsphilosophischen und rechtssoziologischen Standpunkt aus betrachtet, sind alle rechtsinhaltlichen Regelungen, die uns im Erfahrungsbereich des Rechts begegnen, kontingent, daß heißt in inhaltlicher Hinsicht nicht notwendigerweise, sondern nur mehr oder wenig zufällig so beschaffen, denn sie könnten ihrem normativen Inhalte nach auch geändert werden. Ansatzpunkt aller weiteren Überlegungen ist somit die *Positivität allen Rechts,* letztere verstanden als *Selektivität* d. h. als eine von den institutionalisierten Rechtserzeugungsorganen getroffene *Auswahl aus anderen Möglichkeiten,* von der im folgenden ausgegangen wird. Darin liegt zugleich eine — aus erkenntnis- und wissenschaftstheoretischen Gründen unvermeidbare! — Absage an die Vorstellung eines *über*positiven, allem irdischen Recht vermeintlich *vor*gegebenen Natur- oder Vernunftrechts, das — von Gott gegeben, mit uns geboren und vermöge einer allen Menschen wesenseigenen Vernunft erkennbar — sich in seinen Geltungsgrundlagen nicht auf eine menschlicher Erfahrung zugängliche, geschichtlich-gesellschaftlich bestimmte und ausgeprägte *Selektivität und Setzung* zurückführen läßt, sondern seine im Dunkeln bleibende Herkunft einer wie auch immer gearteten Rechtsmetaphysik verdankt.

a) Diese Einsicht hindert uns selbstverständlich nicht daran, im *Erfahrungsbereich des Rechts* gleichwohl nach strukturellen Gemeinsamkeiten zu suchen, beispielsweise im kontinentaleuropäischen BGB und in den einschlägigen japanischen Rechtsregeln. Wir können solche Gemeinsamkeiten überall dort wiederentdecken, wo eine *Rezeption fremden Rechts* erfolgt ist, das heißt die teilweise oder vollständige Übernahme einer bestimmten Rechtsordnung durch ein anderes Land stattgefunden hat, wie im Falle der Rezeption des römischen Rechts in weiten Teilen Europas[8] oder im Falle der Rezeption des westeuropäischen Rechts in Japan[9]. Auch gibt es sicherlich eine ganze Reihe von Umständen, die Anlaß zu weiteren derartigen Rezeptionen bieten könnten, wie beispielsweise die fortschreitende Industrialisierung und Automation, die sich rasch entwickelnden modernen Technologien, insbesondere die Techniken der elektronischen Datenverarbeitung, die wir gemeinsam verwenden und die auf *beiden* Seiten Anstöße für weitere künftige Rezeptionsleistungen auch bezüglich der Verwendungsregeln bieten können.

b) Es ist jedoch wichtig zu sehen, daß die Weltgeschichte schon längst nicht mehr eine Weltgeschichte Europas ist, das heißt sie ist nicht länger europazentriert. Wir tun gut daran, uns endlich abzuschminken, daß wir im 19. Jahrhundert eine zukunftweisende rechtliche Entwicklung hatten. Wir sollten heute zusammenarbeiten und voneinander lernen. Es fragt sich nämlich durchaus, welches Land bzw. welcher Staat gegenwärtig welches fremde Recht unter welchen Voraussetzungen zu rezipieren hätte bzw. künftig rezipieren sollte. Es könnte uns durchaus blühen, daß wir eine ganze Reihe rechtlicher Regelungen vielleicht von Japan rezipieren müßten, weil wir die Nachentwicklung unseres positiven Rechts schlicht verschlafen haben.

c) Auch handelt es sich offensichtlich bei allen derartigen Rezeptionsleistungen um überaus vielschichtige und voraussetzungsvolle geschichtliche Vorgänge und gesellschaftliche Prozesse. Ich stimme auch in diesem Punkt mit Herrn Kollegen *Yasaki* überein, der sehr treffend auf die Notwendigkeit hingewiesen hat, die Rechtsstrukturen nicht nur von der Paragraphenstruktur her zu analysieren, sondern den Prozeßcharakter dieser Vorgänge zu sehen, das heißt das Recht im Werden zu untersuchen. Alle derartigen Prozesse sind abhängig von einer Vielzahl politischer, wirtschaftlicher, kultureller und sonstiger Faktoren und bedürfen einer laufenden wissenschaftlichen Beratung und Kontrolle. Eine derartige Beratung und Beurteilung erweist sich in hohem Grade als theorieabhängig.

---

[8] Dazu: *Koresuke Yamauchi,* Rezeption westeuropäischen Rechts und Funktion des rezipierten ausländischen Rechts in Japan, Lund 1984, S. 6 ff.

[9] *Kitagawa,* Rezeption und Fortbildung des europäischen Zivilrechts in Japan (FN 3), S. 31 ff., 47 ff.

2. Im Hinblick auf das japanische bzw. das westeuropäische Recht kann man freilich ebensogut nach etwaigen Unterschieden in den jeweiligen Rechtssystemen suchen, um sodann die Eigenständigkeit des einen gegenüber dem anderen Recht herauszukehren. Zu den Eigentümlichkeiten des japanischen Rechtssystems wird — ganz in diesem Sinne — üblicherweise die Eigenart des Japaners gezählt, selbst „Verantwortung auf sich zu nehmen"[10], sowie seine Zurückhaltung, ein ihm Dritten gegenüber an sich zustehendes Recht im Gerichtsverfahren durchzusetzen[11]. Welchen rechtlichen Stellenwert derartige Einstellungen in Wirklichkeit besitzen und ob sie überhaupt eine rechtliche Einstellung oder eine eher moralische beinhalten, das hängt gleichfalls von der Deutung des Rechts und der Rechtsordnung ab, und diese Deutung ist wiederum theorieabhängig. Ich komme also, wie immer ich ansetze, auf meinem Weg vor die Notwendigkeit, mich mit einer theoretischen Deutung aller normativen, d. h. nicht nur der rechtlichen Phänomene in unserer Gesellschaft, insbesondere mit einer theoretischen Deutung der Rechtsphänomene in ihrem jeweiligen politischen, kulturellen, wirtschaftlichen und sozialen Kontext zu befassen.

a) Man kommt auf den alten Wegen nicht sehr weit, wenn man jeweils nur nach Gemeinsamkeiten oder Unterschieden im japanischen Recht bzw. in den einzelnen europäischen Rechtsordnungen sucht. Auch genügt es nicht, bloß bestimmte Paragraphen oder Rechtsvorschriften, einzelne Rechtsinstitute, Gesetze oder Kodifikationen in den verschiedenen Rechtsordnungen miteinander zu vergleichen[12]. Jede derartige Analyse impliziert bereits eine — wie auch immer geartete — Vorstellung von der Einheit der Rechtsordnung bzw. des Rechtssystems, das heißt davon, in welchem Zusammenhang die jeweiligen Teile der Rechtsordnung im Verhältnis zueinander bzw. zum Rechtssystem als ganzem sowie zum jeweiligen Gesellschaftssystem stehen. Sie setzt somit eine Theorie des Rechts und der Gesellschaft schon voraus, ob wir uns dessen bewußt sind oder nicht. Im folgenden wird deshalb zwischen der Analyse einzelner rechtlicher Regelungen (zum Beispiel eines einzelnen Gesetzes), ihrem Verhältnis zueinander und zur Rechtsordnung als ganzer unterschieden, letztere jeweils betrachtet in ihrem zugehörigen gesellschaftlichen Kontext.

---

[10] *Llompart,* Rechtsbewußtsein und Verantwortungsgefühl im Japan der Gegenwart (FN 6), S. 290 f., 292 ff.

[11] *Yamauchi,* Rezeption westeuropäischen Rechts, S. 26 ff., 30. Vgl. ferner: *Takeyoshi Kawashima,* The Status of the Individual in the Notion of Law, Right, and Social Order in Japan, in: Charles A. Moore (Hrsg.), The Status of the Individual in East and West, Honolulu 1968, S. 429 - 448.

[12] Erforderlich wird damit, wie *Max Rheinstein / Reimer von Borries,* Einführung in die Rechtsvergleichung, München 1974, S. 25 f. zutreffend hervorheben, eine Verbindung von Rechtsvergleichung und Rechtstheorie.

b) Man braucht sicherlich nicht Rechtstheoretiker oder Philosoph zu sein und muß auch nicht von Berufs wegen Rechts- und Sozialphilosophie betreiben, um zu erkennen, daß der praktische Stellenwert des Rechts in unserer modernen Gesellschaft sich sehr weitgehend gewandelt hat. Herr Kollege *Yasaki* hat sehr anschaulich in seinen diversen Schemata gezeigt, wie sich die einzelnen Rechtsordnungen unterscheiden, daß der Anteil des staatlich organisierten, d. h. des formellen Rechts wächst, daß aber überall auch die informellen Rechtsbildungen ihren Stellenwert behalten, wenn nicht ausweiten. Offenbar gibt es da beträchtliche Unterschiede. Jedoch ist heute sehr viel deutlicher als bisher, daß alles Recht in den staatlich organisierten Rechtssystemen der modernen Gesellschaft, aber auch in den zwischen diesen Rechtssystemen bestehenden gesellschaftlichen Beziehungen als maßgebender Regulator zwischenmenschlichen Verhaltens fungiert, das heißt es dient nicht bloß der gegenwärtigen Sicherung von bereits sozial etablierten normativen Erwartungen, sondern in zunehmendem Maße auch der Steuerung des zukünftigen sozialen Verhaltens.

c) Jedoch wird der Blick eines vergleichenden Betrachters in der Rechtspraxis immer wieder abgelenkt durch die inhaltlichen Unterschiede in den rechtlichen Regelungen, die in hohem Grade systemabhängig sind und bleiben und deshalb ihrem jeweiligen Inhalte nach bisweilen recht erheblich differieren können. Es gibt aber strukturelle Gemeinsamkeiten und von daher können wir eine Verbindung ziehen zwischen der Tatsache, daß derartige Rechtsregeln zumindest partiell durch die Paragraphen papierner Vorschriften symbolisiert und repräsentiert werden, und den eigentlichen Rechtsnormen, die als *subsistente* Regeln des Rechts in Wirklichkeit, ganz im Sinne von *Theodor Geiger*, die sozialen Beziehungen strukturieren[13]. Bezogen auf das eingangs erwähnte Emblem, aber auch auf die soziale Wirklichkeit des Rechts können wir sagen: Die Paragraphen symbolisieren nur das Recht, sie sind aber nicht das Recht. Das Recht ist eingebettet in menschliche Verhaltensweisen, abhängig vom jeweiligen gesellschaftlichen Kontext. Dies ist übrigens eine alte Einsicht, die schon *Geiger* in seiner Rechtssoziologie hervorgehoben hat, wenn er zwischen den Normsätzen oder Wortnormen, den sogen. paper-rules, sowie den bereits erwähnten subsistenten Normen unterscheidet, die durch ihre Einbettung in gesellschaftliches Verhalten charakterisiert werden[14]. Und alle Rechtsnormen dienen sowohl der Sicherung von bereits sozial etablierten normativen Erwartungen als auch — und in diesem Punkt sind Herr Yasaki und ich uns völlig einig — der Steuerung des zukünftigen sozialen Verhaltens.

---

[13] Noch immer grundlegend: *Theodor Geiger*, Vorstudien zu einer Soziologie des Rechts, 2. Aufl., Neuwied 1970, S. 58 f., 62 f.

[14] *Geiger*, Vorstudien, S. 63 ff., 85 f.

3. Erst aus der Sicht rechts- und staatstheoretischer, in gesellschaftstheoretische Überlegungen eingebetteter Analysen, welche das Recht — unbeschadet seiner variablen normativen Inhalte und der den einzelnen Rechtssystemen jeweils zugrunde liegenden Rechtsideologie — in der seinem Wesen gemäßen sozialen *Tiefenstruktur* zu erfassen und wissenschaftlich zu erforschen suchen, wird sehr schnell deutlich, daß alles Recht über die politischen Systemgrenzen hinweg auf der ganzen Welt seiner Struktur und Funktion nach durchaus einheitliche oder doch zumindest vergleichbare Eigentümlichkeiten und charakteristische Züge aufweist. Herr Kollege *Arévalo Menchaca* hat hierzu in kritischer Auseinandersetzung mit der Theorie und Philosophie des Rechts von Hermann Straniak[15] eine ganze Reihe sehr treffender Bemerkungen gemacht, auf die ich hier aber nicht näher eingehen kann. Ich nehme insoweit Bezug auf seinen Vortrag im Rahmen dieses Symposions, der wegen seiner allgemeinen Bedeutung demnächst von der Straniak-Stiftung separat veröffentlicht werden wird.

4. Offensichtlich dient das Recht heute weltweit zunehmend nicht mehr bloß der Erwartungssicherung durch Verteilung von Rechten und Pflichten, sondern vor allem auch der Verhaltenssteuerung nach Maßgabe der vom staatlichen Gesetzgeber durch Gebote, Verbote, Ermächtigungen, Erlaubnisse pp. als verbindlich gesetzten bzw. zu setzenden Rechtsnormen, Ziele, Zwecke und Werte, deren schrittweise Realisierung auf allen Stufen der Rechtsordnung intendiert, geplant und sukzessive bewerkstelligt wird bis hin zur zwangsweisen Durchsetzung des Rechts. Eine derartige Ordnungsbildung ist jedoch, rechtsrealistisch betrachtet, nur möglich im Rahmen der bereits bestehenden sozialen Institutionen, Organisationen und sonstigen sozialen Systeme, auf die ich weiter unten noch zurückkommen werde.

a) Ich unterscheide im folgenden im Hinblick auf das Recht und die diversen, heute im wesentlichen staatlich organisierten Rechtssysteme verschiedene *Ebenen einer Theoretisierung des Rechtsdenkens,* um den divergierenden Erkenntnisinteressen im Bereich der mit dem Recht befaßten Wissenschaften stärker Rechnung zu tragen als dies gewöhnlich geschieht. Es handelt sich dabei um zum Teil *neuartige,* mit Blick auf die im westdeutschen Rechtsdenken übliche Wissenschaftspraxis stärker ausdifferenzierte *Levels einer Theoriebildung,* die innerhalb der Institution ‚Wissenschaft' heute — auch institutionell mehr oder weniger verselbständigt! — nach Maßgabe divergierender rechtspraktischer Ziel-

[15] Über die Möglichkeit einer „Symbiose der fernöstlichen Philosophie mit westlichem Gedankengut" bezogen auf das Recht: *Hermann Straniak,* Ich und die Welt, hrsg. von der Hermann und Marianne Straniak Stiftung, Salzburg 1979, S. 53 ff., 134 ff., 202 ff.

setzungen und demzufolge auch unterschiedlicher theoretischer Erkenntnisinteressen gepflegt und betrieben wird (sogen. Multi-Level-Approach)[16]. Es hat sich dabei als nützlich erwiesen, zumindest zu unterscheiden zwischen (1) der dogmatischen (praktischen) Rechtswissenschaft, (2) der juristischen Methodenlehre der dogmatischen Rechtswissenschaft (nicht zu verwechseln mit der Methodologie der Wissenschaften oder Wissenschaftslehre allgemein!) und (3) der allgemeinen Rechtslehre/Rechtstheorie. Diese Disziplinen legen ihren Überlegungen mit Blick auf das Recht jeweils einen unterschiedlichen Begriff von Theorie zugrunde[17]. Dies gilt auch für die sich anschließenden, auf gesteigertem Abstraktionsniveau operierenden theoretischen Levels der Rechtssoziologie und der Rechtsphilosophie.

b) Im folgenden werde ich meine Überlegungen hauptsächlich auf den *Level der Rechtstheorie* konzentrieren, bei deren Konzeption — so wie ich sie verstehe — auch soziologische *und* philosophische Voraussetzungen und Implikationen zum Tragen kommen. Ich versuche deshalb, die gesellschaftlichen Beziehungen, die mit Mitteln des Rechts geordnet werden, durch eine Verknüpfung, Verbindung und Fusion von rechtstheoretischen, rechtssoziologischen und rechtsphilosophischen Überlegungen zu erfassen und zu einer *Rahmentheorie des Rechts* zu integrieren, die in dieser Form, wenn ich recht sehe, wohl neu ist[18]. Worin die Neuerungen — verglichen mit den bisherigen rechtstheoretischen Konzeptionen — im Detail zu erblicken sind, wird im einzelnen noch darzulegen sein.

c) Erst wenn man sich, vom Standpunkt des relativ abstrakten Levels einer rechtstheoretischen Betrachtungsweise, die *Rechtsordnung* in ihrer Ganzheit wie in ihren Teilen als *kontingent* vorstellt, also alle wie auch immer beschaffenen Regelungszusammenhänge in der sozialen Wirklichkeit des Rechts, so wie sie sich — *rechtsrealistisch,* das heißt geschichtlich-gesellschaftlich betrachtet! — im Felde sozial möglicher Veränderungen ereignet haben, als keiner inneren Notwendigkeit folgend, sondern als mehr oder weniger zufällig ansieht, treten die Dimensionen

---

16 Grundlegend hierzu: *Jerzy Wrøblewski,* The Theory of Law — Multi-Level, Empirical or Sociological? In: Poznan Studies in the Philosophy of the Sciences and the Humanities 5 (1979), S. 119 - 136, 122 ff., 130 ff.

17 Zur Unterscheidung zwischen rechtsdogmatischer Theorie und Rechtstheorie: *Werner Krawietz,* Juristische Entscheidung und wissenschaftliche Erkenntnis, Wien - New York 1978, S. 210 ff. Wie hier auch: *Ralf Dreier,* Zur Theoriebildung in der Jurisprudenz, in: Friedrich Kaulbach / Werner Krawietz (Hrsg.), Recht und Gesellschaft. Festschrift für Helmut Schelsky zum 65. Geburtstag, Berlin 1978, S. 103 - 132, 120 ff., 129 ff.

18 Eingehend hierzu: *Werner Krawietz,* Recht und moderne Systemtheorie, Vortrag von dem XI. Weltkongreß der IVR, Helsinki 1983 (erscheint demnächst in den Proceedings des Kongresses in Beiheft 10 dieser Zeitschrift).

der Ordnungsproblematik, um die es hier geht, deutlicher hervor[19]. Wir erkennen dann, welche rechtlichen Regelungsbedürfnisse in der Gesellschaft bestehen, welche Funktionen die gegebenen Regelungen schon jetzt erfüllen und sehen auch, was wir tun müßten, wenn wir die bestehenden Defizite rechtlicher Regulierung beheben bzw. durch andere Regelungen ersetzen wollten.

d) Die Dimensionen des Regelungsproblems werden vor allen Dingen deutlich, wenn man bedenkt, worauf ich eingangs schon hingewiesen habe, daß es in Japan rund 118 Millionen Menschen gibt, deren Zusammenleben reguliert werden muß, deren normative Erwartungen zu einem großen Teil durch soziale Normen, insbesondere durch die Normen des Rechts, schon gesichert sind und deren künftige soziale Verhaltensweisen durch Orientierung an den Rechtsnormen gesteuert und im Bereich des Vertragsrechts durch die lex contractus sogar mehr oder weniger selbständig gestaltet und reguliert werden können. Dem stehen allein im staatlich organisierten Rechtssystem der Bundesrepublki Deutschland rund 61 Millionen Menschen gegenüber. Und wir sollten ferner bedenken, daß beispielsweise allein in den Vereinigten Staaten, deren Rechts- und Gesellschaftsordnung mit all ihren Folge- und Fernwirkungen für Japan wie für Europa gleichermaßen belangvoll erscheint, weitere 232 Millionen Menschen leben. Wenn wir uns mit diesen wenigen demographischen Daten, auf die ich auch schon zu Beginn meines Referats hingewiesen habe, die sozialen Dimensionen der Ordnungsproblematik vor Augen führen, dann sehen wir, welche ungeheure Leistung die Gesamtmenge von Normen unter Einschluß derjenigen des Rechts im täglichen Leben, an jedem einzelnen Tag erbringen muß. Alle diese Rechtsnormen strukturieren die sozialen Verhaltensweisen, könnten aber geändert werden, d. h. inhaltlich auch anders ausfallen, denn es sind in den staatlich organisierten Rechtssystemen institutionelle Vorkehrungen dafür getroffen, altes Recht durch neues Recht zu ersetzen und dieses neue Recht durch noch neueres Recht, sofern man meint, daß die Normen des Rechts den jeweiligen gesellschaftlichen Gegebenheiten noch nicht hinreichend angepaßt sind.

5. Ich hoffe, damit wenigstens eine ungefähre Vorstellung von der Ordnungs*bedürftigkeit,* aber auch von den Ordnungs*möglichkeiten* einer Regulierung aller Sozialbeziehungen mit Mitteln des Rechts gegeben zu haben. Im folgenden werde ich in fünf Schritten vorgehen:

(1) Zunächst werde ich die *Eigenart meines gedanklichen Zugangs zur Rechtsordnung* darstellen, der für mich — anders als für die heutigen Formen analytischer Rechtstheorie — hauptsächlich auf einer rechts-

---

[19] *Ders.*, Das positive Recht und seine Funktion, Berlin 1967.

realistischen, das heißt soziologischen Betrachtungsweise beruht und dem Schwerpunkt nach in einer *Verbindung von Rechts- und Gesellschaftstheorie* besteht (Abschnitt III). Die Möglichkeit einer derartigen Verbindung wird heute vor allem nahegelegt durch bestimmte Formen eines neuartigen Institutionalismus im westdeutschen Rechtsdenken der Gegenwart, insbesondere durch eine soziologische Institutionen- und Systemtheorie, die sich vor allem zur Fundierung von und Verbindung mit einer Reihe von rechtsrealistischen Denkansätzen in der Rechtstheorie eignet.

(2) Sodann werde ich aus rechts- und systemtheoretischer Sicht die Struktur und Funktion von Rechtsordnungen, insbesondere von staatlich organisierten Rechtssystemen näher charakterisieren (Abschnitt IV). Im Zentrum dieser Überlegungen stehen einige Neuerungen in der jüngsten Entwicklung der soziologischen Rechts- und Systemtheorie, aus denen sich eine Reihe von *Konsequenzen für den Aufbau einer Theorie des Rechts* und für die Vorstellung einer Einheit der Rechtsordnung oder besser und genauer: der Identität, Einheit und Entwicklung staatlich organisierter Rechtssysteme ergeben.

(3) Im Anschluß daran werde ich der Frage nachgehen, ob der moderne Staat auch weiterhin die ihm geschichtlich zugewachsene Aufgabe wahrzunehmen vermag, in der gesellschaftlichen Entwicklung als maßgebliche Steuerungsagentur zu dienen (Abschnitt V). Die wohl wichtigste Frage lautet hier, wer denn überhaupt in der Lage ist, die unzähligen Sozialbeziehungen zu steuern. Kann das eine einzige Organisation überhaupt noch tun? Ist eine derartige Steuerung von einem Zentrum oder einer Spitze aus überhaupt noch denkbar? Und ist bejahendenfalls der Staat diese Steuerungsinstanz? Oder gibt es daneben auch nicht-staatliches, d. h. genuin gesellschaftliches Recht, das von irgendwelchen Organisationen ausgeht? Sind es vielleicht ganz verschiedenartige Zentren, von denen heute die Steuerungseffekte resultieren? Von wo aus und wie wird eigentlich in den Regionalgesellschaften in Japan und in Europa gesteuert? Ich werde die geläufigen *Vorstellungen über eine vorgebliche Zentralsteuerung,* die vermeintlich nach wie vor beim Staat liegt, *ersetzen* durch die rechts- und systemtheoretische Annahme mehr oder weniger selbststeuernder sozialer Systeme und Prozesse, die teils im staatlich organisierten Rechtssystem, teils neben ihm existieren. Auch hier können dem Referat von Herrn Kollegen Yasaki eine Reihe von wichtigen Hinweisen entnommen werden, da er gezeigt hat, daß es solche selbststeuernden Regelsysteme auch in der japanischen Gesellschaft gibt, daß Normen innerhalb von Korporationen, Verbänden oder sozialen Handlungssystemen, wie immer man das nennen will, erzeugt werden, und daß es auch nicht-staatliches Recht gibt, für das der Staat allenfalls einige Rahmenbedingungen vorgeben kann.

(4) Ferner werde ich, wenigstens kurz, das Problem streifen, auf das auch Herr Kollege Schambeck in seinem Referat hingewiesen hat, auf die Frage nämlich, ob die Rechtsordnung als ganze — errichtet auf der Grundlage der Verfassung — aus einer Hierarchie von Rechtsnormen besteht, bei der die Verfassung höchsten innerstaatlichen Rechtsrang hat, das Gesetz rangmäßig darunter liegt, darunter die Gesetzesverordnungen usf. bis hinunter zu den vertraglichen Vereinbarungen, und ob wir uns diese Einheit der Rechtsordnung — gesetzt den Fall, sie besteht überhaupt — so vorstellen müssen, daß wir von einer Primärhierarchie von Rechtsnormen auszugehen haben (Abschnitt VI).

(5) Daran werde ich abschließend ein Resümee sowie einige Schlußfolgerungen anknüpfen (Abschnitt VII).

III. Zugang zum Recht in rechts- und gesellschaftstheoretischer Perspektive

1. Die von mir hier vertretene Auffassung richtet sich kritisch gegen die aus meiner Sicht allzu reduktionistischen Formen einer bloß analytischen, allein sprachtheoretisch fundierten Jurisprudenz, wie sie etwa im Anschluß an *Kelsen* bzw. an *John Austin* bis hin zu *Hart* im juristischen Positivismus dieser rechtstheoretischen Schulrichtungen bis auf den heutigen Tag vertreten wird.

a) Vom Standpunkt der auch nach ihrem heutigen Selbstverständnis noch immer gesetzes- und rechtspositivistischen *Wiener Schule der Rechtstheorie* werden alle Vorstellungen vom Recht beschränkt und begrenzt auf die in rechtssprachlichen Texten fixierten Rechtsnormen, wird die Rechtsordnung noch immer begriffen als ein einheitliches System von Rechtsnormen und das Rechtswissenschaftssystem demzufolge verstanden als ein einheitliches System von Aussagen über Rechtsnormen[20]. Ich halte eine derartige Rechtsauffassung und Einheitsvorstellung deswegen für reduktionistisch, weil sie alles Recht fälschlich identifiziert mit den Wortnormen (und ihrer Bedeutung!), anstatt von vornherein zu unterscheiden zwischen ihrer bloßen Wortgestalt, das heißt ihrem verbalen Ausdruck, und den eigentlichen Rechtsnormen, d. h. den *subsistenten* Normen des Rechts, die sich gar nicht notwendiger-

---

[20] Dieses charakteristische Vorstellungssyndrom tritt gegenwärtig am deutlichsten hervor in den diversen Reinen Rechtslehren der Wiener und Brünner Schule: *Hans Klecatsky / René Marcic / Herbert Schambeck* (Hrsg.), Die Wiener rechtstheoretische Schule. Ausgewählte Schriften von Hans Kelsen, Adolf Merkl, Alfred Verdross, Wien 1968; *Vladimir Kubeš / Ota Weinberger* (Hrsg.), Die Brünner rechtstheoretische Schule, Wien 1980. Hierzu: *Werner Krawietz,* Reinheit der Rechtslehre als Ideologie? In: RECHTSTHEORIE Beiheft 4 (1982), S. 345 - 421, 386 f.

weise in Worten auszudrücken brauchen, sondern als *Rechtsregeln* irgendwelchen Handlungsabläufen zugrunde liegen[21]. Die Folge dieses rechtspositivistischen Reduktionismus ist eine wenig realistische Vorstellung von der Einheit des Rechtssystems bzw. der Einheit der Rechtswissenschaft, die gegenwärtig einer kritischen Revision und sozialadäquaten Fortschreibung der diversen Reinen Rechtslehren im Wege steht.

b) Nach einer anderen, der deutschen Rechtstheorie und Rechtsphilosophie schon seit dem 19. Jhdt. geläufigen, von *Hart* für die britische Rechtstheorie augenscheinlich bloß rezipierten[22] Unterscheidung ist das Recht bzw. das Rechtssystem eine Einheit von primären und sekundären Rechtsnormen/Rechtsregeln. Während die primären Rechtsregeln — in erster Linie auch hier verstanden als Wortnormen, welche Bestandteile eines Sprachspiels sind — sich an alle Mitglieder der jeweiligen Sprach- und Rechtsgemeinschaft richten (also beispielsweise mit Bezug auf Japan allein an 118 Millionen Menschen!), sind die sekundären Rechtsregeln an den sogenannten Rechtsstab adressiert, d. h. in allen modernen Rechtssystemen an die staatliche Entscheidungsbürokratie (z. B. Gesetzgebung, Justiz, Staatsanwaltschaft u. a.) gerichtet, doch wird durch die von Hart postulierte Orientierung an den jeweiligen juristischen Sprachverwendungen, die ja zur Zukunft hin zumindest partiell noch offen sind, der nach wie vor höchst wirksame Rechtspositivismus allenfalls gemildert, aber nicht überwunden[23]. Herr Kollege Yasaki hat mit Grund an diesem Punkt darauf aufmerksam gemacht, daß Hart durchaus bemüht sei, sich einer soziologischen Betrachtungsweise zu öffnen und in seinem berühmten Werk über den Begriff des Rechts darauf hingewiesen habe, daß dieses — neben seiner analytischen Aufgabe — durchaus als ein „Versuch in deskriptiver Soziologie" angesehen werden könne[24]. Dies ist mir sehr wohl bekannt, nur meine ich — anders als Hart —, daß die eigentlichen Fundamente des geltenden Rechts nicht so sehr in der Sprache und in den Sprachverwendungen zu erblicken sind, sondern daß man die soziale *Tiefenstruktur des Rechts* nicht ignorieren darf, d. h. die maßgeblichen Strukturelemente des Rechts von vornherein in der Gesellschaft selbst suchen muß.

c) Ich verkenne keineswegs, daß das Recht es mit Sprache zu tun hat. Auch möchte ich ausdrücklich betonen, daß ich in rechtstheoretischer

---

[21] *Geiger*, Vorstudien, S. 63 f.

[22] Vgl. hierzu die Nachweise bei: *Hans Nawiasky*, Allgemeine Rechtslehre, 2. Aufl., Einsiedeln 1948, S. 13 f., 99 ff.

[23] Hierzu neuerdings: *Neil MacCormick*, H. L. A. Hart, Jurists: Profiles in Legal Theory, London 1981, S. 92 ff., 103 ff., 158 ff. Vgl. ferner: *Lutz Ellrich*, H. L. A. Harts regelkonzeptionelle Theorie der Eigenständigkeit des Rechts, in: RECHTSTHEORIE 13 (1982), S. 421 - 441.

[24] *H. L. A. Hart*, Der Begriff des Rechts, Frankfurt am Main 1973, S. 7 f.

Hinsicht durchaus nichts dagegen einzuwenden habe, etwa auf sprechakttheoretischer Grundlage im Sinne von *Searle* oder im Anschluß an die Sprachphilosophie des späten *Wittgenstein* von den jeweiligen rechtlichen Sprechakten, Sprachverwendungen und Sprachspielen auszugehen, die in einer Sprach- und Rechtsgemeinschaft als Ausdruck der für sie charakteristischen Lebensform praktiziert werden[25]. Mein Einwand geht nur dahin, daß man das Recht nicht auf Sprache und Sprachverwendungen reduzieren darf. Von einem rechts- und gesellschaftstheoretisch reflektierten Zugang zum Recht muß vielmehr von vornherein berücksichtigt werden, daß alles Recht als ein Bestandteil der normativen Struktur der Gesellschaft fungiert[26]. Das Recht ist daher mit Blick auf die Gesellschaft nicht bloß ein Überbauphänomen, sondern es gehört zu ihrer strukturellen Basis. Das macht es schwierig, die vielfältigen Abhängigkeiten des Rechts von den gesellschaftlichen Kräften voll in Rechnung zu stellen und das Rechtssystem als Teil des Gesellschaftssystems zu begreifen, zu dem es in wechselseitigen Beziehungen steht[27]. Auch Herr Kollege Yasaki hat ja bereits darauf hingewiesen, daß und wie in den einzelnen sozialen Institutionen und Organisationen schon allein durch die räumlichen Gegebenheiten und Voraussetzungen im sozialen Miteinander die menschlichen Verhaltensweisen vorstrukturiert, bestimmt und geprägt werden. Damit gewinnen auch alle Vorstellungen von einer wirklichen/möglichen Einheit des Rechts bzw. einer Einheit des Rechtssystems von vornherein eine soziale Dimension, die bislang in der Theorie des Rechts ganz offensichtlich vernachlässigt wurde.

d) Demgegenüber besteht die Eigenart meines rechts*theoretischen* Zugangs zum Recht im wesentlichen in einer rechts*realistischen* Betrachtungsweise, die ihre Überlegungen mit Bezug auf das jeweils geltende Recht nicht allein auf Wort und Schrift, das heißt nicht bloß auf die

---

25 *Krawietz,* Recht als Regelsystem, S. 58.

26 In diesem Punkt stimmen Schelsky und Luhmann seit jeher überein. Vgl. zu ersterem: *Werner Krawietz,* Die Normentheorie Helmut Schelskys als Form eines Neuen Institutionalismus im Rechtsdenken der Gegenwart, in: Horst Baier (Hrsg.), Helmut Schelsky — ein Soziologe in der Bundesrepublik, Stuttgart 1985, S. 114 - 148, 125 ff. Ferner: *Luhmann,* Rechtssoziologie, S. 12, 132 ff.

27 *Lawrence M. Friedman,* The Legal System. A Social Science Perspective, New York 1975, dtsch. Übers.: Das Rechtssystem im Blickfeld der Sozialwissenschaften, Berlin 1981, S. 11 f., 16 ff., 22 ff. Sehr treffend haben schon: *Lawrence M. Friedman / Stewart Macauly,* Law and the Behavioral Sciences, Indianapolis 1969, S. VII auf die Notwendigkeit hingewiesen, „to see the legal system as an integral part of the larger social system rather than as a set of rules, procedures and activities of officials sealed off an isolated from the rest of society". Im Anschluß hieran auch: *Werner Krawietz,* Juristische Methodik und ihre rechtstheoretischen Implikationen, in: Jahrbuch für Rechtssoziologie und Rechtstheorie 2 (1972), S. 12 - 42, 41 f.

normative Sinndeutung von rechtssprachlich fixierten Texten beschränkt, sondern sich in Anknüpfung an den Rechtstext von vornherein auf den jeweiligen *gesellschaftlichen Kontext* richtet, d. h. an den wechselseitigen Beziehungen orientiert, die erfahrungsgemäß zwischen den Rechtsnormen *und* dem menschlichen Sozialverhalten nun einmal bestehen. Gleich hier sei — um möglichen Mißverständnissen vorzubeugen! — jedoch klargestellt, daß ich mit Rechtsrealismus vor allem und in erster Linie den seit dem späten *Ihering* und den bahnbrechenden Arbeiten von *Max Weber* geläufigen *deutschen Rechtsrealismus* meine, d. h. eine in normativer *und* sozialer Hinsicht reflektierte, ihrer Grundlage nach genuin soziologische Rechtsauffassung, die im wesentlichen abstellt auf die institutionellen, organisatorischen und sonstigen systemischen Strukturen des sozial etablierten Rechts, das sich — auch geschichtlich-gesellschaftlich betrachtet — allenthalben im menschlichen Sozialverhalten niederschlägt, indem es dort als *normativ wirksame Struktur* des menschlichen Erlebens und Handelns fungiert.

e) Dies bedeutet jedoch keineswegs, daß damit zugleich gegenüber dem jeweils geltenden Recht ein unkritischer, bloß affirmativer, am jeweiligen status quo orientierter, rein positivistischer Standort bezogen werden könnte und müßte. Das Gegenteil ist der Fall! Vom Standpunkt eines *sinnkritischen* Rechtsrealismus, so wie ich ihn verstehe, das heißt von einer gegenüber dem bereits sozial etablierten normativen Sinn, insbesondere gegenüber allem Rechtssinn kritischen Auffassung[28], geht es nicht allein um eine sprachtheoretisch, rechts- und gesellschaftstheoretisch sowie erkenntniskritisch geläuterte Rechtsauffassung, sondern vor allem um eine sinn- und sozialkritische Grundlegung des Rechts und der Rechtswissenschaft. Die Konzeption meines Vorgehens als auch gegenüber dem schon geltenden Recht sinnkritisch bzw. als Sinnkritik ist deswegen wichtig, weil ich es für verfehlt hielte, wenn die Rechtswissenschaft gänzlich darauf verzichten wollte, zu sagen, was rechtens ist, um stattdessen einen völlig neutralistischen, bloß normdeskriptiven Standpunkt einzunehmen. Jedoch muß im vorstehenden Zusammenhang dahingestellt blieben, welche Konsequenzen sich aus diesem Konzept für die verschiedenen Levels der Theoretisierung ergeben.

2. Bei den für die jüngste Entwicklung des Rechtsdenkens in Westdeutschland charakteristischen Denkansätzen, die auf einer Verbindung von Rechts- und Gesellschaftstheorie basieren, handelt es sich vor allem um diverse *Formen eines Neuen Institutionalismus im Recht,* wie sie in exemplarischer Weise einerseits durch die Normen- und Institutionen-

---

[28] *Krawietz*, Recht als Regelsystem, S. 153 ff., 178 f.

theorie von *Helmut Schelsky*, andererseits durch die Theorie des Rechtssystems von *Niklas Luhmann* repräsentiert werden. Aus beiden Theorieansätzen ergeben sich im Detail unterschiedliche, aber im großen und ganzen übereinstimmende Auffassungen bezüglich der Möglichkeiten einer Einheit der Rechtsordnung bzw. einer Einheit des Rechtssystems, die auch aus der Sicht beider sehr skeptisch beurteilt werden müssen. Da *beide* Autoren in ihrer Theorie des Rechts und der Gesellschaft von einer *realistischen Normentheorie* ausgehen[29], werde ich mich im folgenden — nicht aus prinzipiellen, sondern nur aus Gründen der Zweckmäßigkeit! — ausschließlich mit der Theorie des Rechtssystems von Luhmann befassen. Sie behandelt die Beziehungen zwischen Normen, Institutionen, Organisationen und sonstigen sozialen Systemen auf der Grundlage einer schon sehr weitgehend ausgearbeiteten, in sich kohärenten und konsistenten Rahmentheorie des Rechts, die zugleich als Theorie sozialer Systeme konzipiert wird. Die für meine eigenen, im folgenden anzustellenden Überlegungen zentrale Frage ist somit, ob und bejahendenfalls inwiefern eine soziologische Theorie des Rechts, die Soziologie als eine Theorie sozialer Systeme begreift, zum *Aufbau einer realistischen Strukturtheorie des Rechts* beizutragen vermag.

a) Die moderne Systemtheorie bietet nach Auffassung von *Ludwig von Bertalanffy*[30], eines der Gründerväter der heutigen Systemforschung, sowie nach Ansicht mancher ihrer Anhänger, wie beispielsweise nach Meinung von *Ervin Laszlo*[31], nicht mehr und nicht weniger als ein „New Paradigm" wissenschaftlicher Forschung[32]. Die Computer-Weltmodelle, die im Auftrage des Club of Rome aufgrund von Systemanalysen ausgearbeitet wurden, haben systemtheoretische Denkansätze und Betrachtungsweisen in breitesten Kreisen der Öffentlichkeit bekanntgemacht. Mit der wachsenden Technisierung und den gesteigerten Möglichkeiten einer Informationsverarbeitung in unserer industrialisierten Gesellschaft macht sich im vorwissenschaftlichen Bereich die Einsicht breit, daß wir in einer immer stärker von sozialen Systemzusammenhängen geprägten, durch wechselseitige Systemverflechtungen[33] bedingten Welt leben[34].

---

[29] Hierzu jetzt: *Werner Krawietz*, Ansätze zu einem Neuen Institutionalismus in der modernen Rechtstheorie der Gegenwart, in: Juristen-Zeitung 40 (1985), S, 706 - 714, 708 ff.

[30] *Ludwig von Bertalanffy*, The History and Status of General Systems Theory, in: George J. Klir (Hrsg.), Trends in General Systems Theory, New York 1972, S. 21 - 38, 36.

[31] Hierzu statt anderer: *Ervin Laszlo* (Hrsg.), Introduction to Systems Philosophy. Toward A New Paradigm of Contemporary Thought, New York - London - Paris 1972.

[32] Dazu und zum folgenden: *Hans Lenk*, Wissenschaftstheoretische und philosophische Bemerkungen zur Systemtheorie, in: *ders.*, Pragmatische Philosophie, Hamburg 1975, S. 247 - 267, 247 f.

b) Auf der anderen Seite, das heißt auf seiten der mit diesen Gegebenheiten befaßten Wissenschaften, korrespondiert mit ihrer zunehmenden Einsicht in das Geflecht von politischen, ökonomischen, kulturellen, rechtlichen, ökologischen und sonstigen Daten und Faktoren, die für das wissenschaftliche Verstehen unserer Lebenswelt als irgendwie charakteristisch erscheinen, die Erfahrung, daß es sich dabei um kaum noch übersehbare Wirkungsverflechtungen handelt. Wir werden überschüttet mit Mengen von Informationen, die wir überhaupt nicht mehr zureichend verarbeiten können[35]. Das gilt für den Alltag, aber auch für den mit dem Alltagsverhalten befaßten Wissenschaftler. Die gegebenen Datenmengen *überfordern* die Problemerfassungs- und Problemverarbeitungskapazität *jeder* der beteiligten *Einzelwissenschaften* bei weitem[36].

c) Das bedeutet, daß man von dem verengten Zugang und Standpunkt einer Einzelwissenschaft aus gar keine zureichende Theorie mehr entwickeln kann und daß man infolgedessen vom Standpunkt einer Einzelwissenschaft auch keine zureichende Synthese zwischen japanischem und europäischem Rechtsdenken zu gewinnen vermag. Es läuft bereits auf eine unzulässige perspektivische Verengung hinaus, wenn man meint, den Zugang zur Problematik allein von der Rechtswissenschaft oder irgendeiner anderen beteiligten Handlungswissenschaft wählen zu können. Ich erblicke deshalb die Aufgabe, vor der die rechtstheoretische Grundlagenforschung heute steht, vor allem darin, in Zusammenarbeit von Rechts- und Systemtheorie, die für die Bewältigung der soeben skizzierten Probleme noch am ehesten gerüstet erscheinen, den *Aufbau einer Strukturtheorie des Rechts* in Angriff zu nehmen[37]. Wenn wir von den konkreten Inhalten der Normen absehen, dann können wir in Deutschland wie in Japan und in anderen Staaten gemeinsam an einer allgemeinen Strukturtheorie des Rechts arbeiten.

d) Die Schwierigkeiten einer *Kooperation von Rechtstheorie und Systemtheorie* sind beträchtlich. Sie basieren vor allem darauf, daß die moderne Systemforschung in der Tat gänzlich neue Forschungsparadigmata bereithält, die quer zur bisherigen Entwicklung der Sozialwissenschaften und ihrer Philosophie verlaufen. Es fehlt uns eine allen gemeinsame wissenschaftliche Sprache, um die in den Einzelwissen-

---

[33] Ebd., S. 248 f.

[34] Eingehend zu diesen Intersystembeziehungen jetzt: *Niklas Luhmann*, Soziale Systeme. Grundriß einer allgemeinen Theorie, Frankfurt am Main 1984, S. 249 ff., 289 ff.

[35] *Lenk* (FN 32), S. 248 f.

[36] Ebd., S. 247.

[37] *Krawietz*, Ansätze zu einem Neuen Institutionalismus (FN 29), S. 713 f.

schaften anfallenden Ergebnisse zu erfassen und zu integrieren und sie dann zur Deutung der sozialen Welt und der Welt des Rechts zu verwenden. Auf diese neuen Handlungs- und Forschungsparadigmata müßten sich nicht nur Recht und Rechtswissenschaft einstellen, sondern auch die übrigen Sozialwissenschaften und die zugehörige Philosophie, sofern diesen Disziplinen an einer Zusammenarbeit mit der Systemtheorie gelegen ist. Das sind die hauptsächlichen Schwierigkeiten einer Synthese, die sich schon beim Versuch einer Zusammenarbeit der beteiligten Wissenschaften ergeben.

3. Was die *Möglichkeiten einer Zusammenarbeit zwischen Rechtstheorie und Systemtheorie* angeht, so sind diese bislang offensichtlich nicht nur nicht genutzt, sondern bisher noch gar nicht hinreichend erschlossen worden.

a) Unklar ist nicht nur, welche Forschungsrichtungen und Disziplinen im interdisziplinären Kontakt überhaupt für den Aufbau einer Theorie des Rechts relevante Informationen beizusteuern vermögen, weil es ein einheitliches, von allen Rechtstheoretikern übereinstimmend akzeptiertes Relevanzschema, das ihrer weiteren Arbeit zugrundegelegt werden könnte, noch nicht gibt. Ungeklärt ist auch, von welchen dominierenden Problemstellungen her die weitere rechtstheoretische Forschungsarbeit ins Werk zu setzen ist. Selbst in der für eine Strukturtheorie des Rechts zentralen *Frage nach der Struktur der Rechtsnormen* laufen die Auffassungen darüber, was unter Struktur des Rechts zu verstehen ist, diametral auseinander. Während die sprachanalytischen Richtungen der modernen Rechtstheorie die rechtssprachliche und logische Struktur des Rechts in das Zentrum ihrer Bemühungen rücken, vertreten die Rechtsrealisten unter den Rechtstheoretikern, für die die soziale Struktur aller Rechtsnormen im Vordergrund steht, die Auffassung, daß die sprachliche Struktur der Rechtsnormen ohne die eingehende Erforschung ihrer sozialstrukturellen Elemente, Voraussetzungen und Abhängigkeiten in ihrer normativen Funktion und Wirkungsweise gar nicht zureichend erfaßt und begriffen werden kann. Nach Auffassung des deutschen Rechtsrealismus zäumen manche Logiker, insbesondere Normenlogiker, das Pferd sozusagen vom Schwanz her auf, denn nach ihrer Ansicht sollen mit den Rechtsnormsätzen RN, die in einem Rechtsnormensystem für den Richter u. a. als verbindlich gelten, zugleich auch alle logischen Konsequenzen von RN gelten, inklusive derjenigen, die unter Heranziehung wahrer Tatsachenfeststellungen durch Normenfolgerungen gewonnen werden können[38]. Infolgedessen fangen sie mit

[38] Gegen diese „Überschätzung des logischen Elements im Recht“ schon: *Rudolph von Ihering,* Geist des römischen Rechts auf den verschiedenen

der Sprache an und hören mit der Sprache auf, anstatt die sozialstrukturellen Prämissen des Rechts, seine pragmatischen Funktionen und deren gesellschaftliche Bedingungen und Voraussetzungen zunächst einmal zu erfassen, um die Ordnungsproblematik von ihren sozialen Möglichkeiten her zu begreifen.

b) Wir haben es gegenwärtig mit einem Pluralismus von rechtstheoretischen Ansätzen zu tun, die von den einzelnen, mit dem Recht befaßten Wissenschaften nebeneinander verwendet werden[39]. Die einzelnen Wissenschaftler mit ihren unterschiedlichen Grundlagenkonzeptionen schließen sich von den anderen ab, so daß es zu Schulstreitigkeiten kommt. Auch werden sie nicht eben selten durch ihren eigenen theoretischen Approach daran gehindert, die Zusammenarbeit mit den anderen zu betreiben, die man betreiben muß, wenn man im Rechtsdenken zu einer Synthese gelangen will. Unbeschadet dessen bedarf nach der hier vertretenen Auffassung, die — wenn ich recht sehe — auch wohl von Herrn Kollegen Yasaki geteilt wird, *jede* Theorie des Rechts der *Einbettung in eine Theorie der Gesellschaft*.

c) Genau dieses Erfordernis verschafft einer soziologischen Theorie des Rechts, die Soziologie als Theorie sozialer Systeme begreift, den Zutritt zum Recht und damit die Möglichkeit einer Zusammenarbeit mit genuin rechtswissenschaftlichen Theorien des Rechts. Geht man — wie ich es vom Standpunkt des sinnkritischen Rechtsrealismus tue — von der Besonderheit und dem prominenten Stellenwert des Rechts für den Aufbau von Sozialordnungen aus, so können die *Bezugspunkte* einer derartigen Zusammenarbeit *in den systemischen Strukturen der staatlich organisierten Rechtssysteme* und der zwischen ihnen bestehenden Intersystembeziehungen erblickt werden. Ich lege Wert auf das Wort und den Begriff ‚systemisch‘, weil ich meine, daß — unbeschadet der hier implizierten epistemologischen Problematik — davon auszugehen ist, daß derartige soziale Handlungssysteme realiter existieren. Infolgedessen besteht auch ein wissenschaftliches Erkenntnisinteresse daran, sich vom Standpunkt der Rechtstheorie und Systemtheorie mit diesen sozialen Handlungssystemen und ihren normativen Strukturen zu befassen. Herr Yasaki hat von Institutionen oder sozialen Organisationen gesprochen, aber das ist für mich nur eine façon de parler, über die man sich verständigen kann. *Bezugspunkt müssen stets die systemischen*

Stufen seiner Entwicklung, Dritter Teil, Erste Abteilung (1. Aufl. 1865), zit. nach der 9. Aufl., Neudruck Scientia Aalen 1968, S. 311 ff., 321. Ähnlich: *Eugen Ehrlich*, Die juristische Logik (1. Aufl. 1918), zit. nach dem Neudruck der 2. Aufl. von 1925, Scientia Aalen 1966, S. 223 ff., 243 f.: „Der Urheber des Rechtssatzes bindet die Rechtsprechung nur durch den Rechtssatz ... Der Rechtssatz gilt nur für das, was der Urheber selbst abgewogen hatte.“

[39] *Krawietz*, Recht als Regelsystem, S. 144 f., 148 f.

Strukturen in einer konkreten Gesellschaft sein, d. h. den Zugang zum japanischen Rechtssystem kann ich nur finden, wenn ich von demjenigen der japanischen Rechtsordnung ausgehe, die als solche schon sozial etabliert ist. Und den Zugang zu den Rechtssystemen der europäischen Staaten gewinne ich nur, indem ich jeweils von den dort sozial etablierten systemischen Strukturen ausgehe. Ich lasse hier jedoch die weitere Frage unberücksichtigt, inwieweit neben dem staatlichen Recht auch nicht-staatliches Recht maßgeblich ist. Daß letzteres keinesfalls ignoriert werden darf, habe ich schon dargelegt.

IV. Identität, Selbstorganisation und Selbstreproduktion des Rechtssystems

1. Die deutsche soziologische Jurisprudenz, insbesondere eine normativ-realistische Rechtstheorie, welche die Normen des Rechts nicht auf bloße Wortnormen (Rechtssätze, Normsätze) und deren Bedeutung (Sinn) reduziert, sondern im Hinblick auf das menschliche Erleben und Handeln zugleich als normativ wirksame Struktur begreift, *und* eine soziologische Theorie des Rechts, die Soziologie als eine Theorie sozialer Institutionen bzw. als eine Theorie sozialer Systeme betreibt, legen ihren Rechtsvorstellungen übereinstimmend einen gewöhnlich sehr weit gefaßten Begriff des Rechts und demzufolge auch des Rechtssystems zugrunde, der folgerichtig auch alle Vorstellungen von einer möglichen/wirklichen Einheit des Rechtssystems mitbestimmt. Das Recht bzw. das Rechtssystem ist demnach nicht bloß ein — mehr oder weniger weitgehend in Rechtstexten fixiertes und verbrieftes — gedankliches Gebilde, d. h. ein Norminformationen enthaltendes Kommunikat, das mittels sprachlicher Zeichenreihen einen spezifischen rechtlichen Gedankeninhalt zu transportieren vermag. Es ist kein bloßes System von Rechtssätzen oder Rechtsnormen, sondern vielmehr und vor allem auch ein soziales Gebilde, zu dessen Bestandteilen soziale Rollen, Ämter, bestimmte Institutionen und Organisationen, beispielsweise Beamte, Richter, Staatsanwälte, Parlamente, Gerichte u. a. m. gehören, nicht zuletzt auch die Verträge abschließenden Parteien im alltäglichen Rechtsverkehr[40]. Im folgenden werde ich meinen rechtstheoretischen Darlegungen im Anschluß an *Lawrence M. Friedman*[41], *Schelsky*[42], *Luhmann*[43] und

[40] So schon *Ihering* und natürlich auch der neben ihm wohl wichtigste Vertreter der deutschen normativ-realistischen Jurisprudenz: *Philipp Heck*, Grundlagen des Rechts, in: Adolf Bauser (Hrsg.), Deutsche Staatsbürgerkunde, Stuttgart 1922, S. 139 - 157, 140 f.

[41] *Friedman*, Rechtssystem, S. 12 f., 16 ff., 21 f.

[42] Ein Nachweis der wichtigsten normentheoretischen Werke Schelskys findet sich bei *Krawietz*, Normentheorie Schelskys als Form eines Neuen Institutionalismus (FN 26), S. 147 f. Vgl. ferner: *Ernst-Joachim Mestmäcker*,

Eckhoff / Sundby[44] gleichfalls einen derart weit gefaßten Begriff des Rechts zugrunde legen.

a) Dieses normativ-realistische Rechtsverständnis ist übrigens auch durchaus charakteristisch für die bereits am Ausgang des 19. Jahrhunderts in Deutschland begründete Interessen- und Wertungsjurisprudenz, die in ihrer allgemeinen Rechtslehre schon auf einer soziologischen Auffassung des Rechts basiert[45]. Auch ist hier in diesen Tagen schon mehrfach der Name *Ihering* gefallen, dem nur noch derjenige seines Schülers *Heck* hinzuzufügen wäre; beide gehören zu den Begründern dieser realistischen Rechtsauffassung[46]. Man müßte hier ferner *Max Weber* erwähnen, der Iherings Theorie und Soziologie des Rechts unendlich viel verdankt, sicherlich mehr, als manchen angelsächsischen Autoren, die heute über Max Weber schreiben, bewußt ist[47]. Die Interessen- und Wertungsjurisprudenz und die ihr zugehörige Rechtstheorie beschränkte ihre Vorstellungen vom geltenden Recht von Anfang an keineswegs auf das staatliche Recht, sondern anerkannte auch nichtstaatliche, d. h. genuin gesellschaftliche Rechtsbildungen. Ich möchte in diesem Zusammenhang nur den Namen von *Otto von Gierke* erwähnen, von dem ich den Eindruck habe, daß er japanischen Kollegen vielleicht heute besser bekannt ist als vielen deutschen Rechtswissenschaftlern, die zur Geschichte ihres eigenen Rechts und der Entwicklung des deutschen Rechtsdenkens manchmal ein etwas prekäres Verhältnis haben.

b) Von meinem rechtsrealistischen, soziologisch fundierten Standpunkt aus bestehen somit auch keinerlei Schwierigkeiten, den von den

Schelskys Theorie der Institutionen und des Rechts, in: Recht und Institution. Helmut Schelsky-Gedächtnissymposion Münster 1985, hrsg. von der Rechtswissenschaftlichen Fakultät der Universität Münster, Berlin 1985, S. 19 - 31.

43 *Niklas Luhmann,* Die Funktion des Rechts: Erwartungssicherung oder Verhaltenssteuerung? In: Archiv für Rechts- und Sozialphilosophie Beiheft 8 (1974), S. 31 - 45, 35.

44 *Torstein Eckhoff / Nils Kristian Sundby,* The Notion of Basic Norm(s) in Jurisprudence, in: Scandinavian Studies in Law 19 (1975), S. 121 - 151, 123 f.

45 *Krawietz,* Recht als Regelsystem, S. 180 f.

46 Eine knappe, aber gelungene Auswahl aus seinen Werken enthält: *Rudolph von Ihering,* Der Kampf ums Recht. Ausgewählte Schriften mit einer Einleitung von Gustav Radbruch, hrsg. von Christian Rusche, Nürnberg 1965. Sehr treffend erblickt *Rusche,* Nachwort des Herausgebers, ebd., S. 467 - 476, 474 das Verdienst Iherings darin, „die Rechtstheorie aus der Sackgasse theoretischer Verengung hinausgeführt und den Grundstein für eine Rechtssoziologie gelegt" zu haben.

47 Dies gilt beispielsweise für: *Alan Hunt,* The Sociological Movement in Law, London 1978, der neben Durkheim und Max Weber zwar Roscoe Pound und die nordamerikanischen Rechtsrealisten berücksichtigt, jedoch Ihering völlig ignoriert. Zum Einfluß Iherings auf Pound und den Legal Realism: *Krawietz,* Juristische Entscheidung und wissenschaftliche Erkenntnis (FN 17), S. 87 f., 104 f.

Herren Kollegen *Kitagawa* und *Stig Jørgensen* behandelten Problemen einer Rechtserzeugung durch Vertragsabschluß in rechts- und gesellschaftstheoretischer Hinsicht Rechnung zu tragen. Eben weil es den *Vertrag als Lebensform,* d. h. als eine soziale Institution bzw. als ein soziales System — neben *anderen* Institutionalisierungen und sozialen Systembildungen! — in unserer Gesellschaft schon gibt, ist es möglich, *daß* bestimmte Individuen in ihren jeweiligen Lebensbereichen Konditionen und Prämissen ihres Zusammenlebens expressis verbis *vereinbaren,* d. h. konkrete Erwartungen, die sie wechselseitig hegen, durch willentliche Kennzeichnung als für sie verbindlich auswählen und damit als Rechtens identifizieren, um sie so auch pro futuro normativ auf Dauer zu stellen. Kein Zweifel aber auch, daß sie auf diese Weise zugleich zur Konkretisierung des institutionell schon geltenden Rechts — und damit zumindest partiell auch zur Selbstbestätigung und Selbstreproduktion des Rechtssystems als eines ganzen! — beitragen, da ihre konkreten Aktivitäten sich nicht von ungefähr an dem von ihnen immer schon vorausgesetzten, geschichtlich-gesellschaftlich wie auch immer ‚gegebenen' Rechtssystem orientieren. Dies gilt auch und gerade dann, wenn sie mit ihren Aktivitäten zur Rechtserneuerung beitragen, da der Gedanke einer Einheit des Rechtssystems, d. h. einer Kontinuität, Kohärenz und Konsistenz der bereits sozial etablierten rechtlichen Verhaltenserwartungen in ihrer Gesamtheit, nicht als eine Zementierung des gesellschaftlichen status quo verstanden werden darf, sondern in zeitlicher Perspektive im Sinne der Erhaltung eines Fließgleichgewichts zwischen einer Vielzahl normativ relevanter Faktoren gedeutet werden muß. Der Gedanke, daß die vertragschließenden Parteien fortlaufend zur Reproduktion und zur Fortbildung des Rechtssystems beitragen, ist auch schon am ersten Tage dieses Symposions von Herrn Kollegen *Schluep* in seiner Diskussionsleitung hervorgehoben worden.

c) Aus der Sicht einer normativ-realistischen Rechtslehre und der soziologischen Institutionen- und Systemtheorie werden Rechtssysteme (legal systems) somit — unbeschadet ihrer rechtssprachlichen Symbolstruktur, welche die dem Rechtssystem zugrunde liegenden Normen freilich nur repräsentiert — als realiter existierende[48] Sozialgebilde angesehen, die mit den Wortnormen, durch die sie symbolisch repräsentiert werden, keineswegs identisch sind[49]. Ähnlich unterscheiden auch

[48] Sehr treffend: *Herbert Hirsch / M. Donald Hancock,* Legislative Systems: Legislatures in Systemic Perspective, in: dies. (Hrsg.), Comparative Legislative Systems, New York - London 1971, S. 1 - 20, 2 f.

[49] Zur rechtstheoretischen Grundlegung mit Blick auf den skandinavischen Rechtsrealismus: *Stig Jørgensen,* Pluralis Iuris, Århus 1982, S. 48 f., der den Ausdruck „Vorschrift" (prescription) wählt, „to use an expression which applies both to the behaviour and the underlying mental process". Die papierne Wortnorm ist in der Tat nur der symbolische Ausgangspunkt der juristischen Argumentation, aber nicht ihr Endpunkt.

Hirsch / Hancock in systemischer Perspektive zwischen dem durch Sprachzeichen charakterisierten „symbolic system" und dem „system operating in the ‚real' world"[50]. Es geht somit — im Gegensatz zu der unter Juristen sonst üblichen Vorstellung — hier gar nicht allein um das Rechts*normen*system (legal norm-system), sondern um das in einem sehr weiten Sinne verstandene Regelsystem des Rechts (legal system)[51]. Alle diese Rechtsauffassungen lassen sich nicht auf den bloß symbolischen Sinn- und Realitätsgehalt der papiernen Wortnormen reduzieren, sondern haben darüber hinaus sämtlich eine — mehr oder weniger deutliche — handlungstheoretische, institutionen- und systemtheoretische Grundlage.

2. Für die moderne Systemforschung ist eine Theorie des Rechts und mit ihr auch eine Theorie des Staats und der Gesellschaft — unbeschadet der *Normativität allen Rechts* — stets auch und vor allem eine Theorie sozialer Systeme. Diesem Ansatzpunkt ihrer Theoriebildung bei den sozialen Handlungssystemen, die in unserer erfahrbaren und beobachtbaren Lebenswelt faktisch existieren, verdankt die Systemtheorie ihren Namen.

a) Herr Kollege Yasaki hat mit Blick auf denselben Sachverhalt von sozialen Gruppen, Institutionen und Organisationen und dementsprechend von einer Gruppen- bzw. Institutionentheorie gesprochen. Jedoch dürfte es sich der Sache nach allenfalls um terminologische Unterschiede handeln. Letzte Klarheit vermag nur ein *Theorienvergleich* zu schaffen, bei dem zu fragen wäre: Was führt im Ergebnis weiter? Die bisherigen Ansätze einer Gruppen- oder Institutionentheorie oder eine Systemtheorie? Dies alles sind Fragen, die wir in einem anderen Zusammenhang klären müssen, nicht hier und nicht heute. Der Sache nach besteht aber, so glaube ich, zwischen Herrn Yasaki und mir eine sehr weitgehende Übereinstimmung.

b) Nichts steht entgegen, auch die Staaten selbst und die Beziehungen einzelner Staaten zueinander vom Standpunkt einer die staatlich organisierten Rechtssysteme in ihren Organisations-, Entscheidungs- und Verhaltensstrukturen erforschenden Rechts- und Systemtheorie als soziale Handlungssysteme zu begreifen, um sie zum Gegenstand von Systemanalysen zu machen. Wir müssen uns nur darüber im klaren sein, daß es sich — rein mengenmäßig und im Weltmaßstab betrachtet — um bislang ungezählte, vermutlich viele Milliarden von Interaktionen regulierende Institutionen und soziale Systeme handelt, die in den diversen Rechtssystemen nach Maßgabe normativer Entscheidungsprogramme fortlaufend strukturiert und gesteuert werden müssen.

---

50 *Hirsch / Hancock* (FN 48), S. 2 f.

51 *Eckhoff / Sundby* (FN 44), S. 123 f.

c) Auf diese Weise sind auch die staatlich organisierten Rechtssysteme in ihren jeweiligen Regionalgesellschaften und die zwischen ihnen bestehenden Intersystembeziehungen in den Gegenstandsbereich der soziologischen Systemtheorie geraten. Eine Einheit des Rechtssystems, die ex ante gar nicht besteht, kann in ihnen ganz offensichtlich nur sekundär hergestellt werden dadurch, daß eine Codierung und Programmierung (Konditionierung) des menschlichen Erlebens und Handelns mit Mitteln des Rechts stattfindet[52]. Sie erfolgt im wesentlichen nach Maßgabe einer *binären Schematisierung* aller normativen Erwartungen und der an ihnen zu orientierenden Handlungen und Entscheidungen im Sinne von Recht/Unrecht, so daß auch in jedem Einzelfalle anläßlich konkreter Rechtsbehauptungen darüber entschieden werden kann, was rechtens ist.

3. Auffällig ist, daß alle derartigen sozialen Handlungssysteme sich im Verhältnis zu ihrer jeweiligen Systemumwelt in einer für uns und Dritte durchaus erfahrbaren und beobachtbaren Weise durch einen höchst *selektiven*, d. h. schrittweisen und sukzessiven *Aufbau normativer Ordnungen menschlichen Verhaltens*[53] nach Maßgabe der von ihnen verfolgten Ziele und Zwecke zu stabilisieren suchen, um auf diese Weise ihre *Identität im eigenen Zweckhandeln* zu gewinnen und als solche zu überdauern.

a) Dies gilt auch für Rechtssysteme, denn auch für sie ist es ein Problem, in einer ihrem Fortbestehen feindlichen, d. h. nicht in ihrem Sinne geordneten Umwelt zu überleben. Sie vermögen dies nur durch Schaffung geeigneter Institutionen, durch Organisation und durch soziale Systembildung usw.

b) In dem Maße, in dem sich in sozialen Prozessen mitmenschlicher Kommunikation konkrete, sinnhaft geordnete Handlungszusammenhänge konstituieren oder sich gar eine arbeitsteilig funktionierende *Organisationsstruktur*[54] herauszubilden beginnt, grenzen derartige soziale Handlungssysteme für sich eine für sie relevante Umwelt aus und sich von der übrigen Außenwelt ab. Herr Kollege *Schambeck* hat dies höchst einprägsam dargestellt und analysiert am Beispiel der österreichischen Rechtsordnung, indem er darlegte, wie sich auf der Grundlage einer — originär gesetzten — Verfassung eine staatliche Organisationsstruktur herausbildet, indem von Verfassungs wegen (1) eine Aufgaben- und Kompetenzverteilung vorgenommen wird und (2) aufgrund dessen

---

[52] *Luhmann*, Soziale Systeme (FN 34), S. 197 f., 602; *Krawietz*, Recht als Regelsystem, S. 11 f., 14 f., 77 f.

[53] *Werner Krawietz*, Marxismus oder Systemtheorie? Anfragen an eine marxistische Rechtstheorie, in: Archiv für Rechts- und Sozialphilosophie Supplementa Vol. I Part 3 (1983), S. 117 - 131, 124 ff.

[54] Ebd., S. 125 f.

die laufende Erzeugung von Rechtsregeln in stufenförmig, d. h. hierarchisch geordneten und miteinander verbundenen Entscheidungsverfahren organisiert wird (sogen. Stufenbau des Rechts). Der Vorteil derartiger Systembildungen liegt offensichtlich darin, daß auf diese Weise in einer kaum überschaubaren, höchst komplexen Gesellschaft gleichsam Inseln rationaler Entscheidbarkeit und damit auch relativer Gewißheit geschaffen werden.

c) Geht man davon aus, daß im Anschluß an derartige Systembildungen *jede zwischenmenschliche Kommunikation,* wie wir alle tagtäglich im sozialen Miteinander auf Schritt und Tritt erfahren, ein der jeweiligen Situation tunlichst gerecht werdendes selektives Verhalten der an der Kommunikation Beteiligten erforderlich macht, so können derartige *Prozesse wechselseitiger Selektion von Verhaltensweisen zum sukzessiven Aufbau von Verhaltensstrukturen* führen, die dann ihrerseits als *Bedingung der Möglichkeit weiterer Kommunikation* fungieren[55]. Diese *Möglichkeit von Anschlußkommunikationen* besteht nicht nur mit Blick auf den Staat, sondern auch für sonstige, mehr oder weniger organisierte Handlungssysteme. Auf diese Weise geraten auch sehr weitgehend durchorganisierte, zum Teil hochgradig bürokratisierte *Makrostrukturen unserer Weltgesellschaft* in den Blick.

d) Hält man sich ferner gedanklich präsent, daß alle in Systemen tatsächlich erbrachten *Selektionsleistungen* sich eben dieser *Selektivität sozialer Systeme* verdanken, dann gerät das *Ausgewähltsein sozialer Strukturbildungen* — auch der normativen Strukturen des Rechts! — in unser Blickfeld, aber auch das *Nichtausgewähltsein,* das heißt das weite Feld der bisher verpaßten Möglichkeiten.

4. Diese wenigen Andeutungen mögen genügen, um hinreichend plausibel zu machen, daß eine als *Theorie staatlich organisierter Rechtssysteme* konzipierte Rechtstheorie, welche die Errungenschaften moderner Systemforschung mit denjenigen der tradierten Theorie des Rechts zu verbinden sucht, durchaus in der Lage ist, die Realität staatlich organisierter Rechtssysteme in ihren jeweiligen Regionalgesellschaften, aber auch die Rechtswirklichkeit der zwischen ihnen bestehenden Intersystembeziehungen sehr viel besser zu erfassen und zu bearbeiten als bisher. Damit zeichnet sich in ihren Konturen die Entwicklung einer allgemeinen Theorie des Rechts ab, die nicht bloß — wie eine ganze Reihe der tradierten allgemeinen Rechtslehren — mit einer bestimmten staatlichen Ordnung vereinbar ist, sondern eine *universale Theorie des Rechts* beinhaltet, die mit *jedem* gesellschaftlichen wirklichen/möglichen Recht *kompatibel* sein muß.

---

[55] *Ders.*, Recht als Regelsystem, S. 46 ff., 154 ff., 170.

a) Im folgenden werden daher — über die eigentlichen Staatsfunktionen hinaus — *alle* sozialen Kommunikationen, die sich mit Bezugnahme auf das Recht vollziehen, als zum Rechtssystem gehörig verstanden[56]. In meine rechts- und systemtheoretischen Überlegungen einbezogen werden somit auch alle *ohne* Beteiligung der staatlichen Rechtserzeugungsorgane ablaufenden Kommunikationen des täglichen Lebens, sofern sie nur irgendeinen — wenigstens impliziten — *Bezug zum Recht* enthalten[57]. Dies macht es möglich, aber auch nötig, die von mir intendierte und betriebene Fusion von Rechts- und Systemtheorie (1) unter dem Aspekt der hier unerläßlichen Verarbeitung von Informationen über Fakten bzw. Normen als Informationstheorie und (2) unter dem Aspekt der Verknüpfung und Koordination selektiver Aktivitäten als Kommunikationstheorie zu konzipieren. In dem Maße, in dem dies gelingt, nimmt die hier intendierte Theorie die Form einer Informations- und Kommunikationstheorie an.

b) Ich muß hier jedoch darauf verzichten, eine allgemeine *Theorie der Normen* zu präsentieren, wie sie sich in rechtsrealistischer und systemischer Perspektive darstellt. Sie hätte selbstverständlich auch der Tatsache Rechnung zu tragen, daß die Theorie des Rechts es nicht nur mit dem Rechtssystem zu tun hat, sondern zugleich auch mit sonstigen Normensystemen[58], z. B. der Religion[59] oder der Moral[60], die gleichfalls sozial etabliert sind. Ich beschränke mich hier auf die Feststellung, daß aus der Sicht einer allgemeinen Theorie sozialer Systeme die jeweiligen Rechtsordnungen in den Regionalgesellschaften als deren integrierender Bestandteil angesehen werden müssen.

5. Ein zureichendes Verständnis der *Einheit der Rechtsordnung,* wie sie sich heute in Rechts- und Systemtheorie darstellt, kann jedoch nur gewonnen werden, wenn man die jüngsten *Neuerungen in der Systemforschung* mitberücksichtigt. Denn eine Synthese des heutigen Rechtsdenkens ist für mich vor allem und in erster Linie eine in dieser Form neue *Synthese von Rechtstheorie und Systemtheorie.*

---

56 Eingehend hierzu: *Niklas Luhmann,* Communication about Law in Interaction Systems, in: Karin Knorr-Cetina / Aaron V. Cicourel (Hrsg.), Advances in Social Theory and Methodology: Toward an Integration of Micro- and Macro-Sociologies, Boston 1981, S. 134 - 156.

57 *Krawietz,* Recht als Regelsystem, S. 52 f.

58 *René König,* Das Recht im Zusammenhang der sozialen Normensysteme, in: Ernst E. Hirsch / Manfred Rehbinder (Hrsg.), Studien und Materialien zur Rechtssoziologie, 2. Aufl., Opladen 1971, S. 36 - 53, 44 f.

59 *Herbert Kaefer,* Religion und Kirche als soziale Systeme, Freiburg - Basel 1977.

60 Eingehend dazu: *Klaus A. Ziegert,* Nach der Emanzipation des Rechts von der Moral, in: Niklas Luhmann / Stephan H. Pfürtner (Hrsg.), Theorietechnik und Moral, Frankfurt a. M. 1978, S. 146 - 175.

a) Geht man davon aus, daß in den staatlich organisierten Rechtssystemen die Probleme rechtlicher Regelbildung mit denjenigen sozialer Systembildung korrespondieren, beispielsweise in dem Sinne, daß ständig nicht-rechtliche Regeln (soziale Normen) in Rechtsregeln (Rechtsnormen) transformiert werden und umgekehrt, dann kommt es ganz entscheidend darauf an, auf welche Weise sich die soziologische Systemtheorie diese *Prozesse sozialer Regelbildung und Systembildung* vergegenwärtigt. Neue Entwicklungen in der Systemtheorie müssen dann auch Berücksichtigung finden beim Aufbau einer Strukturtheorie des Rechts. Im vorstehenden Zusammenhang erscheint es unerläßlich, darauf hinzuweisen, daß die *Systemtheorie sich selbst tiefgreifend verändert* hat. Dabei werden üblicherweise drei Phasen unterschieden:

(i) Ursprünglich hatte sich die allgemeine Systemtheorie und mit ihr die Theorie sozialer Systeme ihrem Schwerpunkt nach als *System/Umwelt-Theorie* entwickelt. Die Folge davon war, daß in der systemtheoretischen Forchung lange Zeit vor allem die Probleme der Anpassung sozialer Handlungssysteme an ihre jeweiligen Umweltbedingungen im Vordergrund standen[61]. Infolgedessen standen auch beim Aufbau einer Theorie des Rechtssytems lange Zeit die Anpassungsprobleme im Vordergrund, denen jede Rechtsordnung sich mit Blick auf ihre jeweiligen sozialen Umwelten ausgesetzt sieht. Diese Ausgangssituation hat sich inzwischen radikal gewandelt.

(ii) In einem weiteren Entwicklungsschritt wurde im letzten Jahrzehnt die System/Umwelt-Theorie ergänzt durch eine *Theorie der Selbstorganisation von Systemen*[62]. Im Vordergrund standen nun nicht mehr der Bestand oder die Bestandserhaltung von sozialen Handlungssystemen, sondern die Probleme der *Strukturbildung in den Systemen* selbst. Sie erfolgen in jedem Rechtssystem im Wege der *Selbstprogrammierung* und *Selbstkonditionierung* des Entscheidungsverhaltens. Kein Zweifel, daß eine detaillierte Kenntnis dieser Prozesse für den Aufbau einer Strukturtheorie des Rechts von zentraler Wichtigkeit ist. Es handelt sich dabei um einen Schwerpunkt heutiger rechtstheoretischer Forschungen, auf den auch Herr Kollege *Yasaki* unter dem Stichwort „selfregulation" hingewiesen hat. Auch Herr Kollege *Schambeck* hat höchst eindrucksvoll dargelegt, wie im Rahmen des staatlich organisierten Rechtssystems auf den verschiedenen Ebenen des rechtlichen Stufenbaus — bezogen auf das Rechtssystem als ganzes — jeweils Schritte der

---

[61] Hierzu, allerdings im Sinne eines unreflektierten Festhaltens an der bisherigen Perspektive: *Gunther Teubner*, Reflexives Recht. Entwicklungsmodelle des Rechts in vergleichender Perspektive, in: Archiv für Rechts- und Sozialphilosophie 68 (1982), S. 13 - 59, 13 ff., 40 f.

[62] *Gerhard Roth / Helmut Schwegler* (Hrsg.), Self-Organization Systems: An Interdisciplinary Approach, Frankfurt 1981, S. 106 - 120.

Selbstprogrammierung und Selbstkonditionierung erfolgen, die arbeitsteilig im Stufenbau der Rechtsordnung organisiert werden, einander zuarbeiten und im Ergebnis zusammenwirken. All das müssen wir sehen, wenn wir die Leistungen und Funktionen des Rechtssystems als eine Einheit erkennen wollen.

(iii) Der jüngste Entwicklungsschritt, dessen Konsequenzen für Rechtstheorie und Systemtheorie sich bislang noch kaum abschätzen lassen, verdankt sich der Biologie der Kognition von *Maturana* und *Varela*. Sie haben mit Bezug auf ‚Living Systems' und ihre Organisation die Systemtheorie auf eine gänzlich neue Grundlage gestellt[63]. Die im Anschluß an Maturana so bezeichnete *Theorie autopoietischer Systeme*[64], wohl häufiger als *Theorie selbstreferenzieller Systeme*[65] bezeichnet, wurde auch auf soziale Systeme angewandt. Sie ist inzwischen durch eine ganze Reihe von Autoren auf das politische System, vor allem auch auf das staatlich organisierte Rechtssystem oder Teile desselben, wie beispielsweise auf die Gesetzgebung oder auf die Justiz, übertragen worden. Ich kann hier nicht näher darauf eingehen, möchte aber auf die Arbeiten von Rechtstheoretikern, wie beispielsweise *Alf Ross*[66], *Dias*[67] und *Krawietz*[68] hinweisen, sowie auf die in erster Linie soziologischen Arbeiten von *Hejl*[69] und *Luhmann*[70]. Mit Ausnahme des ersten sind alle diese Beiträge in den letzten Jahren in der Zeitschrift RECHTSTHEORIE veröffentlicht worden. Ich kann hier auch nicht auf die Unterschiede dieser Ansätze eingehen, sondern möchte nur zeigen, daß die neueste Entwicklung der Systemtheorie von der System-Umwelt-Theorie über eine Theorie der Selbstorganisation hinausführt und sich nun richtet auf eine Theorie selbstreferenzieller (autopoietischer) Systeme.

---

63 Hierzu jetzt: *Humberto R. Maturana*, Erkennen: Die Organisation und Verkörperung von Wirklichkeit. Ausgewählte Arbeiten zur biologischen Epistemologie (mit Ko-Autoren: F. J. Varela, S. G. Frenck, G. Uribe), Braunschweig 1982.

64 *Frank Benseler / Peter M. Hejl / Wolfgang K. Köck* (Hrsg.), Autopoiesis, Communication and Society. The Theory of Autopoietic Systems in the Social Sciences, Frankfurt - New York 1980.

65 *Peter M. Hejl*, Sozialwissenschaft als Theorie selbstreferenzieller Systeme, Frankfurt a. M. 1982.

66 *Alf Ross*, On Self-Reference and a Puzzle in Constitutional Law, in: Mind 1969, S. 1 - 24.

67 *R. W. M. Dias*, Autopoiesis and the Judical Process, in: RECHTSTHEORIE 10 (1979), S. 159 - 185.

68 *Krawietz*, Recht als Regelsystem, S. 110 f., 119 f., 139 f., 186.

69 *Peter M. Hejl*, Die Theorie autopoietischer Systeme: Perspektiven für die soziologische Systemtheorie, in: RECHTSTHEORIE 13 (1982), S. 45 - 88.

70 *Niklas Luhmann*, Die Ausdifferenzierung von Erkenntnisgewinn: Zur Genese von Wissenschaft, in: Nico Stehr / Volker Meja (Hrsg.), Wssensoziologie, Opladen 1980, S. 102 - 139, 127 ff., 129.

b) Die Theorie selbstreferenzieller (autopoietischer) sozialer Handlungssysteme geht davon aus, das *jedes* soziale Handlungssystem — vorausgesetzt es ist erst einmal *als solches begründet!* — in seiner jeweiligen sozialen Umwelt (1) stets *selbstreferenziell fungiert*, das heißt sich selbst nur unter Bezugnahme auf seine systemeigene Organisationsstruktur zu erhalten und weiterzuentwickeln vermag, und indem es sich (2) stets *autopoietisch reproduziert*, das heißt die Teile, aus denen es besteht und sich aufbaut, fortlaufend selbst herstellt und der systemeigenen Struktur an- und einfügt. Dies bedeutet beispielsweise im Hinblick auf staatlich organisierte Rechtssysteme, daß diese sich in ihrer jeweiligen Regionalgesellschaft *nur selbstreferenziell*, das heißt unter steter Bezugnahme auf ihre eigene, schon sozial etablierte Organisations-, Erwartungs- und Entscheidungsstruktur im Wege einer fortlaufenden *Selbstprogrammierung und Selbstkonditionierung*, etwa durch rechtliche Konditionalprogramme des Gesetzgebers und die hieran anknüpfenden, stets mitlaufenden Anwendungs- und Entscheidungstätigkeiten der Verwaltung und der Gerichte, *identifizieren* und *fortentwikkeln* lassen. Das geschieht, indem die staatlich organisierten Rechtssysteme die normativen Strukturelemente des Rechts, aus denen sie sich aufbauen, *autopoietisch reproduzieren*, das heißt die Rechtsregeln und einschlägigen Aktivitäten, aus denen sie bestehen, selbst herstellen. Dies wird vor allem dadurch bewerkstelligt, daß schon von Verfassungs wegen im modernen Recht auch das Normieren selbst normiert wird, so daß die gesamte Rechtserzeugung arbeitsteilig organisiert und nach Maßgabe der Regeln des Rechts institutionell auf Dauer gestellt werden kann. Deswegen erscheint mir auch der Vortrag von Herrn Kollegen *Stig Jørgensen* so überaus fruchtbringend, da er belegt, daß selbst der Vertrag als institutioneller Bestandteil der Lebensform unserer Gesellschaft nicht nur der laufenden Regulierung wirklicher/möglicher Interessenkonflikte dient, sondern zugleich auch der Selbstbestätigung und Reproduktion unseres Rechtssystems.

c) Stark vereinfacht besagt die Theorie selbstreferenzieller sozialer Systeme im Hinblick auf das Rechtssystem, daß dieses sich mit allen einschlägigen Operationen politisch-rechtlichen Entscheidens stets nicht bloß auf seine Umwelt bezieht, sondern zunächst auf sich selbst, weil es nur aufgrund dieses Selbstkontaktes und nach Maßgabe der Interaktionen mit Teilen seiner systemeigenen Organisations- und Ordnungsstruktur auf seine Umwelt zu reagieren vermag[71]. Aber nicht nur das staatlich organisierte Rechtssystem als ganzes, sondern auch seine im Wege der Binnendifferenzierung gebildeten Teilsysteme fungieren als realiter existierende selbstreferenzielle Systeme menschlichen Erlebens

71 *Krawietz*, Recht als Regelsystem, S. 110 ff., 115 ff.

und Handelns. Zu denken ist hier vor allem an die sozialen Systembildungen im Bereich von Gesetzgebung, Regierung, Verwaltung und Rechtsprechung. Hieraus ergeben sich eine ganze Reihe von Konsequenzen mit Blick auf die Einheit der Rechtsordnung, weil diese — wenn überhaupt — nun allenfalls in einem ganz bestimmten, geschichtlich-gesellschaftlichen Arrangement von Institutionen, Organisationen und sonstigen sozialen Systemen erblickt werden kann, das mit Mitteln des Rechts etabliert worden ist.

V. Zentralsteuerung versus Selbststeuerung im staatlich organisierten Rechtssystem?

1. Wie bereits deutlich geworden sein dürfte, sind bei der Beantwortung der Frage, ob der *moderne Staat* auch unter den gegenwärtigen sozialen Bedingungen die ihm geschichtlich zugewachsene Aufgabe wahrzunehmen vermag, in der weiteren, mit Mitteln des Rechts voranzutreibenden gesellschaftlichen Entwicklung als *Steuerungszentrum* zu dienen, nach allem erhebliche Zweifel angebracht.

a) Vor dem Hintergrund der hier angestellten, auf einer Verbindung von sinnkritischem Rechtsrealismus und Systemtheorie basierenden Überlegungen dürfte schon hinreichend deutlich geworden sein, daß die geläufige, mit Blick auf die zentralstaatliche Herkunft und Geschichte einiger kontinentaleuropäischer Staaten vorgestellte *Annahme einer staatlichen Zentralmacht* und einer für sie verfügbaren, instrumentell weitgehend disponiblen *Normativstruktur des Rechts*[72] sehr weitgehend illusionär ist. Dies gilt auch für die politisch-ökonomisch begründete, vornehmlich gesellschaftskritisch motivierte und rechtspolitisch ausgemünzte Kritik an einer vermeintlich nach wie vor starken zentralen Staatsmacht[73].

b) Die Theorie selbstreferenzieller und autopoietischer sozialer Handlungssysteme eignet sich, bezogen auf Rechtssysteme und deren prätendierte Einheit, vor allem dazu, ein sehr viel realistischeres Bild von den

---

[72] Viel zu europazentrisch: *Immanuel Wallerstein*, The Modern World-System. Capitalist Agriculture and the Origins of the European World-Economy in the Sixteenth Century, London 1974; *ders.*, The Modern World-System II. Mercantilism and the Consolidation of the European World-Economy, London 1980; *ders.*, The States in the Institutional Context of the Capitalist World-Economy, in: International Social Science Journal 32 (1980), S. 743 - 751, 748 mit Blick auf das in Zentrum und Peripherie gegliederte „interstate system".

[73] Statt anderer: *Andre Gunder Frank*, Die gegenwärtige Krise und die Perspektiven des Weltsystems, in: Jochen Blaschke (Hrsg.), Perspektiven des Weltsystems, Frankfurt a. M. 1983, S. 230 - 235; *Ulrich Menzel / Dieter Senghas*, Autozentrierte Entwicklung im Weltsystem — Versuch einer Typologie, ebd., S. 142 - 188.

im staatlich organisierten Rechtssystem möglichen und wirklichen Interdependenzen zu entwerfen, indem sie auf die *Wechselseitigkeit der Beziehungen zwischen den Teilsystembildungen*, das heißt den jeweiligen Entscheidungsorganisationen und den zugehörigen Rechtsgeltungsebenen in ihren jeweiligen Systemumwelten verweist. Die gesellschaftliche Differenzierung, von der im folgenden ausgegangen wird, setzt (1) voraus, daß innerhalb der Gesellschaft im Wege einer arbeitsteiligen Binnendifferenzierung relativ autonome, das heißt organisatorisch, institutionell und funktionell verselbständigte *soziale Teilsysteme* gebildet werden, die sich selbst jeweils *primär nur noch an einer, für sie spezifischen Funktion orientieren*. Das ist in der modernen Gesellschaft beispielsweise in den politischen Systemen der Fall, die heute gewöhnlich als sehr weitgehend staatlich organisierte Rechtssysteme funktionell ausdifferenziert werden, das heißt hauptsächlich der Herstellung kollektiv bindender Entscheidungen dienen, die auf Grund, nach Maßgabe und mit Mitteln des jeweils geltenden Rechts erfolgen. Ferner setzt gesellschaftliche Differenzierung (2) mit Bezug auf das ausdifferenzierte *Teilsystem*, hier das staatlich organisierte Rechtssystem, voraus, daß dieses Subsystem bei weiterem Wachstum der Gesellschaft selbst nur noch wachsen kann, indem es sich *intern* weiter ausdifferenziert, das heißt zusätzliche *soziale Teil- und Untersysteme* ausbildet, die ebenfalls die charakteristischen Merkmale von sozialen Handlungssystemen aufweisen. Auch sie müssen soziale Systemgrenzen etablieren, das heißt institutionell auf Dauer stellen, innerhalb deren sie jeweils eine gewisse Autonomie erlangen. Gewöhnlich geschieht dies im Wege der Selbstprogrammierung und Selbstkonditionierung. Auf diese Weise haben sich *innerhalb* des staatlich organisierten Rechtssystems auch soziale Teilsysteme gebildet, wie beispielsweise das Gesetzgebungssystem, das Regierungssystem, das Verwaltungssystem, Rechtsprechungssystem usw.[74]. Auch können derartige soziale Teil- und Untersysteme sich durch intern fortgesetzte soziale Untersystembildungen noch weiter ausdifferenzieren, beispielsweise indem sie einzelne oganisatorische Entscheidungseinheiten, Instanzen oder gar Instanzenzüge ausbilden, zum Beispiel im Rahmen einer Gerichtsbarkeit.

2. In den staatlich organisierten Rechtssystemen der modernen Gesellschaft kann die Einheit der Rechtsordnung nicht mehr durch eine intrasystemische Zentralsteuerung gewährleistet, sondern muß *zumindest partielle Selbststeuerung* zugelassen werden.

a) Die *zentrale Steuerung* von irgendeiner einzigen Stelle im staatlich organisierten Rechtssystem bzw. im Rechtswissenschaftssystem scheidet

---

[74] *Krawietz*, Recht und Systemtheorie (FN 18), mit einer detaillierten Darlegung der Ausdifferenzierung des Rechtssystems.

schon allein deswegen aus, weil — vom Standpunkt einer normativ-realistischen Betrachtungsweise aus gesehen — allein schon die bestehenden *internen*, durch Rechtsregeln vermittelten *Interdependenzen* sich im Entscheidungs- und Erkenntnisprozeß als so hochgradig und vielfältig erweisen, daß *nicht* einmal eine *interne Transparenz dieser Interdependenzen* als Voraussetzung für eine wirksame Kontrolle von einer einzigen Stelle her gegeben ist[75]. Ebensowenig erscheint ein rationaler Nachvollzug der *externen* Interdependenzen von einer einzigen Stelle aus als möglich. Das staatlich organisierte Rechtssystem der modernen Gesellschaft, das in eine Vielzahl und Vielfalt einander zuarbeitender Kommunikations- und Funktionssysteme untergliedert ist, hat nun einmal *kein originäres Zentrum und keine Spitze.*

b) Angesichts des *Fehlens eines eindeutigen Steuerungszentrums*[76] erscheint es — makrotheoretisch gesehen — allenfalls möglich, aber auch nötig, die im staatlich organisierten Rechtssystem und seinen Teil- und Untersystemen wirksamen Kräfte der *Selbststeuerung des Rechtssystems* in der Systemrationalität ihres Miteinanderfungierens zu studieren[77]. Ansatzpunkt dafür bietet eine rechts- und systemtheoretische Rekonstruktion der intern und extern wirksamen Interdependenzen sowie der wechselseitigen Intersystembeziehungen. Sie hätte deutlich zu machen, daß alle im Kontakt mit ihren jeweiligen Umwelten erfolgenden Selbststeuerungsprozesse des Rechtssystems stets nur im Selbstkontakt, das heißt über Interaktionen mit Teilen ihrer systemeigenen Struktur *und* demzufolge über interne Interdependenzen hinweg erfolgen, die zugleich die Steuerungseffekte beeinträchtigen und stören können.

c) Eine Zentralsteuerung, die von einer einzigen Stelle — beispielsweise von dem Monarchen an der Spitze eines politischen Gemeinwesens, einem Kaiser, Zaren u. ä. — in früheren Zeiten vielleicht noch ausgehen mochte, obwohl auch diese Möglichkeit mit Skepsis betrachtet werden muß, ist im modernen, staatlich organisierten Rechtssystem schon allein deswegen ausgeschlossen, weil die einzelnen Teil- und Untersystembildungen füreinander nur begrenzt einsehbar sind, das heißt beispielsweise, daß Gesetzgebung und Regierung oder Regierung und Gerichtsbarkeit als soziale Handlungssysteme füreinander bis zu einem gewissen Grade black boxes sind[78]. Sie sind damit in der Eigenart

---

[75] *Ders.*, Recht als Regelsystem, S. 137 f.

[76] Eingehend hierzu: *Niklas Luhmann*, Politische Theorie im Wohlfahrtsstaat, München - Wien 1981, S. 22 ff., 121.

[77] Dazu und zum folgenden: *Krawietz*, Recht als Regelsystem, S. 111 f., 117 ff., 140 f.

[78] Dieser Gedanke ist grundlegend für die in FN 76 zitierte Untersuchung von Luhmann.

ihrer Effektvermittlung für andere Stellen im System auch nicht voll berechenbar, das heißt planbar und regierbar. Im staatlich organisierten Rechtssystem weiß sozusagen die Linke nicht, was die Rechte tut — und umgekehrt! Dies ist übrigens ein Eindruck, der sich dem Mann auf der Straße und dem betroffenen Bürger ja ohnehin bisweilen aufdrängt. Auch nach der Beschäftigung mit Systemtheorie ändert sich an der Ausgangssituation somit nicht sehr viel: We are still confused but on a much higher level! Immerhin liegt jedoch schon ein Gewinn in der Einsicht, daß in den staatlich organisierten Rechtssystemen die Einheit der Rechtsordnung nicht mehr durch eine intrasystemische Zentralsteuerung sichergestellt und gewährleistet wreden kann[79]. Wir müssen unsere Rechtsvorstellungen insoweit revidieren und eine zumindest partielle Selbststeuerung zulassen. Auch hier können wir, glaube ich, den Überlegungen unserer japanischen Kollegen folgen, die uns auf solche selbststeuernden Prozesse innerhalb von Teilen der Gesellschaft, von sozialen Gruppen und Organisationen schon hingewiesen haben. Aus ihren Erfahrungen können wir auch bezüglich unserer eigenen Rechtsvorstellungen lernen.

VI. Primärhierarchie des Rechts oder Selbsthierarchisierung des Rechtssystems?

1. Schließlich möchte ich, wenn auch nur knapp, aus rechts- und systemtheoretischer Perspektive auf die Frage eingehen, ob nicht — zumindest in den staatlich organisierten Rechtssystemen der modernen Gesellschaft — eine *Primärhierarchie des Rechts* existiert, welche zugleich die *Einheit der Rechtsordnung* gewährleistet.

a) Trotz jahrzehntelanger Beschäftigung mit der Genese und den Geltungsgrundlagen der einschlägigen Hierarchievorstellungen sind in der zeitgenössischen Rechtstheorie eine Reihe von Problemen, die durch die Eigenart der Hierarchiebildung in den staatlich organisierten Rechtssystemen der modernen Gesellschaft aufgeworfen werden, noch immer ungeklärt[80]. Es ist nicht einmal ausgemacht, ob der Stufenbau des Rechts, das heißt eine etwaige Hierarchie der Rechtsnormen, überhaupt den prominenten Stellenwert besitzt, den ihm die diversen Stufenbaulehren in ihren Strukturanalysen des Rechts zuschreiben.

b) Im heutigen Rechtsdenken dienen die Lehren vom Stufenbau der Rechtsordnung nur noch dazu, in den auf die Positivität des Rechts ge-

[79] *Krawietz*, Recht als Regelsystem, S. 117, 141.

[80] Eingehend hierzu: *Carlo E. Alchourrón / David Makinson*, Hierarchies of Regulations and their Logic, in: Risto Hilpinen (Hrsg.), New Studies in Deontic Logic, Dordrecht 1981, S. 125 - 148, 125 f., die sich freilich auf die logischen Probleme von Hierarchisierungen im Recht beschränken.

gründeten staatlich organisierten Rechtssystemen die Vorstellung einer *Hierarchie von Verfassungs-, Gesetzes- und sonstigen Rechtsbestimmungen* zu etablieren[81]. Jedoch vermag vom Standpunkt einer Strukturtheorie des Rechts, das heißt einer Betrachtugnsweise, welche die Struktur der Rechtsnorm auf die Elemente hin untersucht, aus denen sie sich aufbaut, nicht einzuleuchten, warum es — strukturell und funktionell betrachtet — überhaupt rangmäßige Unterschiede unter den Rechtsnormen geben sollte. Auch erscheint es prima facie wenig plausibel, daß es ausgerechnet von der Rechtsform (Rechtsnormform, Rechtssatzform) einer Vorschrift abhängen soll, ob und ggfls. welchen Rechtsrang sie besitzt. Erfahrungsgemäß erfolgt nämlich die Zuteilung der Rechtsform, beispielsweise durch Verfassung, Gesetz oder Rechtsverordnung, mehr oder weniger zufällig.

c) Andererseits wird die Annahme einer Primärhierarchie des Rechts nahegelegt durch die Auffassung von *Merkl*, der von einer „Rechtshierarchie" spricht, die „jeder Rechtsordnung immanent" ist[82]. Auch bei *Kelsen* findet sich eine derartige, hier wohl am deutlichsten ausgeprägte Vorstellung von der Einheit des Rechts, die allen Rechtsordnungen a priori, das heißt mit Notwendigkeit, zugeschrieben wird, wenn er bemerkt: „Die Rechtsordnung ist nicht ein System von gleichgeordneten, nebeneinanderstehenden Rechtsnormen, sondern ein Stufenbau verschiedener Schichten von Rechtsnormen. Ihre Einheit ist durch den Zusammenhang hergestellt, der sich daraus ergibt, daß die Geltung einer Norm, die gemäß einer anderen Norm erzeugt wurde, auf dieser anderen Norm beruht, deren Erzeugung wieder durch andere bestimmt ist; ein Regreß, der letztlich in der — vorausgesetzten — Grundnorm mündet[83]."

d) Nichts nötigt dazu, die *Abhängigkeit der in Geltung gesetzten Rechtsregeln von einer im Rechtssystem verankerten Rechtserzeugungsregel* im Sinne einer Über- bzw. Unterordnung zu deuten, weil auch unter der Voraussetzung einer Gleichordnung, das heißt bei struktureller *Gleichartigkeit von bedingenden und bedingten Rechtsnormen*, der Bedingungs- bzw. Erzeugungszusammenhang durchaus gewahrt bleibt. Man könnte höchstens von einer *Priorität* der bedingenden Rechts-

---

[81] Herzu vor allem die monographischen Arbeiten von: *Robert Walter*, Der Aufbau der Rechtsordnung, Graz 1964; *Theo Öhlinger*, Der Stufenbau der Rechtsordnung, Wien 1975; *Jürgen Behrend*, Untersuchungen zur Stufenbaulehre Adolf Merkls und Hans Kelsens, Berlin 1977; *Werner Krawietz*, Die Lehre vom Stufenbau des Rechts — ein säkularisierte politische Theologie, in: Werner Krawietz / Helmut Schelsky (Hrsg.), Rechtssystem und gesellschaftliche Basis bei Hans Kelsen, Berlin 1984, S. 255 - 271.

[82] *Adolf Merkl*, Die Lehre von der Rechtskraft, entwickelt aus dem Rechtsbegriff, Leipzig - Wien 1923, S. 210.

[83] *Hans Kelsen*, Reine Rechtslehre, 2. Aufl., Wien 1960, S. 228.

normen vor den bedingten Rechtsnormen sprechen, doch wäre diese, bezogen auf die zugehörigen Setzungsakte bzw. Entscheidungen, denen sich alle Rechtsvorschriften letzten Endes verdanken, keine denknotwendige, sondern allenfalls eine *zeitliche* Priorität in dem Sinne, daß gewöhnlich die einen vor den anderen in Erscheinung treten. Zwingend ist auch dies nicht, denn es kann — rechtsgeschichtlich betrachtet — durchaus sein, daß zunächst nur einzelne Fallentscheidungen existieren, die erst im Wege allmählicher Generalisierung und Abstraktion zu gesetzesförmigen Rechtsregeln transformiert werden. Auch aus der Verkettung von Rechtsnormen im zeitlichen Nacheinander ergibt sich somit kein notwendiger Vorrang der bedingenden vor den bedingten Rechtsnormen. Nimmt man die Stufenbaulehren ernst, so gibt es gerade von ihren eigenen Denkvoraussetzungen her *a priori keine Rechtshierarchie,* die mit Notwendigkeit als jeder Rechtsordnung immanent angesehen werden müßte.

2. Vom Standpunkt einer normativ-realistischen Betrachtungsweise kann über den Stufenbau des Rechts überhaupt wie über die Grundnorm *nur mit Bezug auf ein jeweils schon vorausgesetztes staatlich organisiertes Rechtssystem und dessen Verfassungsrechtslage* befunden werden, aus der sich zugleich das jeweilige System seiner Rechtsquellen ergibt.

a) Jedes Rechtssystem kann in diesem Sinne als selbstreferenzielles System verstanden werden, weil es die Elemente, aus denen es besteht (beispielsweise Rechtsaktivitäten/Rechtsnormen), nur im Kontakt mit sich selbst herstellen kann. Jede Einzelentscheidung in diesem arbeitsteiligen Erzeugungszusammenhang bezieht sich dabei auf andere systemeigene Operationen und Entscheidungen in ein und demselben Rechtssystem, die — wie die Glieder einer Kette — in ihrem Erfolg von weiteren Anschlußentscheidungen abhängig sind. Ferner kann die auf diese Weise errichtete Rechtsordnung als selbstsubstitutive Ordnung gelten, weil im Wege eines bestimmungsgemäßen politisch-rechtlichen Entscheidens fortlaufend altes Recht durch neues Recht ersetzt werden kann. Damit wird auch die Frage nach dem Stufenbau des Rechts und der ihn abschließenden Grundnorm zu einem Problem, über das im Rechtssystem selbst entschieden werden kann[84]. Die Vorstellung einer von der Reinen Rechtslehre noch für unerläßlich gehaltenen, jedem Rechtssystem als dessen letzter Geltungsgrund vermeintlich vorausgesetzten bzw. vorauszusetzenden Grundnorm erscheint bei *Selbstreferenz des Rechtssystems,* von der nach Auffassung des Rechtsrealismus auszugehen ist, schlicht entbehrlich, da der Stufenbau des Rechts, sofern er

[84] *Werner Krawietz,* Artikel: Grundnorm, in: Joachim Ritter (Hrsg.), Historisches Wörterbuch der Philosophie, Basel - Stuttgart 1974, Bd. 3, Sp. 918-922.

überhaupt besteht, seinen letzten *Geltungsgrund im Rechtssystem selbst* findet.

b) Realistisch betrachtet, geht es im staatlich organisierten Rechtssystem in puncto Stufenbau allein darum, je nach gesellschaftlichen Gegebenheiten eine mehr oder weniger organisierte *Hierarchie des Entscheidens über Entscheidungsprämissen* zu errichten, weil in höher entwickelten Gesellschaften die Erwartungssicherung und Verhaltenssteuerung mit Mitteln des Rechts nur noch durch *Mehrebenenstrukturen* sichergestellt werden kann. Auch der Stufenbau als solcher erweist sich damit als Teil einer selbstreferenziellen Ordnung, die im Rechtssystem selbst hergestellt worden ist und ihre eigene Systemrationalität besitzt.

c) Man kann sagen, daß die Entscheidungsprozesse, die auf den höheren Ebenen der Entscheidungshierarchie stattfinden, auf den unteren Ebenen spezifische Änderungen auslösen können, indem sie das System durch selektiven Zugriff (Verfassungsänderung, Gesetzgebung) beeinflussen. Ihr Beitrag zur Selbststeuerung des Rechtssystems liegt in der Möglichkeit hierarchicher Kontrolle, das heißt sie können *mit wenigen Selektionen viele Selektionen* (z. B. mit einer Verfassungsänderung eine Vielzahl von sich anschließenden Gesetzgebungsakten) *mitbestimmen*. Die intendierten *Rechtswirkungen* auf der rechtstechnischen Wirkungsebene fallweise unmittelbar sicherstellen können sie nicht. In selbstreferenziellen Rechtssystemen nimmt somit auch der Stufenbau des Rechts die Form einer *Selbsthierarchisierung des Rechtssystems* an. Als charakteristisches Beispiel für eine derartige Regelung kann die Vorschrift des Art. 20 Abs. 3 GG gelten, die von Verfassungs wegen — im Wege der Selbsthierarchisierung! — die Gesetzgebung an die verfassungsmäßige Ordnung bindet, letzterer also Vorrang vor allem Gesetzesrecht verschafft, sowie die vollziehende Gewalt und die Rechtsprechung an Gesetz und Recht bindet, erstere also mit Nachrang ausstattet, indem sie alle vollziehenden und rechtsprechenden Aktivitäten dem Gesetz und Recht unterwirft.

3. Die Steuerbarkeit des Rechtssystems kann im Wege der Selbsthierarchisierung nur sichergestellt werden, wenn es gelingt, beispielsweise im Wege der Verfassungsgebung oder der Gesetzgebung, mit relativ wenigen Entscheidungen über große Entscheidungsmengen wirksam vorzuentscheiden, ohne damit die demnächst zur Konkretisierung erforderlichen Entscheidungen im Detail vorwegzunehmen.

a) *Rechtstechnisch* gesehen geht es somit darum, *mit möglichst wenigen Entscheidungen über verschiedene Entscheidungsebenen hinweg möglichst weitreichende Wirkungen sicherzustellen.* Dem stehen allerdings die recht erheblichen Schwierigkeiten einer rationalen Dekomposition der in Wirklichkeit noch sehr viel komplexeren rechtlichen Entscheidungsprobleme entgegen[85]. Sie können letzten Endes nicht aus der Welt geschafft, sondern nur dadurch bewältigt werden, daß man auch in den Endphasen des Entscheidens auf den unteren Stufen der Entscheidungshierarchie noch einen relativ hohen Grad an situativer Selbststeuerung zuläßt.

b) Ersetzt man die Lehre vom Stufenbau der Rechtsordnung, wie im vorstehenden Zusammenhang geschehen, durch die sehr viel realistischere Vorstellung einer *Selbsthierarchisierung des Rechtssystems,* so wird deutlich, daß durch die im Entscheidungswege erfolgte Etablierung einer Mehrebenenstruktur tatsächlich eine drastische Entscheidungsvereinfachung gewährleistet zu werden vermag. Sie besteht darin, daß im Rechtssystem die verschiedenen Geltungs- und Normierungsebenen des Rechts in ein asymmetrisches Verhältnis *gesetzt* werden in dem Sinne, daß die unteren Entscheidungen an die oberen gebunden werden (aber nicht die oberen an die unteren!)[86]. Auf diese Weise wird trotz *Wechselseitigkeit der Beziehungen* zwischen den rechtlichen Entscheidungsorganen bzw. den Normierungs- und Geltungsebenen des Rechts die Interdependenz im Sinne einer einseitigen Festlegungsabhängigkeit (nur von oben nach unten!) limitiert. Es findet somit eine *Umformung symmetrischer in asymmetrische Beziehungen* statt.

c) Indem man im Wege rechtlichen Entscheidens von Verfassungs und Rechts wegen in der Organisation des Rechtssystems arbeitsteilig differenzierte, hierarchisch geschichtete *Kompetenzen,* bei der Normierung von Recht hingegen unterschiedliche *Geltungsebenen* etabliert und die Kompetenzen bzw. Rechtsnormen zueinander in ein asymmetrisches Verhältnis setzt derart, daß von oben nach unten gesteuert werden kann, wird zugleich eine alles künftige rechtliche Entscheiden vereinfachende *Hierarchisierung der rechtlich relevanten Entscheidungsgesichtspunkte* ermöglicht. Zwischen den verschiedenen, füreinander exklusiven Entscheidungsstellen und ihren Aktivitäten im Rechtssystem — jede Kompetenz ist nun einmal nach der Ratio arbeitsteiligen Entscheidens eine ausschließliche! — werden durch Selbsthierarchisierung die an sich möglichen wechselseitigen Interdependenzen rechtlich sehr weitgehend ausgeschlossen und durch einseitige, auf Befehl und Gehorsam basierende, gleichsam von oben nach unten verlaufende Festlegungsabhängigkeiten (der ranghöheren im Verhältnis zur rangniederen Kompetenz/Rechtsnorm!) ersetzt, so daß im Rechtssystem selbst eine — freilich bloß sekundäre! — *Weisungshierarchie der Organisation* bzw.

---

[85] *Ders.*, Lehre vom Stufenbau (FN 81), S. 268 f.

[86] Ebd., S. 270 f.

eine *Rechtshierarchie der unterschiedlichen Normen und Entscheidungsverfahren* entsteht.

VII. Ergebnisse und Schlußfolgerungen

Abschließend möchte ich noch einmal zusammenfassen und hervorheben, worum es mir dem Schwerpunkt nach bei diesem Versuch einer *Synthese im Rechtsdenken* und einer *Neubegründung der Rechtstheorie* geht:

1. Eine Synthese der rechtstheoretischen, rechtssoziologischen und rechtsphilosophischen Errungenschaften, die das japanische und das westeuropäische Rechtsdenken hervorgebracht haben, erscheint mir nur möglich, wenn man ein brauchbares, für alle weiteren Rechtsforschungen basales, begriffliches *Framework* besitzt, das uns gestattet, die diversen Forschungsansätze und ihre Ergebnisse in eine einheitliche Theorie zu integrieren.

2. Dieses begriffliche Framework, das heißt eine *Rahmentheorie des Rechts und der Gesellschaft,* kann nach meiner Auffassung nur gewonnen werden, wenn man eine Reihe von Einsichten, die in der westeuropäischen und der nordamerikanischen Rechtstheorie seit dem Ausgang des vorigen Jahrhunderts gewonnen wurden, mit den neuesten Errungenschaften soziologischer *Institutionen- und Systemtheorie* verbindet, die heute vor allem in Westdeutschland betrieben wird.

3. Mir ist nicht unbekannt, daß gegen die Verwendung soziologischer Systemtheorie im Bereich des Rechts allerlei Bedenken erhoben werden. Jedoch besteht für mich kein Zweifel daran, daß die *Systemtheorie in Verbindung mit einem sinnkritischen Rechtsrealismus und einem Neuen Institutionalismus,* so wie ich ihn verstehe, schon jetzt (i) allen rechtspraktischen Aktivitäten als Orientierungshilfe zu dienen vermag, (ii) durchaus in der Lage ist, allen praktischen und theoretischen Bemühungen im Bereich des Rechts und seiner Anwendung einen einheitlichen Begriffsrahmen und eine einheitliche Terminologie zur Verfügung zu stellen und (iii) es ermöglicht, auf der Grundlage dieses Frameworks die inter- und multidisziplinären Forschungsbemühungen von Rechtswissenschaft, Soziologie und Philosophie zu koordinieren bzw. zu integrieren.

4. Es geht mir aber wohlgemerkt nicht um eine unkritische *Ersetzung der bisherigen Rechtstheorie durch soziologische Systemtheorie,* sondern um eine Verbindung, genauer um eine Fusion von rechts- und systemtheoretischen Denkansätzen. Genau in diesem Punkt unterscheidet sich mein Approach von denjenigen rechtstheoreti-

schen Denkansätzen, welche die Berücksichtigung soziologischer Theoriebildung im Rahmen der Rechtstheorie für irrelevant halten, wie es jedenfalls in der Wiener rechtstheoretischen Schule Kelsens bis auf den heutigen Tag geschieht. Ich unterscheide mich in diesem Punkt aber auch von der soziologischen Theorie des Rechtssystems Luhmanns, der in seiner Rechtssoziologie die diversen realistischen und institutionalistischen Rechtslehren ignoriert, weil er sie — m. E. zu Unrecht — für rechtssoziologisch irrelevant hält. Mein *Plädoyer für eine Fusion von Rechts- und Systemtheorie* zielt somit auch darauf ab, bestimmte Defizite in der soziologischen Systemtheorie zu sanieren.

5. Die Identität eines Rechtssystems und die Einheit seiner Rechtsordnung hängen nach meiner Auffassung ganz maßgeblich davon ab, ob und gegebenenfalls in welchem Ausmaß das *System der formalen Rechtsquellen* staatlich organisiert ist. Dies schließt die Existenz auch *nicht-staatlichen*, das heißt *genuin gesellschaftlichen* Rechts in ein und demselben Rechtssystem aber nicht aus, sondern es schließt sie ein.

6. Das staatlich organisierte, durch weitere Binnendifferenzierung gekennzeichnete Rechtssystem der modernen Gesellschaft besitzt *kein originäres Zentrum und keine Spitze.* Dies macht die Herstellung und Gewährleistung einer Einheit der Rechtsordnung zu einem stets prekären Problem. Jedoch ist vom Standpunkt eines sinnkritischen Rechtsrealismus, wie ich ihn verstehe, leicht einzusehen, daß es in den Rechtssystemen der modernen, durch die Positivität allen Rechts charakterisierten Gesellschaft nicht nur *keine intrasystemische Zentralsteuerung* gibt, sondern eine solche aus naheliegenden Gründen, wie beispielsweise der mangelnden Informationsverarbeitungs- und Planungskapazität an zentraler Stelle, auch gar nicht geben kann. Infolgedessen muß in derartigen Rechtssystemen — als Konsequenz ihrer Binnendifferenzierung! — in allen zugehörigen, arbeitsteilig organisierten Teil- und Untersystemen mit partieller *Selbststeuerung* gerechnet werden. Genau darin liegt der eigenständige Beitrag der Teil- und Untersysteme zum Gesamtsystem. Zwar mag die relative *Autonomie und Eigenständigkeit der einzelnen sozialen Handlungssysteme* einer Steuerbarkeit des ganzen Rechtssystems von zentraler Stelle aus entgegenstehen, doch handelt es sich dabei im Prinzip keineswegs um Störungen oder dysfunktionale Folgen einer zu weit getriebenen Binnendifferenzierung des Rechtssystems, auch wenn diese im Einzelfall natürlich nicht ausgeschlossen werden können. Vielmehr kommt darin die spezifische *Rationalität des Rechtssystems* als eines ganzen zum Ausdruck, die — organisatorisch und institutionell be-

trachtet — eben darauf beruht, die laufenden Entscheidungslasten und Entscheidungsleistungen mit Blick auf die Zukunft schon jetzt auf viele Schultern zu verteilen, das heißt auf eine Reihe von sozialen Teil- und Untersystemen und deren Entscheidungsstellen zu verlagern, die insgesamt auch pro futuro ein integriertes Trägersystem bilden.

7. Die Einheit der Rechtsordnung wird, rechts- und systemtheoretisch betrachtet, auch nicht durch eine Primärhierarchie vermeintlich höher- und niederrangiger Rechtsnormen gewährleistet, weil höherer *Rechtsrang nur durch Selbsthierarchisierung des Rechtssystems* und das heißt: nur sekundär hergestellt und institutionalisiert werden kann.

8. Realistisch gedeutet, geht es in puncto Kompetenzordnung und Stufenbau des Rechts allein darum, je nach den gesellschaftlichen Gegebenheiten eine arbeitsteilig differenzierte, mehr oder weniger organisierte *Hierarchie des Entscheidens über Entscheidungsprämissen* (Verfassungsänderung, Gesetzgebung) zu errichten, weil in höher entwickelten Gesellschaften die Erwartungssicherung und Verhaltenssteuerung mit Mitteln des Rechts nur noch durch *Mehrebenenstrukturen* sichergestellt werden kann. Dies schließt situative *Selbststeuerung auf allen Ebenen des Rechtssystems* nicht aus, sondern ein.

9. In selbstreferenziellen (autopoietischen) Rechtssystemen ist die Einheit der Rechtsordnung nur mehr eine *durch den formalen,* das heißt *regelgemäßen Erzeugungszusammenhang* produzierte, in fortlaufenden Entscheidungsprozessen erstellte Systemleistung. Indem das Rechtssystem in systemeigenen Operationen altes Recht durch neues Recht substituiert, das heißt neue Rechtsnormen *produziert* und mit Rechtsgeltung ausstattet, *reproduziert* es zugleich immer auch sich selbst.

10. Nicht mehr die inhaltliche Richtigkeit oder Vernünftigkeit, nicht die Übereinstimmung mit einem höchsten Prinzip, einem höchsten Wert oder einer höchsten Idee schafft die Einheit der Rechtsordnung, sondern die bloße Abstammung dieser Rechtsnorm und aller anderen Rechtsnormen von gemeinsamen Abstammungsregeln. Durch diese *Abstammungsregeln, die von Verfassungs wegen auch das Normieren normieren,* wird zugleich die laufende *Selbstreproduktion des Rechtssystems* und damit auch seine Identität gewährleistet.

RECHTSTHEORIE 16 (1985), S. 279—310
Duncker & Humblot, Berlin 41

MÖGLICHKEITEN EINER SYNTHESE DES RECHTSDENKENS IN VERSCHIEDENEN KULTUREN

Von Alois Troller, Luzern

„Die Wörter sind stets elende, verirrte Kinder"
Shuntarô Tamikawa

A. Allgemeiner Teil

I. Die Aufgabe

Menschen aus allen Erdteilen und Kulturen sind durch mannigfaltige Beziehungen verbunden. Viele völkerrechtliche Verträge und unzählbare private Vereinbarungen haben komplexe weltweite über längere Zeit oder nur kurzfristig bestehende und dynamisch wirkende Ordnungssysteme entstehen lassen und bringen täglich neue hervor. In irrationalen Tiefen, im Unbewußten und im Unterbewußten wirken Beweggründe und vereinigen sich mit rationalem Streben. Sie alle werden im Filter des Bewußtseins in Vorstellungen von sozialen Zuständen und Handlungen zusammengefaßt, die sprachlich mitteilbar und damit objektivierbar sind. Jedes Ordnungssystem muß in seinem Bestand und in seinem Wirken rational erfaßbar sein, jedoch nicht die Motive. Alle diese überregionalen Ordnungssysteme sind Teile von übernationalen, internationalen oder nationalen Rechtsordnungen. Als rational verständliche Gebilde sind sie im Denken entstanden und zum großen Teil in einer Sprache, manchmal in mehreren[1], objektiviert. Sie sind das Ergebnis von Rechtsdenken. Es ist anzunehmen, daß alle, die am Zustandekommen der Handlungssysteme mitwirken und die diese als verbindlich anerkennen, selbständig denken. Das gilt ebenso für die völkerrechtlichen Verträge zwischen Staaten oder Ländern wie auch für die privaten Verträge. Daraus leite ich die in dieser Studie vertretene und schon vor 20 Jahren dargelegte These ab, daß im Rechtsdenken von Menschen, die aus verschiedenen Kulturbereichen stammen, Gemeinsamkeiten zu finden sind[2]. Worin, wie weit und weshalb das Rechtsdenken übereinstimmt, das zu entdecken und mitzuteilen, ist die

---

[1] Staatsverträge, schweizerische Gesetze (3 Sprachen).

[2] *A. Troller*, Überall gültige Prinzipien der Rechtswissenschaft, Frankfurt am Main, Berlin 1965, S. 135 ff.

Aufgabe. Das Gestalten der zwischenmenschlichen Beziehungen in der Rechtsordnung und nicht ihr Inhalt wird erforscht. Nicht die Rechtsordnungen werden verglichen, sondern die Denkwege, die zu ihnen hinführen. Dieses Bemühen beruht auf der Überzeugung, daß eine für alle Menschen und alle Wissensbereiche anwendbare Denkmethode besteht, ferner darauf, daß in komplexen Gesellschaften von der Kultur unabhängige Grundstrukturen sich vorfinden, die das Rechtsdenken zum Teil inhaltlich bestimmen. Nur solche Möglichkeiten und nicht eine umfassende Synthese werden gesucht[3]. Wenn Gemeinsamkeiten sich entdecken lassen, so ist damit ein zuverlässiges Fundament geschaffen um herauszufinden, wo die Denkwege kulturbedingt auseinandergehen und welche ethischen oder ideologischen Überzeugungen den Inhalt der Rechtsordnung anders gestalten. Ein solches Ergebnis ist auch für die Rechtspraxis nützlich; es ließe Verständigungs- und Auslegungsschwierigkeiten besser begreifen und Mißverständnisse eher vermeiden[4].

Gemäß der hier angewandten phänomenologischen Methode und Widerspiegelung wird nicht versucht, die Aufgabe im Hinblick auf mehrere oder gar alle Kulturen zu lösen. Ich gehe von zwei Kulturen aus, der europäischen und der japanischen. Sie haben einerseits nur allgemein menschliche gemeinsame Wurzeln, weder philosophische wie die arabische und europäische Kultur, noch sprachliche wie jene im indogermanischen Bereich. Europa und Japan tauschen anderseits infolge der weitgehend übereinstimmenden Zivilisation Güter aus. Sie mußten daher die entsprechenden rechtlichen Handlungssysteme benutzen. So ist gerade im Verhältnis des europäischen zum japanischen Rechtsdenken in aller Klarheit die Frage gestellt, ob die vorhandene rechtliche Verständigung in Staatsverträgen und privaten Vereinbarungen nur ökonomischen und zivilisatorischen Zwängen zuzuschreiben sei, oder ob die Voraussetzungen dafür im Wesen des Rechtsdenkens begründet und daher in jeder komplexen Gesellschaft gegeben seien. Ein weiterer Grund, um das Rechtsdenken in der europäischen und der japanischen Kultur gegenüberzustellen ist dadurch gegeben, daß ein japanischer Rechtsdenker die hier zu lösende Aufgabe gestellt hat und daß japanische Denker die Probleme der kulturellen Unterschiede erforscht haben[5].

---

[3] *G. Dorsey*, Towards World Perspectives of Philosophy of Law and Social Philosophy, ARSP, Supplementa Vol. I, Part I, Wiesbaden 1982, S. 19 f. Er verneint die Möglichkeit einer für Menschen verschiedener Kulturen geltenden Rechtsphilosophie. Die Möglichkeit von gemeinsamen Teilaspekten in der Rechtsphilosophie und im praktischen Rechtsdenken hat er nicht behandelt.

[4] *M. Chiba*, Three-Level Structure of Law in a World of Many Cultures, ARSP, Beiheft Neue Folge Nr. 11 (IVRX), Wiesbaden 1979, S. 293 ff. Er hat das Forschen nach solchen Gemeinsamkeiten in einem Rechtssystem, das praktisch für das tägliche Leben aller Völker in einer multikulturellen Welt gültig wäre, als notwendig dargetan.

[5] *Chiba* (FN 4).

II. Das Denken

Ich gebe hier nur Rechenschaft darüber, was das Denken in dieser Abhandlung bedeutet[6]. Von meinem Denken als Teil der hier vorgelegten These ist die Rede. Die dabei behauptete Allgemeingültigkeit für das Rechtsdenken entspricht meiner Überzeugung und ist als Herausforderung zu Antithesen vorgebracht.

1. Denken und Sprache

Allgemein bekannt ist die Aussage, es verhalte sich mit Denken und Sprache wie mit Huhn und Ei, es lasse sich nicht sagen, was vorher dagewesen sei. Der juristische Denker kann an dieser Frage vorbei gehen. Er weiß, daß er bei seiner Arbeit die Sprache benützen muß, um das Gedachte zu objektivieren, daß er die Gedanken der anderen in objektivierter Sprache erfährt und daß die Sprache viel Wissen gespeichert hat[7].

2. Denken und Vorstellung

Wären Denken und Sprache eine unlösbare Einheit, so könnten nicht nur Menschen aus verschiedenen Kulturen, sondern auch solche verschiedener Sprachen nichts gemeinsames denken, nicht sich verständigen. Jede Übersetzung erfaßt durch die Sprache hindurch das in ihr Mitgeteilte, das von dieser Sprache lösbar und in der anderen ebenfalls sagbar ist.

Finden sich Menschen zusammen, die in verschiedenen Sprachen reden, um gemeinsam ein Gesetz zu verfassen oder einen Vertrag zu schließen, so bedienen sie sich in der Diskussion oft ihrer eigenen Sprache (so in schweizerischen Expertenkommissionen).

Sie reden mit anderen Worten und in anderem Stil von der gleichen Sache, von der zu regelnden zwischenmenschlichen Beziehung. Sie ist Gegenstand des Denkens. Jede derartige rechtlich relevante Beziehung bezieht sich auf ein Tun oder Unterlassen, auf Zustände von Personen oder Sachen[8], die in der Außenwelt sich physisch wahrnehmbar ereig-

---

[6] Vgl. zum Denken u. a. *C. v. Barmann / R. Kuhler / L. Oeing-Hanhoff*, Denken, in: Joachim Ritter (Hrsg.), Historisches Wörterbuch der Philosophie, Bd. 2, Basel/Stuttgart 1971, Sp. 59 - 102; *M. Heidegger*, Was heißt denken?, Tübingen 1954; *ders.*, Zur Sache des Denkens, Tübingen 1969.

[7] *Heidegger*, Was heißt Denken? (FN 6), S. 89: „Die Worte sind Brunnen ..."

[8] *V. Peschka*, Die Theorie der Rechtsnormen, Budapest 1982, S. 74: „Die Rechtsnorm schreibt — wie bei Untersuchung des Objekts der Rechtsnorm besprochen wurde — Tun oder Nichttun, eine bestimmte Handlung oder deren Unterlassung vor."

nen können, das sollen oder nicht sollen. Sie müssen im Bewußtsein ebenso klar erscheinen wie die Bilder in einem Film[9].

Für das juristische Denken gilt Kants These uneingeschränkt[10]. Das eigentliche Denken des Rechts, d. h. das Denken von rechtlich geordneten Beziehungen beginnt stets mit dem Vorstellen des Gegenstandes der Beziehungen. Wer einen Kaufvertrag eingehen will, denkt, d. h. sieht zuerst die Sache, die er kaufen oder verkaufen will; er denkt nicht in Worten „Pferd", „Automobil", „Kaffee", „Haus", sondern sieht das Objekt individualisiert als bestimmte Sache oder in der Allgemeinstufe, wobei er aus der Gattung dann wiederum das bestimmte individualisierte und als solches im Bewußtsein vorgestellte Objekt auswählt. Wer ein Testament verfaßt, sieht in seinem Bewußtsein die Erben und seine Habe und deren Zuteilung. Ebenso sehen die an der Gesetzgebung Beteiligten die zu regelnden gesellschaftlichen Situationen[11].

---

[9] *A. Troller,* Das Bewußtseinsbild im Rechtsdenken, ARSP, Beiheft Neue Folge Nr. 13 (IVR Austria I, Wissenschaften und Philosophie als Basis der Jurisprudenz. Referate von dem internationalen Symposium der österreichischen Sektion der internationalen Vereinigung für Rechts- und Sozialphilosophie (IVR) in Retzhof bei Graz vom 7. - 12. Mai 1979, S. 243 ff.; *ders.,* Rechtskonstruktion und Rechtswirklichkeit. Ein Beitrag zu einem kritischen Rechtsrealismus, RECHTSTHEORIE 11 (1980), S. 137 ff.

[10] *I. Kant,* Kritik der reinen Vernunft, Transzendentale Ästhetik, Insel Ausgabe B 33, 34/A 19,20), S. 69: „Alles Denken aber muß sich, es sei geradezu (direkte) oder im Umschweife (indirekte), *vermittelst gewisser Merkmale,* zuletzt auf Anschauungen, mithin, bei uns, auf Sinnlichkeit beziehen, weil uns auf andere Weise kein Gegenstand gegeben werden kann." — Transzendentale Analytik, ebd., S. 275, B 304, A 247): „Das Denken ist die Handlung, gegebene Anschauung auf einen Gegenstand zu beziehen."

Die Kritik von Hamann, Herder und Schleiermacher an Kants These (Historisches Wörterbuch der Philosophie (FN 6), Sp. 92/93) wird durch die juristische Praxis widerlegt. *W. Krawietz,* Recht als Regelsystem, Wiesbaden 1984, S. 43 f., hat meine Frage als provokant bezeichnet: „Können die Gesetzgeber und die Richter Zwecke und Interessen denken, ohne das erhaltungswürdige oder gestaltungsbedürftige menschliche Dasein zu sehen?" (Rechtsdogmatik und Phänomenologie, in: Festgabe für Wilhelm Schönenberger, Freiburg/Schweiz 1968, S. 25 f.) Er hat aber die von ihm hervorgehobene Faktizität des Rechts nicht mit der Vorstellung im Bewußtsein verbunden.

[11] Der zu findende und der im Gesetz mitgeteilte Inhalt einer Gesetzesbestimmung muß stets als soziales Handlungsmodell, als Interaktionssystem vorstellbar sein. Die Allgemeinbegriffe (Mann, Frau, Kind, Ehe, Eltern, Aktiengesellschaft, Expropriation, Militärdienst, Steuer usw.) sind nicht nur Denkgebilde, sondern als Spezies, Gattung von Personen oder Sachen oder als Zustände und Geschehnisse im gesellschaftlichen Dasein real und als solche im Bewußtsein leichter vorstellbar als die jeweiligen individualisierten Personen, Sachen oder Handlungssysteme. Dazu *A. Troller,* Die Begegnung von Philosophie, Rechtsphilosophie und Rechtswissenschaft, Basel/Stuttgart 1971, S. 59 f.; *ders.,* Rechtsvergleichung und Phänomenologie, in: M. Rotondi, Inchieste di diritto comparato, Vol. II, Padova 1973, S. 687 ff. Das Vorhandensein von Generalklauseln spricht nicht gegen die wahrnehmbare Konkretheit des Inhalts gesetzlicher Normen. Sie übertragen die Kompetenz, für den jeweiligen Fall Ordnungsmodelle unter Berücksichtigung von leitenden Ideen (Gute Sitten, Treu und Glauben, redliche Gebräuche) zu schaffen dem Richter, welcher ein im Bewußtsein klar erkennbares und zur Vollstreckung mitteilbares Handlungsmodell im Urteil sprachlich zu objektivieren hat.

Die Art, ob und wie der Gegenstand des Denkens sinnlich erfahren wird, hängt von diesem Gegenstand ab. Der Maler denkt in Linien und Farben, der Musiker in Tönen. Techniker und Naturwissenschaftler, welche die Objekte nicht sinnlich im Bewußtsein vorstellen können, müssen sich mit Formeln begnügen. Transzendente Wesenheiten (z. B. Gott) können gedacht aber nicht vorgestellt werden, ebenso ethische Qualifikationen (z. B. gut, böse).

Diese Denkprobleme bleiben hier außer Betracht. Glücklicherweise haben es die Juristen nur mit Denkobjekten zu tun, die im Bewußtsein als Tun, Nichttun klar vorstellbar und mitteilbar sind. Deshalb ist das Rechtsdenken am besten geeignet, um auch philosophisch[12] Verbindungen zwischen den verschiedenen Kulturen festzustellen.

3. Denken, Sprache und Vorstellung

Gemäß dem Gesagten sind im Rechtsdenken Vorstellung und Sprache untrennbar verbunden. Ob die Vorstellung oder die Sprache das jeweilige Rechtsdenken veranlaßt, läßt sich nicht für alle Fälle feststellen. In der Regel werden im kollektiven Bewußtsein (objektiver Geist) sprachlich gespeicherte Handlungsmodelle das Herausheben des einem Bedürfnis entsprechenden Systems erleichtern und leiten. Die entsprechenden Begriffe (z. B. Check, Kreditkarte) lassen das diesen gemäße Abwickeln des Begleichens von geschuldeten Beträgen im Bewußtsein erscheinen[13].

Entscheidend ist im Zusammenhang mit dem Rechtsdenken in verschiedenen Kulturen nicht die Frage nach dem Vorrang der Sprache oder Vorstellung. Weil die Gemeinsamkeit der Sprache fehlt, können wir die Gemeinsamkeiten nur in den durch die Sprache vermittelten gemeinsamen Vorstellungen und insbesondere in den gemeinsamen gesellschaftlichen Grundstrukturen feststellen[14].

---

[12] *E. V. Jlyenkov*, The Dialectics of the Abstract and the Concrete in Marx's Capital, Moscow 1982, S. 53: „One of the most difficult tasks confronting philosophers is to descent from the world of thought to the actual world." Zitat aus *K. Marx* / *F. Engels*, The German Ideology, Collected Works, Vol. 5, Moscow 1976, S. 446.

[13] *Jlyenkov* (FN 12): „Owing to speech, the individual ‚sees' the world not only and not so much through his own eyes as through millions of eyes." „The content of a notion comprehends that which is retained in social memory, in the forms of this social memory as represented, first of all, by speech, by language." „Having a notion means having a socially comprehended (that is, expressed in speech or capable of beeing expressed in speech) contemplation." „A notion is precisely that — verbally expressed contemplation."

[14] *K. Mishima*, in: Kultur — Begriff und Wort in China und Japan. Schriften zur Kultursoziologie, Bd. 3, Berlin 1984, S. 67: „Man muß die konkrete Lebenswelt durchstudieren, wie anders das praktische Leben in anderen Kulturkreisen abläuft. Ich finde, diese Andersartigkeit kann man mit begrifflichen

4. Denkmethode

a) Analytische und hermeneutische Methode

Diese Denkmethoden verharren im Bereich der Sprache. Sie sind daher nicht geeignet, Gemeinsamkeiten im Rechtsdenken in verschiedenen Kulturen zu finden. Es erübrigt sich daher danach zu fragen, was sie beim Rechtsdenken innerhalb einer bestimmten Kultur zu leisten vermögen.

b) Phänomenologische Methode und Widerspiegelung

aa) Mißverständnisse

Die phänomenologische Methode, die ich hier darlege und deren Übereinstimmung mit der sozialistischen Widerspiegelungstheorie ich behaupte, ist nicht zu verwechseln mit der idealistischen Phänomenologie von Reinach, G. Husserl, F. Kaufmann, Schreiner, Amselek. Sie ist auch nicht eine Auslegung von E. Husserls Philosophie. Ich habe sie jedoch aus dieser und aus den Werken von Heidegger, Gadamer, Graumann, Strasser und Tugendhat entwickelt. Die Übereinstimmung mit der sozialistischen Widerspiegelungstheorie habe ich nachher festgestellt und diese schließlich insbesondere bei T. Pawlov bestätigt gefunden[15]. Es geht hier also nicht um eine Zustimmung zu Husserls Philosophie oder um deren Ablehnung. Der phänomenologische Denkweg und die Widerspiegelung sind nur als mögliche Methode verwendet, um zur angestrebten Synthese zu gelangen. Ich habe diese Methoden nach durchgeführter Analyse wie folgt skizziert: „Ausgangspunkt der Widerspiegelung und der phänomenologischen Betrachtung ist die wahrzunehmende gesellschaftliche Wirklichkeit, aufgeteilt in gesellschaftlich sinnvolle Funktionsgruppen. Im Bewußtsein wird das Bild vom erkennenden Subjekt unter dem Einfluß seiner individuellen und kollektiven Perspektive und seines Vorverständnisses und der Sprache aktiv gebildet. Dieses widerspiegelte oder erscheinende Bild der sozialen Wirklichkeit wird als soziales Handlungsmodell kritisch bewertet und soweit nötig ergänzt oder geändert. Dieses Ergebnis erscheint (wird widergespiegelt) in den „sprachlich fixierten, aber gleichwohl im Be-

---

Vorstellungen nicht ganz erfassen. Trotz aller Versuche, im Kopfe zu einer Gemeinsamkeit zu finden, ist man doch, wenn man drüben oder hier ist, mit der Andersartigkeit der gelebten Lebenswelt konfrontiert." *R. Ohashi,* in: Kultur — Begriff und Wort, S. 119, hat gesagt, daß in Japan „der Sinn oder die Sinnlichkeit und das Denken oder die Vernunft nie in solchem Gegensatz standen".

[15] Dazu *A. Troller,* Erkenntnistheoretische Parallele von Widerspiegelungstheorie und Phänomenologie im praktischen Rechtsdenken, ARSP, Supplementa Vol. I, Part III, Wiesbaden 1982, S. 52 ff.

wußtsein bildhaft gesehenen neuen Handlungsmodellen (Normen, Vertragstexte usw.)"[16].

Der Leser möge sich also nicht von den Begriffen „Phänomenologie" oder „Widerspiegelung" abschrecken lassen und sich überlegen, wie er als Denker der praktischen Aufgaben im Recht (Formen von Gesetzen, Urteilen, Verträgen, Testamenten usw.) zu Werke geht. Diese Bewußtseinserforschung und die Rechenschaft über deren Ergebnis sollten die Gesprächspartner aus den verschiedenen Kulturkreisen vornehmen[17]. Wichtig ist die Methode und nicht die dafür gewählte Bezeichnung[18].

bb) Universalität

α) Überregionale Methode

Die hier dargelegte phänomenologische Methode und die Widerspiegelung sind keine wissenschaftlich theoretischen Aussagen und keine Thesen über philosophische Lehren oder gar Systeme. Sie sind nichts anderes als die Beschreibung eines Denkweges beim Erfassen der sinnlich erfahrbaren und zu ordnenden Wirklichkeit. Der Denkweg ist unabhängig von der Sprache, der Perspektive, dem Vorverständnis, somit von der Kultur, derselbe. Diese determinieren das Ergebnis des Denkweges, soweit die Eigengesetzlichkeit des Denkobjekts solches Gestalten nicht behindert. Diese Eigengesetzlichkeit ist nachher zu behandeln. Es ist schon viel erreicht, wenn die Gesprächspartner aus verschiedenen Kulturen darin übereinstimmen, daß ausgehend von der jeweiligen sozialen Wirklichkeit (dem intentional ausgewählten Handlungssystem) unter dem Einfluß der Sprache, der Perspektive, des individuellen und kollektiven Vorverständnisses in ihrem Bewußtsein ein Bild dieses Handlungssystems erscheint (erste Widerspiegelung) und daß sie im Hinblick auf die zugleich erscheinenden Interessenlagen dieses beurteilen (werten) und hierauf das bestehende Handlungssystem

---

[16] Ebd., S. 63. Zum Vergleich *T. Pawlow*, The Philosophy of Todor Pawlow, Sofia Press (ohne Jahreszahl), S. 104: „Thus we can speak of a scientific method in the exact and strict sense of this term only when first, we have an object reality with its objective real laws; second, when the objective real laws are reflected in man's consciousness which is always a lively and active consciousness and not only a contemplative one, endeavouring to explain things; third, when the inner law inherent to consciousness, by force of which the objective real laws turn into human ideas has been ‚mastered' by us to such an extent that we can consciously use it in a planned way in order to arrive at the scientific truth about objective reality and its laws and to change reality itself with its aid."

[17] Vgl. dazu *Chiba* (FN 4); *Mishima* (FN 14).

[18] *A. Menne* hat in einem Bericht über die „Journées d'études phénoménologiques internationales" in Berlin unter dem Titel berichtet „Vive la phénoménologie! Un mort s'avère vivant au congrès de Berlin". (La Tribune d'Allemagne, 23 mai 1984, No. 541, Verweis auf Die Welt, 2. Mai 1974 [sic]).

bejahen oder normierend ein neues bilden und in der Sprache objektivieren (zweite Widerspiegelung).

Heidegger hat die überregionale Gültigkeit der Phänomenologie als Denkmethode eindrücklich bestätigt und darauf beharrt, daß ihr Verständnis in ihrem Ergreifen als Möglichkeit liege[19]. Diese Möglichkeit ist hier nun als Methode für das Rechtsdenken erfaßt.

Für die Universalität der Phänomenologie sowie der Widerspiegelung spricht auch ihre derzeitige Herkunft aus verschiedenen Gesellschaftssystemen, wenn auch nicht aus verschiedenen Kulturen, sowie ihre Anwendung im Bereich dieser verschiedenen Gesellschaftssysteme[20].

β) Unabhängigkeit vom Denkobjekt

Die phänomenologische Methode und die Widerspiegelungstheorie sind nicht nur zeitlich und territorial universell anwendbar, sondern auch beim Erforschen jeder geistigen oder körperlichen Sache und jedes Systems.

T. Pawlows Feststellung über das Erfassen und Ordnen jeder Art von Wirklichkeit[21] trifft zu. Aufschlußreich sind in bezug auf das Rechtsdenken insbesondere die Parallelen zum technischen Denken. Daran wird kaum jemand zweifeln, daß die Techniker in der ganzen Welt methodisch gleich vorgehen, wenn sie technische Handlungsmodelle für den Bau von Maschinen, chemische oder biologische Prozesse planen,

---

[19] *M. Heidegger,* Mein Weg in die Phänomenologie, in: Zur Sache des Denkens, Tübingen 1969, S. 81 ff., 87: „Was die phänomenologischen Untersuchungen als die tragende Haltung des Denkens neu gefunden haben, erweist sich als der Grundzug des griechischen Denkens, wenn nicht gar der Philosophie als solcher." S. 90: „Allein die Phäomenologie ist in ihrem Eigensten keine Richtung. Sie ist die zu Zeiten sich wandelnde und nur dadurch bleibende Möglichkeit des Denkens, dem Anspruch des zu Denkenden zu entsprechen. Wird die Phänomenologie so erfahren und behalten, dann kann sie als Titel verschwinden zugunsten der Sache des Denkens, deren Offenbarkeit ein Geheimnis bleibt." Und dazu Nachtrag 1964. Im Sinne des letzten Satzes heißt es bereits in „Sein und Zeit" (1927), S. 38: „ihr (der Phänomenologie) Wesentliches liegt nicht darin, als philosophische „Richtung" *wirklich* zu sein. Höher als die Wirklichkeit steht die *Möglichkeit.* Das Verständnis der Phänomenologie liegt einzig im Ergreifen ihrer als Möglichkeit".

[20] Nach meinem Vortrag auf dem IVR Kongreß in Basel (Erkenntnistheoretische Parallele, FN 15) hatten die anwesenden sozialistischen Rechtstheoretiker meine These vom Bestehen dieser Parallelen als richtig anerkannt. Eine bulgarische Rechtstheoretikerin meinte sogar, ich sei ein Schüler von T. Pawlow. Ich habe Pawlows Werk und seie Aussage (FN 16) jedoch erst nachher gefunden. Vgl. dazu *A. Troller,* Begriff und Funktion der Erfindung im bürgerlichen und sozialistischen Recht, in: Gewerblicher Rechtsschutz und Urheberrecht, Internationaler Teil (GRUR Int.), 1979, S. 59 ff.

[21] s. FN 16; *Peschka* (FN 8), S. 42: „Die Widerspiegelungstheorie des dialektischen Materialismus ist gemeinsamer Grund aller Formen, in denen das menschliche Bewußtsein die Wirklichkeit theoretisch und praktisch verarbeitet. Davon bildet auch die Rechtsnorm keine Ausnahme."

entwickeln und in Worten, Zeichnungen oder Formeln objektivieren. Das zentrale Beispiel ist die in einer Patentschrift definierte Erfindung. Nun ist der Patentanspruch das positive Handlungsmodell für technisches Handeln und gleichzeitig rechtliches Handlungsmodell für den Herrschaftsbereich des Patentinhabers[22]. Wenn somit die phänomenologische Denkmethode und die Widerspiegelung im technischen Gebiet in allen Kulturen angewendet werden, so muß dies auch für die Möglichkeit und Nützlichkeit ihrer Verwendung beim Rechtsdenken gelten.

III. Synthese

Aufgabe dieser Studie ist es, Möglichkeiten einer Synthese zu erwägen und demzufolge die Elemente anschaulich vorzustellen, die sich zur Einheit des Rechtsdenkens zusammenfügen lassen[23].

Ich denke und schreibe auf der Grundlage meiner Rechtserfahrung im Bereich der europäischen Kultur. Die Aussagen über meine Denkmethode sind aus den Ideen europäischer Philosophen heraus entwikkelt. Ich meine allerdings, daß die Methode als solche von jeher bestanden habe und auch in anderen Kulturen angewandt werde. Ob das zutrifft, haben dortige Denker zu sagen. Ebenso ist ihr Bericht darüber erforderlich, ob die Objekte des Rechtsdenkens und deren Ergebnisse, die ich als überregional und in jeder Kultur vorhanden annehme, sich dort wirklich vorfinden. Auch dann, wenn eine Synthese möglich ist, bringt sie erst das gemeinsame Denken zustande. In dieser Studie wird nur ein Vorschlag dazu auf der Grundlage des begrenzten Wissens und Denkvermögens eines einzelnen und seiner lückenhaften Rechtserfahrung gemacht. Es wäre schon viel erreicht, wenn Rechtsdenker im europäischen und in anderen Kulturbereichen sich mit diesem Versuch ernstlich beschäftigen, seine Mängel vorweisen und andere Wege zur Synthese anzeigen würden.

IV. Kultur und Zivilisation

Ich verwende den Begriff Kultur in einem spezifischen Sinn. Zunächst dürfen wir all das, was im individuellen wie auch im sozialen Leben des Menschen „gepflegt" und „gebildet" wird, sei es im abgelei-

---

[22] Vgl. dazu im einzelnen: *A. Troller*, Parallelen und Unterschiede rechtlicher und technischer Handlungsmodelle, Österreichische Blätter für gewerblichen Rechtsschutz und Urheberrecht, 1983, S. 33 ff.; *ders.*, Die Begegnung von natur- und rechtswissenschaftlicher Methode im Patentrecht, Gewerblicher Rechtsschutz und Urheberrecht, Internationaler Teil (GRUR Int.), 1973, S. 393 ff.

[23] Philosophisches Wörterbuch, hrsg. von G. Schischkoff, 17. Aufl., Stuttgart 1965, S. 587; *Kant* (FN 10), S. 134 ff.; Transzendentale Deduktion der reinen Verstandesbegriffe, §§ 15 - 27, B 129 - 169.

teten Sinne, sei es im Sinne des Oberbegriffs als „Kultur" bezeichnen[24]. Vor allem gehe ich davon aus, daß wir mit Kultur, ausgehend von colere bei Cicero[25], jenes bezeichnen, das aus dem Wesen der Menschen und der Sachen heraus gewachsen ist. Die immanente Vernunft der Sprache leitet uns. Wir sprechen von Herzenskultur, Obstkultur, Gemüsekultur, Wohnkultur, nicht aber von Automobil- oder Beton- oder Maschinenkultur[26]. So verstanden bedeutet Kultur auch in Europa „Natur-Kultur" wie in Japan[27]. Ich lasse es bei dieser Feststellung bewenden und dabei, daß auch in Japan heute das Wort „Kultur" verwendet und mit „bunka" übersetzt wird[28]. Eine überall akzeptierte Definition des Begriffes „Kultur" ist für die hier durchgeführte Untersuchung nicht nötig und wäre wohl gar nicht zu erreichen[29]. Sicherlich ist das Rechtsdenken in Europa und in Japan mit Kultur verbunden, wie der Titel der Studie von M. Chiba dartut[30].

Um das Ziel der hier gestellten Aufgabe deutlich vorzuweisen, unterscheide ich Kultur und Zivilisation, obgleich eine klare Grenze nicht besteht und sie in den Randzonen sich mengen und verbinden. Als Zivilisation wird hier das verstanden, was zur technischen und wirtschaftlichen Entwicklung gehört. Gerade das Recht zeigt, wie schwierig und vielleicht sogar geistig akrobatisch die Unterscheidung von Kultur und Zivilisation wird. Die Zivilisation hat die meisten Rechtsinstitute hervorgebracht und läßt mit jeder Ergänzung das Bedürfnis nach neuen sozialen Handlungsmodellen entstehen.

Doch können wir jedenfalls das Denken und das Denken über das Denken als kulturelles und nicht als zivilisatorisches Handeln begreifen. Dazu zwingt uns geradezu die unlösliche Verbindung des Rechtsdenkens mit der Sprache. Das ermöglicht uns danach zu forschen, ob die Angehörigen außereuropäischer Kulturen das Recht auch im interna-

---

[24] *Ohashi,* Der „Wind" als Kulturbegriff in Japan, in: Kultur — Begriff und Wort in China und Japan. Schriften zur Kultursoziologie, Bd. 3, Berlin 1984, S. 80.

[25] *J. Dalfen,* Einige Gedanken zum europäischen Kulturbegriff und zu seinen Wurzeln, in: Kultur — Begriff und Wort (FN 24), S. 24.

[26] *Troller,* in: Kultur — Begriff und Wort (FN 24), S. 69.

[27] So bezeichnet von *Ohashi* (FN 24), S. 92, der den Gegensatz zur europäischen Auffassung darin sieht, daß letztere „die techné des colere zu ihrem Grundzug" habe, deren Wesen in der Überwindung der Natur liege. Das Überwinden, das Untertanmachen der Erde ist jedoch gerade nicht Kultur, sondern Technik und gehört zur Zivilisation.

[28] Ebd., S. 79.

[29] *Dalfen* (FN 25), S. 22: „Der Begriff Kultur gehört ganz selbstverständlich, aber auch ganz wesentlich, zu uns, zu unserem Bild des Menschen, seiner Tätigkeit seines gesamten Lebens. Wir würden aber in Schwierigkeiten geraten, wenn wir diesen Begriff definieren müßten, ..."

[30] s. FN 4.

tionalen Verkehr auf der Grundlage ihrer Kultur originär denken oder ob sie mit den Ergebnissen der europäischen Zivilisation (insbesondere der Technik und des Handels) auch die dort entwickelten Rechtsfiguren und Rechtstechniken übernehmen; ob sie also dieses Recht auf fremdem Fundament und daher wohl geistig und seelisch nicht integriert einführen. Ein Indiz dafür könnte die bereitwillige Übernahme von westlicher Rechtsdogmatik und den Ideen westlicher Rechtsphilosophie sein. Das eigene Rechtsdenken wurde dabei nicht selbständig analysiert und dem westlichen gegenübergestellt[31]. Diese letztere Feststellung besagt jedoch nur, daß die nicht westlichen Rechtsdenker keine Systeme ihres Rechtsdenkens objektiviert haben; über die Originalität ihres Rechtsdenkens ist damit nichts ausgesagt. So wie die nicht westlichen Naturwissenschaftler und Techniker wegen der Eigengesetzlichkeit der zu denkenden Systeme zu gleichen Ergebnissen gelangen wie westliche und letztere wie nicht westliche, leitet auch die Eigengesetzlichkeit der zu regelnden gesellschaftlichen Systeme — sie wird nachher behandelt — zu rechtlichen Grundstrukturen hin, die im wesentlichen übereinstimmen. Wenn im westlichen Rechtsdenken überzeugende Regelsysteme entwickelt wurden (z. B. für die Abwicklung von Zahlungen oder Erteilung von Lizenzen), die sich als zweckmäßig erwiesen haben, so liegt deren Übernahme ebenso nahe wie der Nachbau bewährter Maschinen oder das Verwenden chemischer und biologischer Verfahren. Die immanente Gesetzlichkeit der zu regelnden und im Bewußtsein erscheinenden Systeme ist stärker als die Diversität der Sprachen und der anderen kulturellen Einflüsse.

V. Das Recht

Das Recht wird hier im umfassenden Sinn als Ordnung zwischenmenschlicher Beziehungen verstanden. Es besteht neben anderen Systemen (z. B. Moral, Religion). Das Recht hat für die Ordnung der Gesellschaft eine zentrale Bedeutung: Wesentlich ist die grundsätzliche institutionalisierte Erzwingbarkeit des im Recht geregelten Tuns oder Unterlassens. Sie ist nicht mit dem Zwang zu verwechseln. Der Zwang ist nicht eine spezifische Eigenschaft der Rechtsordnung. Sie wird in weitaus den meisten Fällen freiwillig vollzogen. Auch läßt sie, je nach dem Gesellschaftssystem, dem privaten Entscheiden einen großen Freiraum. Zudem werden auch in anderen Ordnungssystemen Zwangsmittel eingesetzt.

Es ist im Zusammenhang mit der hier gestellten Aufgabe nicht nötig, die theoretische Diskussion über den Rechtsbegriff aufzunehmen und weiter zu führen. Wo die Grenzen der Rechtsordnung verlaufen, be-

[31] *Chiba* (FN 4), S. 295: „No non-western culture has ever made a significant contribution to modern model jurisprudence.“

stimmt jede Rechtsordnung selber. Im Streitfall kommt es darauf an, ob die institutionalisierten gesellschaftlichen Organe das zu beurteilende Tun oder Unterlassen als Teil der Rechtsordnung anerkennen. Das gilt sowohl im nationalen wie im internationalen und völkerrechtlichen Bereich. Die Frage, ob gesellschaftlich relevantes Tun oder Unterlassen von der Rechtsordnung erfaßt sei, wird nur in Grenzfällen gestellt. Die Antwort wird jeweils von der Kultur wesentlich beeinflußt sein. Das Denken einer solchen Grenze zu erforschen, ist eine besondere Aufgabe. Die hier gestellte bezieht sich nur auf das Denken jener Ordnungssysteme, die in der Gegenwart sowohl im europäischen wie im japanischen Rechtsdenken ohne Zweifel zur Rechtsordnung gehören. Kontinental europäisch können wir dazu jene Beziehungen zählen, die durch Gesetze und Verordnungen geregelt sind oder im Bereich des Gewohnheitsrechts liegen. Diese Zuteilung scheint auch das japanische Rechtsdenken anzuerkennen[32]. Die Auseinandersetzung über die hier gestellte Aufgabe darf die Randerscheinungen, bei denen im einen oder im anderen System die Zugehörigkeit zur Rechtsordnung zweifelhaft ist, bei Seite lassen. Andernfalls besteht die Gefahr, daß die Diskussion vom Thema abweicht. Zuerst ist die Frage zu beantworten, ob in jenen Bereichen, in denen das praktische Rechtsdenken von Angehörigen verschiedener Kulturen sich ereignet, Gemeinsamkeiten des Denkens vorhanden sind. Die dabei zu entwerfenden oder bestehenden und auszulegenden Ordnungssysteme gehören zur Hauptsache zum offiziellen Recht und nur zum kleineren Teil zum nicht offiziellen Recht (Gewohnheitsrecht: z. B. redliche Gebräuche, Handelsgewohnheiten).

Als Recht soll hier nicht nur das in Normen objektivierte Recht verstanden sein, sondern auch der Vollzug der rechtlichen Ordnungssysteme im täglichen Leben. Dies ist das gelebte Recht, wie Behörden es vollziehen, Richter es anwenden, Private sich verhalten.

B. Besonderer Teil

I. Recht als Denkobjekt

1. Zwischenmenschliche Beziehungen und einzelner Mensch

Gegenstand der Rechtsordnung ist das Verhalten von Menschen, einzelner oder in Gruppen, zueinander und miteinander. Das Verhalten eines einzelnen Menschen gegenüber sich selber wird nur insofern vom

[32] Ebd., S. 300 f.: Drei Stufen: Official law, inofficial law and basic law. Ersteres entspricht dem Gesetzes-, das zweite dem Gewohnheitsrecht. Der englische Begriff, „basic law“ ist in der deutschen Zusammenfassung irreführend als mit „Grundgesetz“ übersetzt. Chiba versteht jedoch darunter die grundlegenden Ideen.

Recht erfaßt, als es sich auf die Gemeinschaft auswirkt (Verbot der Selbstverstümmelung zum Vermeiden des Militärdienstes).

Das Recht ist wegen der einzelnen Menschen und der Gesellschaft da. Erstere sind Gegenstand der Sorge und Fürsorge im Rechtsdenken aber nicht unmittelbare Ordnungsobjekte, solche sind nur die Beziehungen zwischen den Menschen als Handlungssysteme.

2. Menschen und Natur

Gegenstand des Rechtsdenkens ist auch die Natur in all ihren Erscheinungen. Sie ist im zeitgenössischen Rechtsdenken als passiver Partner einbezogen. Das Tun und Nichttun des Menschen wird in der Rechtsordnung in seinem Einwirken auf die Umwelt bedacht und geregelt. Das geschah früher nur teilweise (Schutz von Tieren gegen Tierquälerei, von Wäldern wegen Lawinengefahr). Damit ist nicht nur der einzelne Mensch, sondern die mit der Umwelt gefährdete Weiterexistenz der menschlichen Gattung Objekt der Sorge im Rechtsdenken[33].

3. Die Beziehungen als funktionale gesellschaftliche Systeme

Die Beziehungen der Menschen zueinander und zur Natur sind Elemente ihres individuellen Seins und ihres jeweiligen Daseins; sie sind zugleich Teile der Existenz und des kollektiven Empfindens und Handelns der Gesellschaft. Sie erfüllen im Leben der Menschen, die in der Beziehung und in bezug auf sie denken, planen, handeln, empfinden eine dieser Beziehung entsprechende spezifische Aufgabe. Die Beteiligten benützen sie als Mittel, um ganz bestimmte materielle, seelische, geistige Bedürfnisse zu befriedigen. Die Handlungen der Beteiligten sind Atome im Molekül der Beziehung; dieses wiederum ist ein aktiver Teil des gesamten gesellschaftlichen Organismus. Gleich den Atomen und den Molekülen sind sie komplexe funktionale Handlungssysteme, deren Wirken wir nur in charakteristischen Elementen wahrnehmen und modellmäßig erfassen können.

4. Institutionalisierte Systeme

Viele — sogar die meisten — der vom Recht erfaßten zwischenmenschlichen Beziehungen sind konstante Teile des gesellschaftlichen Handelns geworden. Ohne sie wäre die Versorgung mit materiellen Gütern und das Erfüllen seelischer und geistiger Bedürfnisse gestört und

[33] *A. Troller,* Grundriß einer selbstverständlichen Methode und Rechtsphilosophie, Basel/Stuttgart 1975, S. 141 ff.

manchmal nicht möglich. Beispiele sind: die Vertragstypen, welche die Versorgung mit Sachen und Dienstleistungen bewirken; die Verbindungen zwischen Mann und Frau und Kindern; die Nachfolge in die Hinterlassenschaft; die Ordnung von Rechtsstreitigkeiten usw.

Diese Beziehungen sind zum geradezu selbstverständlichen Bestandteil der individuellen und gesellschaftlichen Existenz geworden. Sie sind Institutionen, auf welche die heutige Gesellschaft ohne eine tiefgreifende Änderung ihrer Struktur, ohne Verzicht auf wesentliche Bedürfnisse nicht verzichten kann.

5. Einzelne und umfassende Systeme

Die einzelnen zwischenmenschlichen Beziehungen sind in ihrer Funktion umfassenderen Systemen angepaßt. Ob die Funktion vom Gesamtsystem dem Teilsystem zugekommen ist oder ob letzteres das erstere entstehen ließ, ist für die vorliegende Studie nicht wesentlich. Wichtig ist nur zu bedenken, daß jede Beziehung harmonisch in ein umfassendes System eingefügt ist (z. B. die Ehe in Mono- oder Polygamie oder Polyandrie; wirtschaftliche Handlungssysteme wie Verträge, Gesellschaften in ein System des grundsätzlich freien Wettbewerbs oder der Planwirtschaft).

Die einzelnen Beziehungen sind nicht isolierte funktionale Systeme im gesellschaftlichen Organismus. Dessen Existenz ist durch die Vielzahl von umfassenden und individuellen Systemen bedingt und in ihrer Eigenart bestimmt. Ob und wieweit einzelne Systeme sich ändern lassen, ohne die Funktion und damit die Struktur von anderen Systemen, deren Teile sie sind oder von noch umfassenderen Systemen zu beeinflussen, ist nur von Fall zu Fall zu entscheiden.

6. Das Denken in Handlungsmodellen

a) Zweck und Mittel

Die zwischenmenschlichen Beziehungen haben als funktionale Handlungssysteme einen bestimmten Zweck, um dessentwegen die Partner die Verbindung anstreben, sie entstehen und wirken lassen.

Dieser Zweck ist stets die Befriedigung eines Bedürfnisses. Das Tun oder Nichttun, das der Inhalt jeder rechtlich geordneten Beziehung ist, soll den zur Befriedigung des Bedürfnisses dienlichen Erfolg bewirken. Die Handlungsstruktur der Beziehung ist das dem Erreichen des Zwecks angepaßte Mittel.

b) *Realität der Systeme*

Die zwischenmenschlichen Beziehungen, die das Recht ordnet, sind gesellschaftliche Realitäten. Sie ereignen sich und sind in den vorstellbaren und auch tatsächlich wahrgenommenen Handlungen der Beteiligten, in ihrem aktiven und passiven Verhalten, zu erkennen. Obgleich sie mit dem gesamten Tun der Beteiligten vermengt sind, erscheinen sie dennoch wegen ihrer funktionalen Eigenheit deutlich als selbständige Elemente der gesellschaftlichen Gesamtexistenz.

c) *Gedachte und gelebte Ordnung*

Das Recht ist ein spezielles gesellschaftliches Ordnungssystem. Besteht dieses System nur aus der Ordnungsidee oder zugleich auch aus der Objektivation dieser Idee im gesellschaftlichen Handeln?

Ist das Recht nur das Ordnen oder auch das Geordnete? Ist das Recht bloß ein Normensystem oder ebenso das den Normen entsprechende strukturierte gesellschaftliche Geschehen?

Die Frage nach der Wirklichkeit der Rechtsordnung im gesellschaftlichen Dasein ist nicht deswegen überflüssig oder gar sinnlos, weil auch die Wirklichkeit nur im Bewußtsein gesehen wird und deshalb Denkobjekt ist. Sie erscheint im Bewußtsein als gelebte Handlungssysteme neben den Handlungsmodellen, die diese Systeme regeln. Das praktische juristische Denken anerkennt dieses Nebeneinanderbestehen ohne Vorbehalt. Jedes Urteil vergleicht das umstrittene gesellschaftliche Geschehen, das Tun oder Nichttun der Parteien mit dem gesetzlichen Handlungsmodell und greift in das Verhalten der Parteien ein. Dieses Tun oder Nichttun ist das im Leben objektivierte Handlungsmodell, das der Richter konzipiert hatte im Hinblick auf das im Gesetz erscheinende Handlungsmodell. Das gedachte Normensystem ohne seine Entsprechung im funktionalen gesellschaftlichen System wäre sinnlos.

d) *Wechselwirkung vom Erkennen der sozialen Systeme und normativem Entscheiden*

Dem Bilden der Rechtsnorm, des Handlungsmodells, muß die Kenntnis der zu regelnden sozialen Situation vorausgehen. Ihre Widerspiegelung im Bewußtsein ist die Voraussetzung dafür, daß ihre soziale Funktion, ihren Zweck erfaßt und daß das entsprechende Tun als Mittel zum Erreichen dieses Zwecks gesehen wird[34]. Dem Ergebnis dieses

---

[34] Dazu *Peschka* (FN 8), S. 42 ff., 51: „Damit die Rechtsnorm ihre gesellschaftliche Bestimmung und Aufgabe, die Regelung der gesellschaftlichen Verhältnisse, verwirklichen kann, muß man vor allem jene objektiven Gesetzmäßigkeiten kennen, die die gesellschaftlichen Verhältnisse bewegen und in diesen zur Geltung kommen." S. 75: „Die Auswahl, Bestimmung und Um-

Erkennens als erste Widerspiegelung folgt das Bilden der Norm im Bewußtsein als ideelle Vorwegnahme der möglichen und erwünschten Ordnung des betroffenen Elements der sozialen Wirklichkeit (zweite Widerspiegelung). Die Objektivation dieses gedachten Handlungsmodells im gesellschaftlichen Geschehen macht es zum gelebten Recht[35].

e) Intentionalität und Perspektive

Die komplexe gesellschaftliche Wirklichkeit wird im Rechtsdenken nicht als ein unentwirrbares Gespinst von zwischenmenschlichen Beziehungen wahrgenommen. Jedes auf das Erkennen gerichtete Denken ist sinngebend, intentional. Es scheidet aus all den Erscheinungen, die gleichzeitig im Bewußtsein vorhanden sind, jene als zusammengehörende Gruppe aus, die in einem Sinngefüge verbunden sind, auf dessen Erkenntnis die Wahrnehmung gerichtet ist[36]. Wahrnehmung und Sinngebung sind zugleich von der Perspektive, dem Vorverständnis des Wahrnehmenden beeinflußt[37].

f) Intersubjektive Verständigung

Die Widerspiegelungsthese geht von der Realität der gesellschaftlichen Wirklichkeit und vom Erkennen von deren objektiven Gesetzen aus. Sie läßt jedoch deren Bild im Bewußtsein des erkennenden Subjekts erscheinen. Sie stimmt dem Grundsatz zu, daß die Widerspiegelung nicht photokopisch sei, sondern vom erkennenden Subjekt geistig mitgestaltet werde. Sie kann daher dem Problem nicht ausweichen, wie das erkennende Subjekt zur Überzeugung gelangen könne, daß seine Erkenntnis mit der Realität übereinstimme, daß sie wahr sei. Würde die Hartmannsche These vom Gefängnis des Bewußtseins stimmen[38], so wäre es kaum sinnvoll, hinter dem Vorhang der sprachlichen Mitteilung Gemeinsamkeiten des Denkens zu suchen. Auch Jlyenkovs Fest-

---

schreibung der Bedingungen des Eintreffens der Rechtsfolgen geschieht somit immer aus der Richtung des teleologisch gesetzten, zu verwirklichenden menschlichen Verhaltens als angestrebtem Ergebnis."

[35] Vgl. zur phänomenologischen Methode und Widerspiegelung vorn II 4 b aa, bb, FN 12, 17.

[36] Dazu *Troller*, Die Begegnung (FN 11), S. 66 ff.; *ders.*, Grundriß (FN 33), S. 43, 58 zu Vorverständnis und Intentionalität. *Peschka* (FN 8), S. 43: „Die extensive und intensive Unendlichkeit der Welt zwingt den Menschen, sich seinen Bedürfnissen und Interessen anzupassen, unbewußt jene Momente im Laufe der Widerspiegelung auszuwählen, hervorzuheben, die sich als entscheidend für die gegebene Handlung erweisen."

[37] Dazu *Troller*, Grundriß (FN 33), S. 80 ff.

[38] *N. Hartmann*, Grundzüge der Metaphysik der Erkenntnis, 4. Aufl., Berlin 1949, S. 61 f.: „Aus diesem ehernen Ring, dem „Zirkel des Denkens" kommt das Bewußtsein bei aller Objektivität des Gedachten nicht heraus. Es bleibt ewig in sich gefangen, auf die Welt seiner Setzungen und Vorstellungen allein angewiesen."

stellung, daß die Welt und ihre Erscheinungen im kollektiven Bewußtsein bewahrt und von jedem Individuum in der Teilhabe daran gesehen werden[39], könnte nicht dazu ermutigen, nach den Gemeinsamkeiten des Denkens in verschiedenen Kulturen zu forschen. Die phänomenologische intersubjektive Verständigung[40] weist hingegen den Weg, auf dem die Forscher, obgleich ihre Sprachen zu ganz verschiedenen Sprachsystemen gehören und sie aus verschiedenen Kulturen stammen, die Übereinstimmung des Rechtsdenkens überprüfen können. Sie beschreiben das in ihrem Bewußtsein Erscheinende, das sie auf Grund der wahrgenommenen sozialen Wirklichkeit als funktionales Handlungsmodell in seinem Bestehen gesehen oder als zukünftiges Handlungsmodell konstituiert haben. Sie prüfen, ob die beschriebenen Bewußtseinsbilder übereinstimmen. Zugleich beschreiben sie den Weg der Konstitution. Dort, wo sie Abweichungen in den beschriebenen Bewußtseinsbildern feststellen, versuchen sie, deren Ursache rational zu begründen, indem sie die verschiedene soziale Struktur, deren verschiedene Funktion oder den Unterschied im Denkweg vorweisen[41].

II. Vorgegebene Elemente der Rechtsordnung

1. Ausschluß des Naturrechts

Ich diskutiere hier nicht darüber ob und in welchem Umfang und in welchem Sinn naturrechtliche Theorien begründet sind. Ich habe den Titel dieses Abschnittes gewählt, um klar mitzuteilen, daß ich das Vorgegebene als in der Gesellschaft vorhandene Wesenselemente erfasse und nicht als Normen. Diese Feststellung ist nötig, weil ich mehrmals

---

[39] *Jlyenkov* (FN 12).

[40] Dazu *Troller*, Die Begegnung (FN 11), S. 74 ff., 109 ff.; *ders.*, Grundriß (FN 33), S. 41 ff., 91 ff.

[41] *J. Habermas*, Zur Logik der Sozialwissenschaften, Philosophische Rundschau, Beiheft 6, Tübingen 1967, S. 98 ff., hat die Nützlichkeit der phänomenologischen intersubjektiven Verständigung im Bereich der Sozialwissenschaften negiert. S. 124: „Die Monaden spinnen die sprachliche Intersubjektivität erst aus sich heraus. Noch ist Sprache nicht als das Gespinst durchschaut, an dessen Fäden die Subjekte hängen und an ihnen erst zu Subjekten sich bilden." Die Folgen eines solchen Spinnens erfahren wir in manchen Werken von Soziologen und Rechtsphilosophen.

Das praktische Rechtsdenken beweist durch seine jahrtausend alte und täglich erneuerte Erfahrung, daß die hier dargelegte Methode der intersubjektiven Verständigung als nützlich und notwendig erprobt ist. Sie wird in den Diskussionen über den Inhalt von Gesetzes- oder Vertragsbestimmungen und in den Urteilsberatungen von Kollegialgerichten angewandt. Wenn Europäer und Japaner den Inhalt eines Vertrages beraten, bleiben sie nicht im Gespinst ihrer Sprachen gefangen. Sie verwenden meistens eine dritte Sprache, die englische, als Mitteilungsträger, um das von ihnen angestrebte Tun in der wirtschaftlichen Wirklichkeit vorzuweisen. Sie begründen dessen Auswahl aus anderen gesehenen und besprochenen Varianten des Handlungsmodells mit Hinweisen auf die Funktion und den Erfolg des Handlungsmodells.

erfahren habe, daß mein Hinweis auf das Vorgegebene mich bei den Naturrechtlern einreihen ließ und damit Rechtsdenker vom Beschäftigten mit diesem Vorgegebenen abhielt.

Ich bin überzeugt, daß auf naturrechtlicher Grundlage eine Synthese des Rechtsdenkens in verschiedenen Kulturen nicht gelingt.

2. Anthropologische Elemente

a) Individuelles und soziales Wesen des Menschen

Jede Rechtsordnung in jeder Kultur und in jedem Gesellschaftssystem muß davon ausgehen, daß der Mensch ein Individuum ist und daß er in der Gesellschaft im Zusammenleben und -wirken mit anderen sein Dasein gestalten muß. Das Bedürfnis, die eigene Person zur Geltung zu bringen, ihr einen eigenen Gestaltungsraum zu sichern, ist von Mensch zu Mensch und von Volk zu Volk verschieden. Sicher ist nur, daß die Rechtsordnung sowohl die Bedürfnisse des einzelnen wie auch jene der Gesellschaft achten und für deren Befriedigung sorgen muß[42].

b) Bedürfnisse und Empfindungen

Die Rechtsordnung hat den Zweck, die Befriedigung menschlicher Bedürfnisse (materielle und auch ideelle) zu sichern.

Das Rechtsdenken hat somit als Gegenstand das Erkennen der schützenswerten Bedürfnisse und der Mittel zu ihrer Befriedigung. Soweit diese Bedürfnisse und die Mittel übereinstimmen, ist die Synthese in bezug auf das gedachte Objekt gegeben.

Die Menschen haben seit Jahrtausenden gleiche Grundbedürfnisse (Nahrung, Kleidung, Wohnraum) und die gleichen Grundgefühle (Liebe, Sexualtrieb, Eifersucht, Haß, Neid, usw.). In zivilisatorisch hoch entwickelten Gesellschaften, die verschiedenen Kulturen angehören, stimmen nicht nur die Grundbedürfnisse und -gefühle, sondern auch ihre verfeinerten bis raffinierten Varianten überein[43].

---

[42] *E. Huber*, Das Absolute im Recht. Schematischer Aufbau einer Rechtsphilosophie, in: Festgabe der juristischen Fakultät der Berner Hochschule zur Jahresversammlung des Schweizerischen Juristenvereins von 1922, Bern, S. 15: „Deshalb gehört denn auch die Existenz von Individuen und Kollektivitäten zum Wesen des Rechts und nur die Existenz und Ausgestaltung ihres Verhältnisses in den konkreten Fällen darf zum Inhalt des Rechts gezogen werden.“ S. 40: „Das Individuum ist immer in irgendeiner Weise gebunden, und die Gemeinschaft kann dem Individuum niemals alle Freiheit nehmen.“

[43] So hat mich von allen vielen Filmen, die ich gesehen habe, ein japanischer „Die nackte Insel“, dessen Autor ich vergessen habe, am meisten beeindruckt in seiner bildlichen Mitteilung der Beziehung von Mann und Frau und der Eltern zum Kind. Der Film gehörte wohl zur Gattung des Shomingeki-Drama der menschlichen Beziehungen (zu diesem *M. Lewinsky-Sträuli*, Neue Züricher Zeitung, 17. August 1984, Nr. 190, S. 65).

Daß auch die zur Befriedigung nötigen Mittel dieser Bedürfnisse und Gefühle in der Grundstruktur weitgehend übereinstimmen, wird nachher dargetan.

c) Weg der rationalen Erkenntnis

In A II 4 b, bb habe ich die These vorgebracht, daß die phänomenologische Methode und parallel dazu die Widerspiegelungstheorie überregional und vom Denkobjekt unabhängig seien. Ergänzend habe ich die Möglichkeit der von der Sprache unabhängigen intersubjektiven Verständigung und ihren Vollzug dargetan (B I 6 f.).

Ob diese Behauptungen zutreffen, mag der Leser an Hand seiner praktischen Erfahrung beurteilen. Vor allem mag er unabhängig von erkenntnistheoretischen Diskussionen sich darüber Rechenschaft geben, wie er bei der Arbeit an Gesetzen und Verträgen, bei der Beratung eines Kollegialgerichts zu Werke geht und insbesondere auch beim Mitwirken im Formen von internationalen Beziehungen unter Verwendung einer fremden Sprache. Auf welchem Wege der Rechtsdenker die rechtlichen Handlungsmodelle im Hinblick auf die Bedürfnisse der Individuen und der Gesellschaft entwirft, ist ein Grundproblem der angestrebten Synthese. Nicht darauf kommt es an, wie die Theoretiker und Dogmatiker denken, sondern darauf, was die Praktiker in ihrer Auseinandersetzung mit den Bedürfnissen der Individuen und der Gesellschaft überlegen und wie sie handeln[44].

3. Rechts- und Gerechtigkeitsgefühl

Das Recht ist die Ordnung der zwischenmenschlichen Beziehungen, die, wenn nötig, durch institutionalisierte Organe erzwingbar ist[45]. Inhalt der Rechtsidee ist das Denken dieser Ordnung nur gerade als Ordnung, unabhängig von ihrem jeweiligen Inhalt. Die so verstandene Rechtsidee ist überall da, wo eine Rechtsordnung besteht und über sie nachgedacht wird[46].

Gedacht und erstrebt wird nicht irgendeine Ordnung, sondern eine richtige Ordnung. Dieser Grundsatz trifft überall zu, wo immer auf der

---

[44] *Huber* (FN 42), S. 64: „Daraus läßt sich ersehen, wie in der Rechtsverwirklichung das konkrete Leben unter der Rechtsidee betrachtet wird. Dieses juristische Denken verschafft dem Leben keinen konkreten Inhalt, sondern an dem, was es als Inhalt hat, geschieht das juristische Denken."

[45] Vorn V.

[46] *Huber* (FN 42), S. 13: „Im Zusammenleben schaffen die Menschen das Recht und erleben es als ein Gebot, es zu wollen uns sich darnach zu richten. In ihrem Bewußtsein liegt die Idee des Rechts und verlangt ohne Vorbehalt und notwendig nach Anerkennung."

Welt Recht gedacht wird. Nur das Streben nach der Richtigkeit ist allgemein, nicht aber die Überzeugung von dem, was richtig ist[47].

Diese Rechtsidee ist die Wurzel des Denkens einer Rechtsordnung in jeder Kultur.

Ebenso universal wie die Idee des Rechts ist das Gerechtigkeitsgefühl. Es leitet das Streben nach dem richtigen Recht. Es wurde und wird immer von neuem versucht, die Gerechtigkeit als Weisung für den Inhalt der Ordnung zu erfassen, als Aussage darüber, welche Rechte und Pflichten in den Beziehungen zuzuteilen seien[48]. Diesem Bemühen entspricht die bedauerliche Tatsache, daß aus Ulpianus Gerechtigkeitsdefinition[49] von vielen, sogar von den meisten, das „suum cuique tribuere" als zentraler Gehalt herausgenommen und die Definition damit verstümmelt wurde und wird. Gerechtigkeit ist nicht die Tatsache, daß jeder das Seine erhält, sondern der *Wille* jedem das Seine zu geben. Die sorgfältige Begründung des Thomas von Aquin, weshalb die Gerechtigkeit nicht ein Zustand, eine Eigenschaft der Rechtsordnung, sondern eine Eigenschaft des Rechtsdenkens ist[50], wurde bei allem Bemühen, sie in der Ordnung selber zu finden, nie widerlegt. Das Gerechtigkeitsgefühl ist das gesellschaftliche Gleichgewichtsgefühl. „Es ist wie das physische Gleichgewichtsgefühl ein Element der menschlichen Natur. Wie dieses kann es durch Übung verfeinert und besser entwickelt oder durch eine gesellschaftlich abnorme Entwicklung geschwächt oder verdrängt werden[51]." Das so verstandene Gerechtigkeitsgefühl ist wie das Streben nach Ordnung und nach deren Richtigkeit ein notwendiges Element des Rechtsdenkens. Kein Rechtsdenker, der am Formen der Rechtsordnung mitwirkt, gleich in welcher Kultur, wird zugeben, er be-

---

[47] Ebd., S. 13: „Die Idee des Rechts umschließt dergestalt, genau besehen, zwei Gedanken, von denen der erstere unzweifelhaft absoluten Charakter hat: Das Recht verbindet die an dem Verhältnis beteiligten Personen notwendig, mit der Wirkung, daß sie unter sich verbunden, sei es berechtigt, sei es verpflichtet sind, und es verbindet sie zu einer Ordnung, die richtig sein soll. Das Verhältnis wird also mit rechtlichem Inhalt ausgestattet, der dem richtigen Recht entspricht. Die Idee verlangt beides. Das richtige Recht selbst hat keinen absoluten Charakter."

[48] Dazu an Stelle vieler *Ch. Perelman*, Zur Theorie der Gerechtigkeit, RECHTSTHEORIE 11 (1980), S. 129 ff.

[49] *Ulpianus*, Dig. 1, 1, 10: Iustitia est constans et perpetua voluntas ius suum cuique tribuendi.

[50] *Thomas von Aquin*, Recht und Gerechtigkeit, kommentiert von A. F. Utz, Heidelberg 1953, S. 21: Quaestio 58, 1: ADSECUNDUM dicendum quod etiam neque justitia est essentialita rectitudo, sed causaliter tantum: est enim habitus seumdum quem aliquis recte operatur et vult. — „Zu 2. Auch die Gerechtigkeit ist nicht wesentlich, sondern nur ursächlich Rechtheit, sie ist nämlich das Gehaben, gemäß dem einer recht handelt und will." Vgl. dazu auch Quaestio 58, 4.

[51] *Troller*, Grundriß (FN 33), S. 108.

mühe sich nicht, nach seiner Erkenntnismöglichkeit, jedem das Seine zu geben. Das Urteil darüber, was jedem das Seine ist, hat keinen allgemeinen Inhalt[52].

Möchte jemand einwenden, die Feststellung, daß Rechtsidee und Gerechtigkeitsgefühl in allen Kulturen zum Rechtsdenken gehören, trage zur Synthese nichts wesentliches bei, müßte er dartun, wie eine Ordnung ohne diese zwei Elemente zustande komme[53]. Muß er aber zugeben, daß sie die zentrale Wirkkraft des Rechtsdenkens sind, dann muß er auch zugeben, daß sie unerläßliche Elemente in der gesamten Synthese sind.

4. Kausalität und Sollen

a) Kausalität

Die meisten Rechtsphilosophen und -theoretiker sind überzeugt vom Axiom, daß ein wesentlicher Unterschied in der Denkmethode dadurch bestimmt sei, daß der Naturwissenschaftler bei den von ihm erforschten Phänomen von der Kausalität ausgehen könne, der Rechtsdenker hingegen nicht[54]. Das Forschen nach der Kausalität ist das Bemühen, die Ursache einer Wirkung oder die Wirkung einer Ursache festzustellen. In Bereichen, in denen Bedürfnisse zu befriedigen sind, geht es darum, entsprechende Handlungsmodelle zu entwickeln, d. h. Mittel bereitzustellen, die den angestrebten Zweck erreichen lassen. Das gilt für die angewandten Naturwissenschaften (die Technik) wie für das Rechtsdenken. Wie dargetan wurde, dient jede Rechtsordnung der Befriedigung menschlicher Bedürfnisse; sie hat generell diesen Zweck und in jedem ihrer Ordnungsmodelle einen spezifischen Zweck.

Techniker und Juristen entwickeln ausgehend von der erkannten Wirklichkeit in ihrem Bewußtsein vorgestellte Modelle über das Tun, durch welches nach ihrer Ansicht der angestrebte Erfolg, der Zweck des

---

[52] *Huber* (FN 42), S. 30: „Daraus gewinnen wir die Einsicht, daß das Richtige nicht eine objektiv bestehende Ordnung ist, ein System, das dem faktisch vorhandenen Recht zur Seite oder gegenüber gestellt werden könnte. Wer dieses Richtige als ein in Gedanken vorhandenes, irgendwie konkretisiertes Ganzes auffaßt, der hat die Bedeutung der Idee nicht begriffen. Das Richtige besteht nur als Idee und kann deshalb auch nur in dem Sinne zur Prüfung der konkreten Erscheinungen verwendet werden, daß es der Kritik dient, ohne daß es irgendeinmal auch wirklich als objektiv Richtiges in concreto bestände."

[53] Dazu *Troller*, Grundriß (FN 33), S. 102 ff.

[54] Vgl. jedoch *H.-G. Gadamer*, Wahrheit und Methode, 2. Aufl. 1965, S. XV: „Das schließt nicht im geringsten aus, daß die Methoden der modernen Naturwissenschaft ihre Anwendung auch auf die gesellschaftliche Welt finden." „Nicht eine Differenz der Methoden, eine Differenz der Erkenntnisziele liegt vor." Dazu vorn A II 4 b, bb, *β*.

Handels zu erreichen ist[55]. Techniker und Juristen gehen davon aus, daß das Handeln gemäß dem konzipierten Modell den Zweck erreichen lasse, daß dieses im Bewußtsein vorgestellte Handeln die Ursache für den Erfolg sei. Sie gehen gleichermaßen von der Kausalität aus[56]. Wer, obwohl widerwillig, dieser Argumentation gefolgt ist, wird jetzt einwenden, an diesem Punkt höre die Parallele des technischen und juristischen Denkens und Planens auf. Der Techniker könne die Kausalität und damit den Eintritt des Erfolges sichern, weil die Mittel von ihm beherrschbare Naturkräfte seien. Der Mensch hingegen habe freien Willen, so daß ein unmittelbarer Schutz des Handlungsmodells nicht gegeben sei.

Das Beherrschen des kausalen Geschehens ist ein Problem der Komplexität. Der Techniker kann den Erfolg beim Verwenden von Naturkräften nur so weit voraussehen, als er das praktische Zusammenwirken dieser Kräfte im Hinblick auf den angestrebten Erfolg zu erkennen vermag[57]. Das gelingt ihm nur im Bereich des Hantierens mit den Naturkräften. Sobald er aber komplexere Systeme von Lebewesen einbezieht, vermag er den Erfolg nur noch nachträglich experimentell festzustellen. Er kann dann davon ausgehen, daß der mehrmals unter gleichen Bedingungen erreichte Schutz sich weiterhin ergebe, daß die Kausalität gesichert sei[58].

Die Kausalität ist dann anzunehmen, wenn gleiche Mittel den gleichen Zweck erreichen lassen, wenn zwischen dem Handlungsmodell und dem Erfolg ein festgestellter, invariabler Zusammenhang besteht.

---

[55] *R. v. Ihering,* Der Zweck im Recht, 5. Aufl. 1916, S. V: „Der Grundgedanke des gegenwärtigen Werkes besteht darin, daß der Zweck der Schöpfer des gesamten Rechts ist, daß es keinen Rechtssatz gibt, der nicht einem Zweck, d. i. einem praktischen Motiv seinen Ursprung verdankt."

[56] *v. Ihering* (FN 55), S. 2 spricht beim Handeln des Menschen von der psychologischen Kausalität. Beim fallenden Stein handle es sich um ein „Weil", beim handelnden Menschen hingegen um ein „Um". Das „Um" betrifft jedoch nur den Zweck. Damit das Handeln aber den Zweck erreichen läßt bedarf es des „Weil" ebensogut wie beim fallenden Stein. Dazu *Peschka* (FN 8), S. 29: „Die Tatsache, daß in der teleologischen Setzung das Ergebnis der menschlichen Tätigkeit ideell bereits früher existiert als in der Wirklichkeit, daß in der Zwecksetzung der Mensch die Zukunft vor sich projiziert und zugleich zu diesem gesetzten Ziel, diesem vorweggenommenem Ergebnis, in den kausalen Zusammenhängen der Gegenwart und der Vergangenheit rückwärts gehend die Mittel auswählt, ..."

[57] So können zwar Weg und Geschwindigkeit eines frei fallenden Steines berechnet werden, nicht aber bei einem über Felsen und Wiesen vorbei an verschiedenen Hindernissen kollernden Stein oder gar bei einem dürren Blatt, das der Herbststurm wirbelnd herum weht.

[58] Wie problematisch diese Gewißheit ist, zeigen die nicht vorausgesehenen Nebenfolgen von Medikamenten oder die gebildete Immunität von Insekten gegen Insektizide.

Wäre der einzelne Mensch Gegenstand des Ordnungsdenkens und nicht nur Gegenstand der Sorge des Rechtsdenkens, so ließen sich keine Invariablen finden. Er ist ein so komplexes Wesen, daß er einen so großen Handlungsspielraum hat, daß Konstanten weder vorauszusehen noch nachträglich experimentell festzustellen sind. Die anthropologischen Gegebenheiten (Individualität und gesellschaftliches Wesen, die Bedürfnisse und Empfindungen) sowie Rechtsidee und Gerechtigkeitsgefühl sind keine Grundlage für das Feststellen von konstantem menschlichen Verhalten. Hingegeben gibt es, was die Diskussion über die Kausalität im Rechtsdenken übergeht, invariable Handlungssysteme als rechtliche Grundstrukturen, die dem Rechtsdenker ebenso konkrete Elemente der Rechtsordnung bereit halten wie die Naturkräfte dem Techniker. Wir können daher Parallelen im technischen und rechtlichen Denken beim Formen der Handlungsmodelle feststellen[59]. Da die Techniker in allen Kulturen im wesentlichen gleich denken, ist dies auch für die Rechtsdenker in bezug auf das Bild von Handlungsmodellen anzunehmen.

b) Sollen

Das Denken der Techniker und Rechtsdenker verläuft parallel in bezug auf das Auswählen und Erkennen von schon existierenden Handlungsmodellen oder in bezug auf das Formen von neuen Handlungsmodellen, die auf Grund der erkannten Wirklichkeit und der für diese bestehenden immanenten Eigengesetzlichkeit möglich sind.

Diese Handlungsmodelle sind Anleitungen für das Verhalten der Menschen, für ihr Sollen. Der Techniker soll, wenn er den angegebenen Zweck erreichen will, die Maschine nach dem Handlungsmodell konstruieren und herstellen, Atome und Moleküle auf bestimmte Weise vereinen, ihre Lage verändern. Die Menschen sollen, um bestimmte individuelle oder allgemein gesellschaftliche Bedürfnisse zu befriedigen, nach dem entworfenen Modell sich verhalten.

Die vielfach behauptete und zum Teil hartnäckig verteidigte Trennung von Sein und Sollen ist ein Scheinproblem. Es beschäftigt nur Philosophen und Theoretiker, nicht aber Praktiker. Was die Menschen in einer Rechtsordnung tun sollen, läßt sich nur aus dem gesellschaftlichen Sein erfahren. Aus ihm werden die Handlungsmodelle im Rechtsdenken hergeleitet. Bestehende werden auf ihre Tauglichkeit geprüft, gewertet; sie werden beibehalten oder geändert, oder abgeschafft und durch neue ersetzt.

---

[59] Dazu *Troller*, Parallelen und Unterschiede ..., Die Begegnung von natur- und rechtswissenschaftlicher Methode ... (FN 22).

Das rechtliche Sollen ist der durch die Rechtsordnung gelenkte und teilweise bestimmte Zwang zur Gestaltung des Daseins. Er ist dem Menschen von seinem Sein auferlegt[60].

Das jeweilige Dasein ist als zu gestaltendes stets von neuem zu bedenken. Aus ihm stammt der Inhalt des Sollens[61].

Daß aus Seinsätzen logisch Sollensätze nicht ableitbar sind, sollte den Rechtsdenker nicht beunruhigen und nicht einmal beschäftigen[62].

Soweit Techniker und Rechtsdenker im Erforschen der Naturkräfte und der gesellschaftlichen Systeme und im Werten und Verwerten der erreichten Kenntnisse Handlungsmodelle bilden, gehen sie methodisch in gleicher Weise ans Werk. Unterschiede bestehen beim Umsetzen der ideell bestehenden technischen und rechtlichen Modelle in die physische Realität.

Technische und rechtliche Handlungsmodelle (Normen) sind Anweisungen an Menschen, was sie tun oder unterlassen sollen, damit das angestrebte Ergebnis in derAußenwelt physisch sich ereignet.

---

[60] *M. Heidegger*, Über den Humanismus, 1949, S. 19: „Der Mensch ist der Hirt des Seins." S. 24: „Der Mensch ist nicht der Herr des Seienden. Der Mensch ist der Hirt des Seins." *H. Ryffel*, Grundprobleme der Rechts- und Staatsphilosophie. Philospohische Anthropologie des Politischen, 1969, S. 132 f.: „... der Mensch untersteht stets einem Sollen und muß andauernd Sollen in Sein verwandeln." „Sein und Sollen als tatsächliches und gesolltes Verhalten sind demnach in einem einheitlichen Gefüge innig verbunden. Das menschliche Verhalten ist ein Verhalten, zu dem notwendigerweise Sollen gehört."

[61] *Huber* (FN 44).

[62] Dazu *W. Ott*, Das Verhältnis von Sein und Sollen in logischer, genetischer und funktioneller Hinsicht, Zeitschrift für Schweizerisches Recht, N.F. Band 103 (1984), I. Halbband ,S. 355 ff., 366 f.: „So sehr also der Sollsatz — logisch betrachtet — nicht aus Sätzen über Seinstatsachen zu beweisen ist, so sehr erweist er sich — genetisch gesehen — als von Seinstatsachen abhängig und — funktionell gesehen — als auf Seinstatsachen hin bezogen. Ein Widerspruch ergibt sich hier nur für den, der nicht trennt zwischen den beiden Denkebenen, der logischen und der empirischen." — *Peschka* (FN 8), S. 32: „Es ist bereits aus dieser offenbar kausalen Bestimmtheit der Rechtsnorm — daß sie in eigentlich kausale Zusammenhänge eingreift, als quasi deren spezifisches Moment erscheint und allein auf Grund der Kenntnis der kausalen Zusammenhänge möglich und erfolgreich sein kann — ersichtlich, wie sehr die rechtsphilosophischen, in erster Linie normativistischen Konzeptionen irren, welche die Normativität der Rechtsnorm, ihren Soll-Charakter, aus den kausalen Zusammenhängen reißen, die Kausalität und die Teleologie, das Sein und das Sollen als zwei voneinander getrennte, selbständige Welten auffassen." — *Ryffel* (FN 60), S. 136: „Deshalb sind die praktischen Verhaltensmöglichkeiten bestimmte Möglichkeiten unter anderen Möglichkeiten, die schon bereit liegen oder geschaffen werden könnten. Da der Mensch immer etwas soll, muß er in der Fülle der Verhaltensmöglichkeiten, die an sich realisiert werden können, bestimmte auswählen, aus dem Unbestimmten ins Bestimmte erheben, gestalten, durchhalten und als solche, die verwirklicht werden sollen, auch in Anspruch nehmen." — Vgl. auch zur Ableitung des Sollens aus dem Sein *Troller*, Die Begegnung von Philosophie (FN 11), S. 82 ff.; Grundriß (FN 33), S. 97 ff.

In beiden Fällen ist das in der Sprache — in der Technik zusätzlich durch Zeichnungen, Formeln usw. — objektivierte Modell zu interpretieren. Weil die rechtlichen Handlungsmodelle (Gesetze, Verträge usw.) als Systeme im allgemeinen nicht so im Detail das Tun oder Nichttun beschreiben, wie technische, erfordern die ersteren einen größeren und schwierigeren Aufwand für die Auslegung. Meinungsverschiedenheiten sind häufiger. Zudem haben die technischen Systeme rein technisch gesehen ihre funktionale Selbständigkeit. Die rechtlichen Handlungssysteme sind hingegen Teile umfassender Systeme. Diese Verbindung macht die Auslegung noch schwieriger.

Diese Unterschiede sind beachtlich, aber nicht grundsätzlich.

Ein wesentlicher Unterschied beim Realisieren der konzipierten Handlungsmodelle ist folgender:

Bei den technischen Modellen wenden die Techniker gemäß der in der Sprache und in Zeichnungen, Formeln usw. objektivierten Regel Naturkräfte an. Das für den praktischen Erfolg entscheidende Verhalten dieser Kräfte ist konstant. Die Kräfte haben unter den im Modell vorgeschriebenen Bedingungen keine Möglichkeit, sich anders zu verhalten.

Bei den rechtlichen Handlungsmodellen sind die Menschen wie bei den technischen Empfänger der Anweisung. Sie sind aber zugleich die Elemente des im Modell vorgesehenen Verhaltens. Infolge der Komplexität ihrer physischen, seelischen und geistigen Struktur haben sie eine nicht berechenbare Vielfalt von Verhaltensmöglichkeiten. Von menschlichen Wesen aus beurteilt ist daher das Handeln nach dem Modell stets ungewiß.

Nun ist jedoch — wie vorher dargetan — Gegenstand des Rechtsdenkens nicht der einzelne Mensch; Gegenstand sind die zwischenmenschlichen Beziehungen als gesellschaftliche Systeme. Jedes von ihnen hat seine spezifische Funktion zur Erfüllung von Bedürfnissen der Beteiligten und der Gesellschaft. Es dient der Daseinsgestaltung der Menschen als Individuen und in der Gesellschaft und durch diese. Das gilt sowohl für die gesetzlichen Normen (Handlungsmodelle) wie für die von Privaten im Bereich ihrer Kompetenz konzipierten (z. B. Regelung der Erbschaft im Testament, Erbvertrag; Erwerb von Sachen gegen Entgelt, Kauf-, Pacht-, Mietverträge). Das Sollen als allgemeiner Zwang zur Daseinsgestaltung ist all diesen Handlungsmodellen immanent. Wie weit das Sollen beim Vorhandensein von speziellen Bedürfnissen auch das im entsprechenden Handlungsmodell beschriebene Tun festsetzt, wird hernach bei den vorgegebenen Strukturen überlegt. Das Sollen ist den rechtlich durch Gesetz oder durch Private in Geltung gesetzten Normen zudem deswegen immanent, weil die Rechtsordnung für die Befriedigung der Bedürfnisse der Menschen in einer komplexen Gesellschaft unerläßlich ist. Damit die Ordnung erhalten bleibt, müssen die von den Normen Erfaßten ihnen gemäß handeln[63].

Bei den technischen Handlungsmodellen — um noch einmal zu dieser Parallele zurückzukehren — müssen die eingesetzten Naturkräfte sich so verhalten, wie die im Modell objektivierte technische Regel es vorsieht. Ob das Handlungsmodell angewandt wird oder nicht, hängt von der Notwendigkeit ab, den angestrebten Zweck zu erfüllen. Das Sollen ist modellimmanent nur in bezug auf das Erreichen des technischen Erfolgs. Das Sollen betreffend das Verwenden ist vom modellimmanenten Sollen zum technischen Tun zu unterscheiden. In dieser Hinsicht gilt das Gleiche für die rechtlichen Handlungsmodelle. Das im Modell vorgesehene Tun zum Befriedigen des Bedürfnisses (Übergabe der Sache und Bezahlen des Kaufpreises; Verteilen der Erbschaft gemäß Testament, Rechtsfahren, Vortrittlassen, Bezahlen von Steuern) ist das modellimmanente Sollen zur Erfüllung des Zwecks. Von diesem Sollen ist das Sollen zum Handeln gemäß der im Modell (der Norm) enthaltenen Anweisung zu unterscheiden. Dieses Sollen betrifft die Erzwingbarkeit des Tuns oder Unterlassens. Das normimmanente Sollen gehört zur Verhaltensnorm, das Sollen, das dieses Verhalten gegebenenfalls erzwingen läßt, zur Durchsetzungsnorm[64]. Das Sollen wird oft nur als Teil der Durchsetzungsnorm gesehen und dabei die primäre Wirkung des Sollens im Verhaltensmodell beiseite gelassen. Dabei ist das Tun oder Unterlassen, wie das Handlungsmodell es vorsieht, das Erfüllen von Verträgen, das Unterlassen von rechtswidrigen Handlungen, das Beachten der Verkehrsregeln, das Bezahlen von Steuern) die Regel.

Die Notwendigkeit, das Verhalten zu erzwingen ist die Ausnahme; dies sind die gesellschaftlich pathologischen Fälle, so wie das relative Gesundsein die Regel, die Krankheit die Ausnahme ist[65].

Wann und in welchem Ausmaß das Bewußtsein, daß die Verhaltensnorm erzwingbar ist, deren Befolgen beeinflußt, läßt sich nicht feststellen. Eine Meinungsumfrage würde keinen zuverlässigen Aufschluß

[63] *Peschka* (FN 8), S. 36 schreibt daher zu Unrecht: „Die Normativität der Rechtsnorm, ihr Soll-Charakter entspringt *nicht* unmittelbar den objektiven kausalen Zusammenhängen." — Vgl. *Ryffel* (FN 60), S. 141: „Einrichtungen, die mit bestimmten Verhalten verbunden sind und diese ermöglichen, drängen auf Verwirklichung der in ihnen steckenden Möglichkeiten."

[64] *Ryffel* (FN 60), S. 401 ff.

[65] Ebd., S. 404: „Eine Rechtstheorie, die die Rechtsnormen nur als Verknüpfungen von Unrecht und Zwangsakt sieht, ist ... überhaupt keine eigentliche Theorie, sondern höchstensfalls eine Technologie der Durchsetzung von Recht, und obendrein gezwungenermaßen, wie mich dünkt, eine höchst antiquierte, soweit sie sich selbst durch eine neukantische Wirklichkeitsauffassung im Kelsenschen Sinne der angemessenen Nutzung der Wirklichkeitswissenschaften von Menschen und vom Sozialen begibt."

geben, weil die Befragten sich über die Motive kaum Rechenschaft geben. M. E. ist die Annahme gerechtfertigt, daß die meisten ohne Zögern dem immanenten Sollen sich fügen, weil sie die Zweckmäßigkeit des Handlungsmodells bejahen. In privaten Beziehungen, in denen sie ihre Interessen verwirklichen, fällt ihnen das leichter. Wenn sie an Aufgaben der Gesellschaft ihren Beitrag leisten (Bezahlen von Steuern, Militärdienst), stehen ihre individuellen Interessen mit jenen der Gesellschaft im Widerspruch.

Das Verhältnis des Seins mit seiner immanenten Kausalität zum Sollen wird hier so ausführlich dargestellt, weil das Trennen des Sollens vom Sein die Synthese des Rechtsdenkens in den verschiedenen Kulturen behindert oder gar verhindert. So wird ein wesentlicher und geradezu fundamentaler Unterschied des japanischen Rechtsdenkens einerseits und des europäischen und anglo-amerikanischen andererseits darin gesehen, daß die Japaner auf das Erzwingen des Verhaltens bei Meinungsverschiedenheiten über das Gesollte verzichten und nur ausnahmsweise Gerichtsverfahren in Gang bringen. Dieses Verhalten betrifft jedoch wohl vor allem Beziehungen, bei denen es nicht klar ist, was der genaue Inhalt des Gesollten sei. Wer im Erzwingen oder im Verzicht darauf einen grundlegenden Unterschied sieht, läßt außer acht, daß es sich bei den Normen, die beim Erzwingen eingreifen, um sekundäre Regeln handelt[66]. Wichtig ist die Einheit des Rechtsdenkens in bezug auf das Bilden und die Funktion der Verhaltensmodelle[67].

Wichtig ist ferner das Wissen darum, daß in vielen Fällen das gesetzliche oder vertragliche Handlungsmodell nicht eindeutig ist. Sein Hauptzweck und das diesem immanente Sollen sind klar. In seinem Rahmen bestehen aber mehr oder weniger zahlreiche Varianten, Alternativen[68]. Das Berücksichtigen oder Außerachtlassen dieser Sachlage im Rechtsdenken wirkt sich auf das Verhalten der Personen aus, die durch rechtliche Beziehungen verbunden sind (Rechtssubjekte). Das europäische und anglo-amerikanische Rechtsdenken, insbesondere auch jenes der juristisch Nichtgebildeten, geht von der Annahme eines aus dem Ge-

[66] *H. L. A. Hart*, Der Begriff des Rechts, 1973, S. 134 f.

[67] Ebd., S. 63: „Die Hauptfunktion des Rechts als eines Mittels der sozialen Kontrolle liegt nicht im Privatprozeß oder in der Strafverfolgung; sie sind berechtigte Notbehelfe, wenn das System versagt. Wir sehen die Hauptfunktion des Rechts in den verschiedenen Weisen, wie das Recht genützt wird, um das Leben außerhalb des Gerichts zu kontrollieren,zu führen und zu planen." — Vgl. dagegen die unhaltbare These, daß die Gesetze sich vor allem an den Rechtsstab wenden so u. a. *B. Rehfeldt / M. Rehbinder*, Einführung in die Rechtswissenschaft. Grundfragen, Grundlagen und Grundgedanken des Rechts, 4. Aufl. 1978, S. 23 f.: „Der Hauptadressat der Gesetze sind nicht mehr die Bürger, sondern die *Behörden*: die Legislative spricht in ihnen befehlend zu Exekutive und Justiz. Sie sind gleichsam ein Selbstgespräch des Staates."

[68] Dazu *J. Rödig*, Die Denkform der Alternative in der Jurisprudenz, 1969.

setz, dem Vertrag oder einer anderen Rechtsquelle ableitbaren Rechts oder eines durch die zuständige Behörde auf dieser Grundlage erlassenen Rechtsbefehls aus[69]. In beiden Fällen behauptet eine oder behaupten beide Parteien das Bestehen „ihres Rechts", das sie aus der Rechtslage ableiten und dessen Anerkennung und Zusprache sie vom Richter erwarten. Die Folge ist der Kampf ums Recht auch in jenen Fällen, in denen nicht die klare Kausalität zwischen dem Verhaltensmodell und seinem Zweck negiert, sondern nicht deutlich festgelegte Varianten von den Parteien nach ihren Interessen ausgesucht werden. Im anglo-amerikanischen Rechtskreis versucht man, möglichst viele Details der Verträge zu regeln; in Europa hat man mehr Zutrauen zur Aussagekraft allgemeiner Formulierungen. Davon unterscheidet sich das Verhalten der Parteien in China oder Japan, die es vorziehen, Verträge nur in ihrem Kern schriftlich oder mündlich zu regeln und die daraus sich ergebende Entwicklung des Modells dem diesem entsprechenden gegenseitigen Verhalten überlassen. Sie sind sich ihrer Verantwortung bewußt und auch der Tatsache, daß stets Varianten möglich sind, die bald dem Interesse der einen, bald dem Bedürfnis der anderen Partei dienen. Da die Rechtsordnung ihnen die Kompetenz zugesteht, ihre Beziehung selber zu regeln, tun sie das indem sie den Ausgleich suchen; sie muten nicht dem Richter zu, das zustande zu bringen, was ihnen selber nicht gelungen ist. Der aus „westlichem" Rechtsdenken hervorgehende Rechtsstreit vor dem Gericht ist in derartigen Fällen eine soziale Fehlhandlung.

Es ist aber wohl davon auszugehen, daß auch im fernöstlichen Rechtsdenken das aus dem zentralen Zweck eines Handlungsmodells sich ergebende Tun zwangsweise durchgesetzt wird, wenn eine Partei nicht ihm gemäß sich verhält (z. B. Bezahlen des Kaufpreises, der Miete).

Die Diskussion auf der Grundlage der Beziehung von Kausalität und Sollen in gesellschaftlichen Systemen und von Verhaltens-, Durchsetzungs-, Primär- und Sekundärnormen vermöchte Wesentliches zum Gelingen der angestrebten Synthese beizutragen.

---

[69] Vgl. zu diesen rechtstheoretischen Alternativen, die beide das durch den Zweck funktionell begründete Sollen übergehen; u. a. *A. V. Lundstedt,* Die Unwissenschaftlichkeit der Rechtswissenschaft. Bd. I: Die falschen Vorstellungen von objektivem Recht und subjektiven Rechten; *St. Jørgensen,* Idealism and Realism in Jurisprudence, Scandinavian Studies in Law, 1977, S. 95 ff.; *W. Ott,* Der Rechtspositivismus. Kritische Würdigung auf der Grundlage eines juristischen Pragmatismus, Erfahrung und Denken, Bd. 45, 1976; Law in a Social Context, Liber Amicorum honouring Prof. Lon. L. Fuller, hrsg. von Th. Bechtler, 1978.

5. Grundstrukturen von Handlungssystemen in einer arbeitsteiligen und als Staat organisierten, territorial begrenzten Gemeinschaft

Der Titel dieses Abschnitts weist das klar abgegrenzte Untersuchungsobjekt vor. Gefragt ist nach der Möglichkeit der Synthese im Rechtsdenken einer heutigen zivilisatorisch hoch entwickelten Industriegesellschaft. Die nachfolgenden Beispiele von Grundstrukturen sind ihrer Rechtsordnung entnommen. Das hindert nicht, ihre überzeitliche Existenz hervorzuheben, wenn sie erkennbar ist.

a) Ordnungszwang

Wir können davon ausgehen, daß in jeder Kultur arbeitsteilige in einem Staat institutionalisierte Gesellschaften einer für alle geltenden Ordnunng, die notfalls erzwingbar ist, bedürfen.

Die Rechtsidee als Ordnungsidee ohne Rücksicht auf das Wie der Ordnung ist das gemeinsame Fundament des Rechtsdenkens.

b) Zuteilung von Kompetenzen

Gegenstand der Ordnung sind die zwischenmenschlichen Beziehungen, deren Regelung für die Befriedigung der individuellen und kollektiven Bedürfnisse notwendig ist. Die Beziehungen sind unüberschaubar mannigfaltige Handlungssysteme, die sich unaufhörlich ändern. Das Gestalten, Bewahren und fortwährende Weiterentwickeln der Ordnung kann den an den Beziehungen Beteiligten nur in ihrem engen Interessenbezirk gelingen. Sie sind nicht fähig, ihre Beziehungen mit jenen der andern in einem umfassenden Ordnungssystem zu einer funktionalen Harmonie zu bringen. Diese setzt eine zentrale Ordnungsidee voraus, in welcher die einzelnen Systeme als mögliche und notwendige Elemente des umfassenden Systems gesehen sind. Die Rechtsordnung entsteht im gesellschaftlichen Miteinandersein der Individuen. Ihre Beziehungen haben ihren bestimmten Zweck, sie sind spezifische Einzelsysteme, die zwar für den Bestand der Gesellschaft unerläßlich sind, denen aber nicht zu entnehmen ist, wie sie mit anderen Handlungssystemen zur gesamten Ordnung der Gesellschaft zusammenwirken können. In kleinen Gesellschaften besorgen die Mitglieder die Ordnung, soweit sie einig sind (Familie, Verein usw.). In größeren Gesellschaften und insbesondere in einem Staat mit seinen komplexen Aufgaben ist dies unmöglich. Eine umfassende Ordnungsidee, die alle als ordnungsfähig und ordnungsnotwendig erkannten zwischenmenschlichen Beziehungen erfaßt, ist unerläßlich. Sie läßt sich jedoch nur als Ordnungsgefüge und nicht als Inhalt der Beziehungen denken, weil deren

Komplexität viel zu groß ist[70]. Der Zwang, die Gesellschaft zu ordnen, ohne den Gehalt der Ordnung erfassen zu können, legt die Frage vor, wie denn diese Aufgabe zu lösen sei. Kelsen hat die zutreffende und einzig mögliche Antwort gegeben:

Die Voraussetzung der Rechtsordnung einer komplexen Gesellschaft ist eine Grundnorm, welche die Kompetenzen zur Ordnung der Beziehungen regelt. Dies ist der transzendental-logische Schluß aus der ontologischen Untersuchung der Gesellschaft[71].

Wenn eine solche grundlegende Kompetenzzuteilung in der Verfassung oder sonstwie verbindlich in verschiedenen Kulturen festgelegt ist, so ergibt sich daraus ein weiterer entscheidender Beitrag zur Synthese. Ob das Grundgesetz gleichzeitig „Grundrechte“ oder wegleitende Weisungen für den Inhalt von Handlungsmodellen enthält, ist im Zusammenhang mit der Kompetenzzuteilung nicht wesentlich.

aa) An Organe der Gemeinschaft

In allen Kulturen werden Kompetenzen an Organe der Gemeinschaft (Parlament als Gesetzgeber, Exekutive, Gerichte) zur Regelung der Beziehungen erteilt. Entscheidend für die Synthese ist diese Tatsache und sind nicht die Einzelheiten.

bb) An Private und deren Vereinigungen

Jede Gesellschaft ist auf das aktive Mitwirken der Einzelnen beim Anknüpfen und Ordnen der Beziehungen angewiesen[72]. Die von den Einzelnen geschaffenen Verhaltensmodelle sind in ihrer Ordnungsfunktion den Gesetzen gleichgestellt. Das viel diskutierte „subjektive Recht ist die in der Rechtsordnung den Privaten (physische und juristische Personen oder diesen gleichgestellte Gebilde, z. B. Personengesellschaften) verliehene Befugnis, Geltungserklärungen allein oder mit anderen über die Ordnung ihres Innehabens oder Tuns abzugeben. Im Streitfall urteilen die Gerichte über die Erzwingbarkeit“[73]. Diese Kompetenz der Einzelnen zum Mitformen der Rechtsordnung ist in jeder Kultur unvermeidlich. Die kulturelle Eigenart zeigt sich im Umfang der Zuteilung dieser Kompetenz und in der Art, wie die Einzelnen sie einsetzen.

---

[70] Dazu *Ryffel* (FN 60), S. 414 f.

[71] *Hans Kelsen,* Reine Rechtslehre, 2. Aufl. 1960, S. 32, 196 ff.

[72] *Huber* (FN 42), S. 40.

[73] *A. Troller,* Das subjektive Recht im bürgerlichen und sozialistischen Immaterialgüterrecht, in: Festschrift für Frank Vischer, Zürich 1983, S. 176.

c) Verträge

aa) Vertrag als Grundstruktur

Verträge, private und Staatsverträge, sind in jeder Kultur wichtige Handlungssysteme zum Verschaffen von Leistungen aller Art. Alle Verträge haben dieselbe Grundstruktur: Übereinstimmende gegenseitige Willensäußerung der Parteien, die in Worten oder Zeichen gefaßt sein oder sich aus konkludentem Handeln ergeben kann. Dabei ist der Vertragswille das Streben der Parteien darnach, das im Bewußtsein ideell vorgestellte Tun oder Nichttun in der Außenwelt physisch wahrnehmbar zu verwirklichen[74].

Die Einigkeit darüber, daß dieses Mitwirken am Gestalten der zwischenmenschlichen Beziehungen in jeder Kultur (so insbesondere auch in der japanischen) vorhanden ist, ergänzt die Synthese durch ein weiteres wichtiges Element.

bb) Vertragstypen

In den verschiedenen Kulturen haben gleiche Bedürfnisse gleiche Vertragstypen entstehen lassen (Kauf-, Tausch-, Schenkungs-, Pacht-, Miet-, Darlehens-, Gesellschafts-, Arbeits-, Lizenz-, Werkverträge usw.).

Wichtig für die grundsätzliche Synthese ist das Vorhandensein solcher Vertragstypen mit ihren den Typus prägenden Leistungen; der Detailgehalt dieser Systeme gibt interessante Aufschlüsse über die kulturellen Einflüsse.

d) Verfahren zur Wahrung des Rechtsfriedens

Der Rechtsfriede, das ungestörte Verwirklichen der Rechtsordnung, ist unerläßlich für das Bestehen und Gedeihen einer Gesellschaft.

Störungen der Ordnung sind möglichst rasch zu eliminieren. Das gilt nicht nur für klare Verstöße (z. B. gesetzwidriges Verhalten), sondern auch für Streitigkeiten über das Verhalten (Rechte und Pflichten). Soweit die Betroffenen das nicht selber fertigbringen, handeln die kompetenten Organe der Gesellschaft (ordentliche Gerichte, Schiedsgerichte, Schlichtungsstellen).

Die Rechtsdenker in jeder Kultur haben sich damit zu beschäftigen. Wie vorn schon gesagt wurde, finden manche einen entscheidenden Unterschied im europäischen und anglo-amerikanischen Rechtsdenken

---

[74] *Troller,* Grundriß (FN 33), S. 17 f.; *H. Kelsen,* Allgemeine Theorie der Normen, 1979, S. 133: „... muß sich das den Befehl oder die Norm setzende Individuum das in dem Befehl oder Norm bestimmte Verhalten *vorher* irgendwie vorstellen. Der Denkakt geht dem Willensakt voraus.“

einerseits und im fernöstlichen andererseits darin, daß z. B. in Japan die gütliche Verständigung die Regel und der Rechtsstreit vor dem Gericht die Ausnahme ist.

Grundsätzlich ist für die Synthese nur wichtig, daß die Rechtsdenker sich in beiden Kulturen mit all diesen Institutionen befassen müssen.

C. Folgerungen

Das Ergebnis der Untersuchung ist so erstaunlich und überraschend, daß ich mich frage, ob ich Denkfehler gemacht habe, die ich nicht zu erkennen vermag. Oder liegt es daran, daß die behaupteten Gemeinsamkeiten des Rechts als Gegenstand des Denkens und der Denkmethode weder die Rechtsphilosophen noch die Rechtstheoretiker interessieren und den Praktikern nichts nützen?

Verhält es sich etwa so, wie wenn ein Botaniker beim Vergleich von Baumgattungen mit viel Aufwand davon überzeugen möchte, daß alle Bäume Wurzeln, einen Stamm und Äste haben, worauf er die Antwort erhielte, das wisse man schon seit Jahrtausenden, entscheidend sei aber die weitere Beschaffenheit?

Ich meine, daß auch eine solche Antwort nützlich wäre. Sie würde gestatten, die Abweichungen auf der Grundlage des Gemeinsamen daraufhin zu überprüfen, ob sie interkulturell mögliche Variationen des Denkvorgangs, des Rechts als Ordnung, seiner einzelnen Teile und Bildungen seien, oder ob die Eigenart der Kultur (Tradition, Sprache usw.) sie bewirkt habe.

RECHTSTHEORIE 16 (1985), S. 311—336
Duncker & Humblot, Berlin 41

JAPANISCHES UND EUROPÄISCHES RECHTSDENKEN

Ein Diskussionsbericht

Von Dieter Wyduckel, Münster

Bereits seit geraumer Zeit ist Japan ein offener Gesprächspartner für Europa. Im Zeichen zunehmender kultureller, wirtschaftlicher und technischer Kontakte stellt sich nicht von ungefähr die Frage nach der theoretischen und philosophischen Dimension dieser Beziehungen.

Das Straniak-Symposium hat sich zum Ziel gesetzt, ungeachtet der bestehenden kulturellen und gesellschaftlichen Verschiedenheiten den Gemeinsamkeiten beider Kulturkreise nachzugehen. Gerade das Recht erscheint in ganz besonderer Weise für eine derartige vergleichende Betrachtung geeignet. Denn die ihm eigenen Rationalitäts- und Ordnungsstrukturen werfen ein charakteristisches Licht auf die jeweilige Organisation des gesellschaftlichen Zusammenlebens der Menschen.

Der Gliederung des Symposiums in drei große Problemkreise entsprechend war die Diskussion zunächst der Frage der Kompetenzzuteilung gewidmet. Sie wandte sich alsdann der Problematik des Vertrages zu, um abschließend auf die Thematik der Ordnungsbedürftigkeit gesellschaftlicher Beziehungen aus rechtssoziologischer Perspektive einzugehen.

I. Die Kompetenzzuteilung als rechtsphilosophisches Problem im privaten und öffentlichen Recht

Diskussion der Referate: Prof. Oki, Prof. Schambeck
Diskussionsleitung: Prof. Schluep, Zürich

Die Frage der Kompetenzzuteilung ist von zentraler Bedeutung für jede Rechtsordnung. In ihr wird das Verhältnis von Individuum und Gesamtheit, von Freiheit und Zwang und damit die Stellung des einzelnen Menschen in Staat und Gesellschaft zum Thema und Problem.

Die Diskussion wandte sich zunächst dem Verhältnis von Kompetenz und Schlichtung zu. Es zeigte sich alsbald, daß eine scharfe Konfrontierung europäisch-legalistischer und japanisch-antilegalistischer Verfahrensweisen fehlgehen würde. Auch im europäischen Rechtsraum sind außergerichtliche Schlichtungsverfahren keineswegs ungewöhnlich. Ihnen kommt vielmehr, wie Prof. *Schambeck*, Linz, am Beispiel Österreichs klarmachte, im Rahmen der Sozialpartnerschaft der Wirtschafts- und Sozialverbände wachsende Bedeutung zu. Prof. *Schluep* bestätigte diesen Befund für die Schweiz. Er führte die Existenz außergerichtlicher Streitschlichtung letztlich auf die mangelnde Effizienz gerichtlicher Verfahren zurück. Auch in Deutschland seien vergleichbare Entwicklungen zu beobachten, worauf Rechtsanwalt *Schumitz*, Hamm, unter Hinweis auf das Ehescheidungsrecht aufmerksam machte.

Umgekehrt ist das japanische Rechtsbewußtsein weitaus stärker ausgeprägt, als es gemeinhin scheint. Bei einem Vergleich der beiden Rechtsordnungen kommt es allerdings weniger auf den Begriff des Rechts als vielmehr auf seine Funktion an. Darauf wies Referendar *O. Passavant*, Heidelberg, hin. Entscheidend sei, daß dem Individuum wie der Gemeinschaft überhaupt geeignete Instrumentarien zur Verfügung stehen, mittels deren Hilfe soziale Vorgaben ordnend und gestaltend verwirklicht werden. In einer solchen Sichtweise liegen in der Tat erste Ansätze einer möglichen Synthese von japanischem und europäischem Rechtsdenken.

Auf einen in Japan in letzter Zeit viel diskutierten Fall Bezug nehmend (Schadensersatzklage wegen des Todes eines Kindes aufgrund Verletzung der Aufsichtspflicht) warf Dr. *R. Heuser*, Heidelberg, die Frage auf, ob und wie sich das Rechtsbewußtsein im Einzelfall artikuliere. Wie die Reaktion der japanischen Öffentlichkeit auf die Klageerhebung zeige, werde die gerichtliche Durchsetzung eines bestehenden Rechtsanspruchs nach wie vor nicht ohne weiteres akzeptiert. Es erscheine deshalb zumindest als fraglich, ob sich das japanische Rechtsbewußtsein im konkreten Fall auch tatsächlich als sozial verankert erweise. Prof. *Oki* räumte daraufhin ein, daß der soziale Druck in Japan nicht unterschätzt werden dürfe. Immerhin zeuge allein die Klageerhebung in dem erwähnten Schadensersatzprozeß von einem hohen Rechtsbewußtsein. Der genannte Fall sei allerdings nicht typisch, sondern stelle eher eine Ausnahme dar.

Prof. *Müller-Freienfels*, Freiburg/Br., lenkte den Blick auf den Gesamtzusammenhang der behandelten Thematik zurück. Er warnte davor, das Wort Iherings vom „Kampf ums Recht“ allzu wörtlich zu nehmen. Es sei weit weniger charakteristisch für das Recht zu seiner Zeit, als mitunter noch immer angenommen werde; denn es richte sich vor allem gegen die Auswüchse der Begriffsjurisprudenz des 19. Jahrhunderts. Es dürfe ferner nicht übersehen werden, daß in Japan, namentlich auf zivilrechtlichem Gebiet, inzwischen eine Reihe bedeutsamer, auch in methodologischer Hinsicht wichtiger Erkenntnisse erzielt worden seien, wie sich nicht zuletzt den einschlägigen Publikationen der von ihnen mitherausgegebenen Schriftenreihe „Recht in Japan" entnehmen lasse.

Auf das in der Diskussion mehrfach erwähnte Beispiel Englands eingehend führte Prof. *Balekjian*, Glasgow, aus, daß man auch nach englischer Auffassung dazu neige, bestehende Konflikte eher im Wege der Schlichtung als mit den Mitteln des Rechts beizulegen. So berufe man sich beispielsweise auf die Regeln des *fair play* und des *common sense*. Diese Einstellung führe auf der Ebene der Europäischen Gemeinschaft zu nicht unbeträchtlichen Schwierigkeiten, weil eine normativ-regelnd ansetzende und eine verhaltensorientierte Problemlösungsstrategie in Gegensatz zueinander geraten. Das englische Rechtssystem nehme, wie er meine, eine Art Zwischenstellung zwischen dem kontinental-europäischen und dem japanischen Rechtssystem ein.

Die Diskussion ging in der Folge zu Fragen der Kompetenzverteilung im einzelnen über. Prof. *Thieme*, Freiburg/Br., wies nachdrücklich auf die Notwendigkeit einer Autonomie der Gemeinden im staatlichen Gemeinwesen hin. Nicht von ungefähr habe der Basler Verfassungshistoriker Adolf Gasser der Gemeinde-Autonomie überragende Bedeutung nicht nur für die Schweiz, sondern für ganz Europa zugeschrieben. Die Verteilung der staatlichen Kompetenzen sollte vor diesem Hintergrund nicht von oben nach unten, sondern umgekehrt, ausgehend von den Gemeinden und kleineren Verbänden, d. h. von unten nach oben erfolgen. *Schambeck* stimmte Thieme darin zu, daß die bundesstaatliche Kompetenzverteilung in der Tat entscheidend durch die Gemeinden mitgeprägt werde. Dies lasse sich, was Österreich angehe, am Beispiel des Finanzausgleichs zwischen Bund, Ländern und Gemeinden belegen. Seines Erachtens trage der Föderalismus durchaus dreidimensionale Züge. Der sogenannte kooperative Föderalismus müsse von daher über ein bloßes Zusammenwirken des Bundes und der Länder hinaus auch auf die Ebene der Gemeinden ausgedehnt werden. All dies schließe natürlich nicht aus, daß es Sachzwänge gebe, insbesondere, daß solche Aufgaben zu bewältigen seien, die der Bund besser erfüllen könne als Länder und Gemeinden. Die Grenze einer Kompetenzverlagerung von oben nach unten liege jeweils da, wo die Ordnungsfunktion des modernen Staates in Gefahr gerate.

Einen weiteren Aspekt der Thematik beleuchtete Prof. *Petev*, Münster, indem er die Frage nach der Kompetenzzuteilung an nicht-staatliche Organe, an Gruppen und Verbände sowie an Privatpersonen stellte. Man habe sich heute weitgehend daran gewöhnt, daß die staatliche Gewalt in nahezu alle Lebensbereiche regelnd eingreife. Der

Grund für die damit einhergehende Kompetenzverlagerung auf den Staat sei letztlich darin zu erblicken, daß sowohl die Individuen als auch die gesellschaftlichen Gruppen eine immer geringer werdende Bereitschaft zur Übernahme von Verantwortung zeigten. *Petev* unterstrich, daß eine Übertragung von Kompetenzen auf Private gleichwohl eine wichtige Aufgabe darstelle. Dahingehende Bestrebungen seien allerdings nur dann erfolgreich, wenn sie von gemeinsamen ethischen und moralischen Überzeugungen getragen würden. Im Gegensatz zu den totalitären politischen Systemen, in denen eine Kompetenzverlagerung auf Privatpersonen nicht zugelassen werde, habe man in den demokratisch verfaßten Staaten westlicher Prägung die Kompetenzzuweisung an Private in ihrer Bedeutung durchaus erkannt. Eine Lösung der damit verbundenen Probleme zeichne sich freilich allenfalls in ersten Umrissen ab. *Schluep* fügte dem hinzu, daß eine derartige Verlagerung von Kompetenzen einen Wandel von Begriff und Funktion des subjektiven Rechts impliziere. Bereits Ludwig Raiser habe darauf hingewiesen, daß die subjektiven Rechte weder ganz dem Privatrecht noch dem Öffentlichen Recht zuzurechnen seien, sondern in den Bereich des Öffentlichen gleichsam hineinragen. Auch in den östlichen politischen Systemen sei eine Kompetenzverlagerung auf Private keineswegs völlig ausgeschlossen. So habe man beispielsweise in Ungarn versucht, das subjektive Recht als ein Instrument zur Verbesserung der Planverwirklichung einzusetzen. Auf diesen Fall treffe dann allerdings das außerordentlich problematische Wort Wiethölters zu, auch das Privatrecht stelle letztlich Öffentliches Recht dar.

Dr. *Liebscher,* Wien, bemerkte, an die Ausführungen von Prof. Petev anknüpfend, daß die Ursachen der diagnostizierten Kompetenzverlagerung auf den Staat nicht ausschließlich in der mangelnden Bereitschaft von Individuen und Gruppen zur Übernahme von Verantwortung zu suchen seien. Es handle sich vielmehr um eine Vielzahl komplexer Faktoren (Notstandssituationen, Kriege, berufliche und private Interessen von Organwaltern, kulturelle und soziale Gegebenheiten), die es im einzelnen zu untersuchen gelte. Darüber hinaus dürfe man die Verlagerung von Kompetenzen auf den Staat keineswegs im Sinne einer eindeutigen Tendenz verstehen. Er kam alsdann noch einmal auf die eingangs erörterte Thematik der Schlichtung zu sprechen und fragte danach, inwieweit die Teilnahme am Schlichtungsverfahren in Japan freiwillig sei sowie danach, ob und wie die Schlichtungsentscheidung durchgesetzt werde.

Prof. *Oki* und Prof. *Kitagawa* entgegneten, daß die Schlichtungsverfahren grundsätzlich auf freiwilliger Basis durchgeführt würden. Es gebe allerdings Ausnahmen, namentlich in familienrechtlichen Streitigkeiten. So sei z. B. eine Schlichtung in Ehescheidungssachen obligatorisch. Für den Fall, daß ein eingeleitetes Schlichtungsverfahren fehlschlage, stehe der Rechtsweg offen. Eine zustande gekommene Schlichtung werde einer einschlägigen Regelung zufolge wie eine rechtskräftig gewordene Entscheidung behandelt. Die Durchsetzbarkeit einer Schlichtungsentscheidung sei gesetzlich gewährleistet, was nicht ausschließe, daß die soziale Akzeptanz mitunter noch zu wünschen übrig lasse. Auf die weitere Frage von Dr. *Liebscher* nach der Bedeutung der Schlichtung in Mietstreitigkeiten erwiderte Prof. *Kitagawa*, daß es zusehends schwieriger werde, derartige Fragen im Rahmen von Schlichtungsverfahren beizulegen. Die Sachverhalte seien zum einen sehr kompliziert, zum anderen habe das Rechtsbewußtsein der Mieter zugenommen. Dagegen gebe es für andere Bereiche, wie z. B. die Verkehrssachen, durchaus zufriedenstellend arbeitende Streitschlichtungszentren. Die Entscheidungsergebnisse der Schlichtungsverfahren seien allerdings nicht allgemein zugänglich. Man könne sie deshalb veröffentlichten Gerichtsentscheidungen in ihren Aus- und Folgewirkungen nicht ohne weiteres an die Seite stellen.

Versucht man auf dieser Grundlage ein erstes Resümee zu ziehen, so dürfte eine Lösung der aufgeworfenen vielschichtigen Fragen und Probleme nicht darin liegen, daß man in Japan das europäische Rechtssystem einfach übernimmt, wie umgekehrt eine Rezeption des japanischen Schlichtungssystems in Europa angesichts der Komplexität der rechtlichen und sozialen Verhältnisse ebenfalls auf Schwierigkeiten stoßen würde. Dies betonte abschließend Prof. *Schluep*. Es bedürfe weiterer, ins Detail gehender wissenschaftlicher Bemühungen. bis positive Schlußfolgerungen für beide Rechtsordnungen absehbar seien.

II. Der Vertrag in seiner erkenntnistheoretischen und sprachlichen Problematik am Beispiel der schuldrechtlichen Verträge und der Ehe

Diskussion der Referate: Prof. Kitagawa, Prof. Jørgensen
Diskussionsleitung: Prof. Forstmoser, Zürich

Das Rechtsinstrument des Vertrages dient in Europa nicht anders als in Japan der Erfassung komplexer Lebenssachverhalte im Wege der Verständigung und des Einvernehmens. Hatte ursprünglich das individualistische Moment im Vordergrund des Interesses gestanden, so haben sich inzwischen die rechtlichen Probleme stärker auf die Fragen des Massen- oder Standardvertrages verlagert. Diese Entwicklung ist in den modernen Industriegesellschaften durchweg zu beobachten und trifft für die europäischen wie für die japanischen Verhältnisse gleichermaßen zu.

Die Diskussion war im folgenden zunächst den Fragen der Ehe und des Ehevertrages zugewandt. Ist die Ehe eine eher individualistisch oder eine mehr kollektivistisch geprägte Institution? Diese Frage wurde eingangs von Prof. *Forstmoser* aufgeworfen. Während die Ehe im westeuropäischen Verständnis auf einem die Willenseinigung der beiden Betroffenen voraussetzenden Vertrag beruhe, scheine in Japan eine eher kollektivistische Auffassung der Ehe vorzuherrschen.

Prof. *Kitagawa* entgegnete hierauf, daß man von kollektivistischen Tendenzen im japanischen Eherecht eigentlich nur bis zum Ende des Zweiten Weltkrieges sprechen könne. Inzwischen trage auch das japanische Eherecht durchaus individualistische Züge.. Er stimmte insoweit den auf Europa bezogenen Ausführungen von Jørgensen zu. Auch die japanische Rechtspraxis sei bei Vorliegen bestimmter Voraussetzungen bereit, eine Ehe u. U. auch ohne Eintragung beim Standesamt anzuerkennen, wie er anhand eines einschlägigen Beispielfalls darlegte (Tod eines Partners nach längerem Zusammenleben, jedoch vor standesamtlicher Registrierung der Ehe). Es kommt nach allem entscheidend auf den individuellen Willen zur Ehe an. Im übrigen erweise sich die Ehe als Institution in Japan als ziemlich stabil. Die Scheidungsquote liege z. Zt. bei etwas über einem Prozent. Im Scheidungsfall komme fast ausschließlich das gesetzlich geregelte Ehegüterrecht zur Anwendung, wobei die geschiedene Frau eine — allerdings sehr geringe — Leistung im Rahmen der Verteilung des Vermögens erhalte.

Demgegenüber wollte Prof. *Müller-Freienfels* den Akzent stärker auf die traditionelle, d. h. nicht standesamtlich geschlossene Form der japanischen Ehe setzen. Er zog von daher den Bogen zu den heutigen nichtehelichen Lebensgemeinschaften, deren rechtliche Behandlung und Einordnung in vielem vergleichbare Probleme aufwerfe. Dies gelte namentlich für den Bereich des Erbrechts.

Müller-Freienfels stellte sodann die Ehe in den größeren Zusammenhang von Vertrags- und Privatrecht überhaupt. Seines Erachtens komme das individualistische Moment in Japan nach wie vor nicht so stark heraus wie in Westeuropa. Dies zeige sich beispielsweise an dem großen Einfluß, den die japanischen Verwaltungsbehörden auf die Ausgestaltung Allgemeiner Geschäftsbedingungen haben. Einer Kontrolle durch die Verwaltung werde in Japan offenbar größeres Gewicht beigelegt als der durch Legislativinstanzen.

In Beantwortung der aufgeworfenen Fragen wies *Kitagawa* darauf hin, daß in der nicht eingetragenen japanischen Ehe, dem Naien, die Frau — abgesehen vom Erbrecht — in fast jeder Hinsicht, d. h. vor allem sozialversicherungsrechtlich, geschützt sei. Was die darüber hinausgehende allgemein-vertragsrechtliche Problematik angehe, so halte er Eingriffe der Verwaltung in die Privatrechtssphäre grundsätzlich für bedenklich. Kitagawa schränkt diese Aussage jedoch in dem Sinne ein, daß es auch gerechtfertigte Eingriffsmöglichkeiten durch Verwaltungsinstanzen gebe. Er nannte als Beispiel das japanische Wirtschaftsplanungsamt, das — ohne regelnde Kompetenz zu besitzen — als koordinierende Instanz im Wege einer *administrative guidance* positive, weil effizienzsteigernde Wirkung ausübe. Hinsichtlich der Kontrolle Allgemeiner Geschäftsbedingungen bedürfe es allerdings einer Teilreform des japanischen Zivilrechts. Er habe der Regierung bereits einen dahingehenden einschlägigen Vorschlag unterbreitet.

Im folgenden war die Diskussion der Frage gewidmet, inwieweit das Familienrecht einen Teil des Privatrechts darstellte. Prof. *Jørgensen* ging davon aus, daß das Familienrecht ursprünglich zum Privatrecht zähle, betonte aber zugleich seine soziale Funktion mit der Folge, daß sich Beziehungen auch zum Öffentlichen Recht ergeben. Er machte das am Beispiel des Steuerrechts klar. Wenn man etwa die Individuen steuerrechtlich als voneinander getrennt betrachte, wie das in verschiedenen west- bzw. nordeuropäischen Ländern der Fall sei, werde es schwer, den Gedanken an die Familie als eine soziale Einheit aufrechtzuerhalten. Eine solche steuerrechtliche Individualisierung sei außerordentlich problematisch. Sie gehe letztlich zu Lasten der Kinder und gefährde damit die Funktion der Familie als ursprünglicher sozialer Gegebenheit.

Auf die rechtshistorischen Bezüge der Thematik ging Prof. *Thieme*, Freiburg/Br., ein. Es sei zu begrüßen, daß man sich in Japan in zunehmendem Maße mit der europäischen Privatrechtsgeschichte befasse, wie z. B. aus den Arbeiten von Kubo zu den Leges Barbarorum oder von Ishibe zum preußischen Privatrecht des 19. Jahrhunderts hervorgehe. Er erinnerte in diesem Zusammenhang an die Bedeutung der Natur- und Vernunftrechtslehren für Rechtsgeschichte und Rechtsvergleichung. Namentlich das Werk Pufendorfs sei unter diesem Aspekt noch längst nicht hinreichend ausgelotet.

Prof. *Arévalo Menchaca*, Basel, brachte anschließend noch einmal die Frage des individualistischen bzw. kollektivistischen Ansatzes der jeweiligen Rechts- und Gesellschaftsordnungen ins Spiel. Zwar stelle der Individualismus unbezweifelbar eine Richtung westlichen Denkens dar. Es dürfe jedoch nicht verkannt werden, daß es auch im Westen sehr wohl andere Auffassungen gebe. Im übrigen sei die vermeintlich so rationale individualistische Rechtskonzeption von irrationalen Momenten durchaus nicht frei. Man müsse sich vor allem davor hüten, bei einem Vergleich womöglich unreflektierte Wertungen einfließen zu lassen, die letztlich darauf hinauslaufen, die Frage beantworten zu wollen, wer eigentlich „zivilisierter“ sei.

Auf spezifisch vertragsrechtliche Probleme lenkte Prof. *Forstmoser* sodann die Diskussion zurück, indem er die Frage nach dem Gegenseitigkeitsprinzip stellte. Prof. *Jørgensen* führte hierzu aus, daß die Gegenseitigkeit bis zu einem gewissen Grade Ausdruck der individualistischen Komponente des Warenaustausches sei. Es müsse allerdings auch das sogenannte sozialtypische Verhalten in Rechnung gestellt werden. Man könne hierin einerseits eine Abweichung von der Vertragssituation sehen, andererseits versuchen, die damit angesprochene Problematik in das Vertragsmodell einzubeziehen. Hierbei werde nicht notwendig eine sprachliche Fixierung vorausgesetzt. Es handle sich letztlich um eine Verbindung zwischen dem Gedanken der Gegenseitigkeit und dem Vertragsgedanken.

Die Frage des Vertragsangebots griff Prof. *Leser*, Marburg, auf. Wer füllt dieses Angebot aus? Tun das wirklich die Parteien in allen Einzelheiten selbst, oder nehmen sie auf bereits Vorgefertigtes Bezug? Das Einbringen von Geschäftsbedingungen führe seines Erachtens nicht nur zur Rationalisierung, sondern auch zur Konkretisierung der einzelnen Verträge. Im übrigen sei die Einschaltung von Verwaltungsbehörden auch im deutschen Recht keineswegs ungewöhnlich, wenn man z. B. an das Bundesaufsichtsamt für das Versicherungs- bzw. das Kreditwesen denke. Leser richtete sich sodann an Prof. Kitagawa mit der Frage, inwieweit in Japan eine gerichtliche Kontrolle Allgemeiner Geschäftsbedingungen bzw. der darauf bezogenen Verwaltungsrichtlinien vorgesehen sei, und an Prof. Jørgensen mit der weiteren Frage, wie eigentlich der zusätzliche Inhalt in den jeweiligen Vertrag hineinkomme.

Kitagawa betonte einmal mehr, daß der Verwaltung in Japan großer Einfluß auf die Ausgestaltung Allgemeiner Geschäftsbedingungen zukomme. Sie sei u. a. dazu befugt, die einschlägigen gesetzlichen Vorschriften als zuständige Instanz zu interpretieren. Dies wirke jedoch autoritär. Er gehe demgegenüber von Verwaltungsstandards aus, die nicht notwendig rechtlich zwingenden, sondern bloß empfehlenden Charakter besitzen. Es sei durchaus möglich, derartige Empfehlungen gerichtlich zu kontrollieren. Es fehle allerdings bislang an einschlägigen Fällen.

Auf die Frage nach dem Vertragsinhalt antwortete *Jørgensen*, es gebe verschiedene Möglichkeiten, einen Vertrag inhaltlich aufzufüllen. Er führte als Beispiel das Konzept ergänzender Vertragsauslegung an. Damit werde eine rein individualistische Vertragskonzeption verlassen. Denn es handle sich hierbei um das Einbringen von kollektiven bzw. gesellschaftlichen Elementen in die Vertragssituation. Wie er hinzufügte, sei in den modernen Industriegesellschaften dem Bedarf nach interpretativem Material für die Vertragsauslegung mit den Mitteln der Gesetzgebung allein kaum beizukommen. Weil dies so ist, sei es national wie international in zunehmendem Maße üblich geworden, für die Mitglieder der einzelnen wirtschaftlichen Organisationen und Verbände verbindliche Allgemeine Geschäftsbedingungen auszuarbeiten, die in der Praxis regelmäßig Bestandteil der Verträge seien. Was allerdings die Seite der Verbraucher angehe, so gebe es derartige standardisierte Dokumente infolge mangelnder Organisiertheit im allgemeinen nicht. Um dieses Defizit auszugleichen, habe man in den skandinavischen Ländern im Laufe der letzten Jahre eine Reihe von Maßnahmen ergriffen. Zum einen seien gesetzliche Vorkehrungen getroffen worden, die speziell dem Verbraucherschutz dienen. Zum anderen habe man die Institution des Ombudsmanns für Verbraucher geschaffen. Ihm komme die Aufgabe zu, die Verträge daraufhin durchzusehen, ob sie etwa für die Verbraucher unbillige Bedingungen enthalten, ohne daß dies freilich unmittelbare vertragsrechtliche Konsequenzen hätte. Darüber hinaus gebe es neuerdings eine einschlägige Regelung, die den Gerichten das Recht einräume, für den Verbraucher unbillige Vertragsbedingungen auszuschließen. Diese skandinavische Konzeption gewährleiste, wie Jørgensen abschließend betonte, sowohl eine rechtliche als auch eine soziale Kontrolle der Geschäftsbedingungen. Einen rein administrativen Lösungsweg habe man hingegen bewußt nicht beschreiten wollen.

Wie aus diesen Erwägungen hervorgeht, hat die individualistische Vertragskonzeption inzwischen nicht unerhebliche Veränderungen erfahren. Hier setzte Prof. *Petev* ein und wies darauf hin, daß gegenwärtig im Bereich der Alltagsgeschäfte nichts oder fast nichts mehr individuell ausgehandelt werde. Vergleichbares gelte etwa für das Arbeitsrecht. Dennoch bediene man sich weiterhin der Form des Vertrages als Mittel zur Gestaltung sozialer Beziehungen, und zwar nicht nur im Bereich des privaten, sondern auch des öffentlichen Rechts. Die gleiche Tendenz sei in den sozialistischen Ländern zu beobachten, wo eine individualistische Vertragskonzeption bekanntlich nicht vorherrsche und auch nicht anerkannt sei. Er schloß daran die Überlegung, ob es nicht überhaupt einer gänzlichen Erneuerung des Vertragsmodells bedürfe. Eine solche Neukonzeption hätte nicht länger allein auf das autonome Individuum, sondern vielmehr auf die unterschiedlichen Funktionen abzustellen, die Verträge heutzutage in Industriegesellschaften erfüllen.

Jørgensen betonte demgegenüber, daß es im Bereich westlicher Kultur nach wie vor gute Gründe gebe, von der Privatautonomie auszugehen, d. h. von der freien Entscheidung, einen Vertrag abzuschließen oder nicht. Andererseits bleibe es der gesellschaftlichen Entwicklung überlassen, darüber zu befinden, welchen Inhalt dieser Vertrag haben solle, um das öffentliche bzw. soziale Interesse oder etwa das der Verbraucher oder anderer Teile der Bevölkerung angemessen zu schützen. Ob und inwieweit eine an der Privatautonomie orientierte Vertragskonzeption heute noch modellhaften Charakter besitze, sei allerdings fraglich.

Was die japanischen rechtlichen und gesellschaftlichen Verhältnisse betrifft, gab *Kitagawa* der Auffassung Ausdruck, daß man von einem Komplex traditioneller und individualistischer Verhaltensweisen auszugehen habe, wobei der Individualismus im Vordringen begriffen sei. Dem entspreche die zunehmende Durchsetzung des Vertragsprinzips. Es handle sich hierbei um ein wirkliches Prinzip, demzufolge alle Angelegenheiten im Wege der Vereinbarung geregelt werden können. Diese Konzeption gehe, wie er betonte, über die der Privatautonomie hinaus. Er belegte dies am Beispiel der Schadensabwicklung im Umweltschutzbereich. So sei es in Japan inzwischen üblich geworden, im Anschluß an große Prozesse mit Hunderten oder Tausenden von Klägern den gesamten weiteren Ablauf, etwa über die Gründung einer Stiftung durch das schädigende Unternehmen, im Vertragswege zu vereinbaren. Dem Vertragsprinzip komme auf diese Weise ergänzende Funktion für das bestehende Recht zu.

Einen weiteren Themenkreis führte Prof. *Balekjian* in die Diskussion ein, indem er auf die Bedeutung der Anthropologie für das Recht hinwies. Prof. *Jørgensen* unterstrich diesen Aspekt. Dies um so mehr, als in den skandinavischen Ländern lange eine positivistische Ausrichtung der Rechtswissenschaft vorgeherrscht habe, die das Recht als ein mit rein technischen Mitteln zu erfassendes Phänomen ansah. In der jüngeren Generation habe diese Auffassung zunehmend Widerspruch erfahren. Inzwischen sei es — ohne allzuviel zu riskieren — möglich geworden, Rechtswissenschaft auf eine Weise zu betreiben, die einem Vertreter der älteren Generation, wie etwa Ross, als ein Sakrileg erschienen wäre. Der damit verbundene Wandel sei auch für die Würdigung der Rechtsanthropologie nicht ohne Folgen geblieben. Jørgensen hielt vor diesem Hintergrund eine Reflexion auf die anthropologischen und gesellschaftlichen Bedingungen des Rechts für unabweisbar. Mit Grund habe Prof. *Troller* in diesem Zusammenhang von Vorgegebenheiten gesprochen, die es zu berücksichtigen gelte. In der Tat beruhe alle Rechtswissenschaft wie alle Philosophie letztlich auf anthropologischen Prämissen. Im übrigen sei in einer dynamischen Kultur wie der unsrigen jede Generation erneut dazu aufgerufen, *ihre* Philosophie zu entwickeln, d. h. bestehende Denkansätze zu revidieren und veränderten Umweltverhältnissen anzupassen. Man wähle nämlich — um mit Fichte zu sprechen — im allgemeinen die Philosophie, die man brauche. Bei alldem bedürfe es einer Vorstellung davon, was der Mensch wirklich sei, m. a. W. anthropologischer Grundlagen und Voraussetzungen. Dies gelte seines Erachtens nicht in gleichem Maße für die in den letzten Jahren stärker hervortretende Sozialbiologie. Hier habe man es mitunter mit Anmaßungen zu tun, denen entgegengetreten werden müsse.

Anschließend richtete Prof. *Yasaki* zwei Fragen an Prof. *Jørgensen*. Zum einen die nach dem Verhältnis von Privatvertrag und Gesellschaftsvertrag, insbesondere im Hinblick auf die Lehre David Humes; zum anderen die Frage danach, ob er wirklich der Auffassung sei, daß die japanische Kultur ein individualistisches Menschenbild nicht hervorgebracht habe. *Jørgensen* ging in seiner Antwort davon aus, daß die Vorstellung des Privatvertrages und die des Gesellschaftsvertrages in der Tat miteinander verknüpft seien, und zwar auf der Grundlage des Gedankens, daß die Gesellschaft auf der Zustimmung der Individuen beruhe und daß diese ihrerseits frei seien, miteinander Verträge einzugehen. Die Ursprünge dieser Vorstellung führte er auf die Welt der antiken Stadtstaaten zurück. Sie sei in der Renaissance wiederbelebt und dann namentlich durch Grotius, Hobbes und Pufendorf ausgebaut und systematisiert worden. David Hume habe dem später mit dem Argument widersprochen, daß der Gesellschaftsvertrag eine Illusion sei. Gleichwohl ruhe auch seine Rechts- und Staatsvorstellung auf dem individualistischen Menschenbild auf, so daß sich insoweit kein Widerspruch ergebe. Was die andere Frage anlangt, diagnostizierte Jørgensen in Europa und Japan divergierende Tendenzen. Er verdeutlichte dies am Beispiel des strafrechtlich relevanten Verhaltens. Anders als in Japan könne man in den westlichen Ländern parallel zur technologischen und ökonomischen Entwicklung eine Zunahme der Kriminalitätsrate beobachten. Dies habe seinen Grund offenbar darin, daß in Europa aufgrund des individualistisch geprägten Menschenbildes der Eindruck vorherrsche, man habe durchweg Anspruch auf den gleichen materiellen Lebensstandard wie die anderen, zumal die Bessergestellten, auch. Wenn eine Befriedigung dieser Ansprüche auf legalem Wege nicht möglich sei, dann erfolge sie eben auf illegale Weise. In Japan herrsche demgegenüber seines Erachtens eine wenn nicht kollektivistische, so doch organische oder synthetische Auffassung vor, die den Menschen als verantwortlichen Teil des Ganzen sehe. Jörgensen wollte nicht ausschließen, daß sich dies im Zuge des Imports westlicher Ökonomie und Technik einmal ändere, mit der Folge, daß auch die japanische Kriminalitätsrate wieder ansteige. Denn es sei im positiven wie im negativen Sinne wohl kaum möglich, Ökonomie und Technik ohne die zugehörige Ideologie zu übernehmen. Er beziehe sich bei alldem freilich weniger auf die eigene Anschauung als vielmehr auf Informationen und Gespräche aus dem Kreise einschlägig tätiger japanischer Kollegen.

Den Stand der Diskussion zusammenfassend unterstrich Prof. *Forstmoser*, daß man unterschiedliche Ausgangspunkte, aber auch gemeinsame Tendenzen festgestellt habe. Letztere resultieren, wie er betonte, in der Tat aus gemeinsamen Bedürfnissen und Grundlagen moderner Industriegesellschaften, wie wir sie in Europa nicht anders als in Japan vor uns haben. Forstmoser schloß alsdann noch eine auf die beteiligten Interessen beim Vertragsschluß abzielende Überlegung an. Er habe den Eindruck, daß man in Europa im Rahmen von Schuldverträgen eher den Interessengegensatz, in Japan hingegen mehr das Verbindende und Gemeinsame suche und betone. Prof. *Kitagawa* entgegnete hierauf, daß man in Japan, wie am Vortage Prof. Oki in seinem Referat hervorgehoben habe, zuweilen gar nicht sehr harmonieliebend, ja mitunter sogar egoistisch eingestellt sei. Dem stehe allerdings auf der anderen Seite ein ausgesprochener Zug zur Betonung der jeweils gemeinsamen Interessen gegenüber. So gebe es in japanischen Verträgen regelmäßig eine sogenannte Einigungsklausel, derzufolge etwa auftretende Probleme nach Treu und Glauben zu lösen seien. Diese Klausel habe in der Praxis freilich mehr symbolische als rechtliche Bedeutung. Sie gehe auf die tradierte japanische Einstellung zu Interessenkonflikten zurück und sei noch immer von nicht zu unterschätzender Bedeutung. Insoweit werde, wie er bereits betont habe, die heutige japanische Gesellschaft nach wie vor durch einen Komplex individueller und traditioneller Mentalitäten und Verhaltensweisen geprägt. Darüber hinaus müsse berücksichtigt werden, daß die japanische Verhandlungstechnik noch nicht allzu weit entwickelt sei. So komme es auch heute noch vor, daß man beim Vertragsschluß mit Rücksicht auf die Gegenpartei auf die Beiziehung eines Anwalts verzichte. Diese Praxis ändere sich jedoch allmählich mit der Folge, daß die rechtliche Seite bei Vertragsverhandlungen nunmehr stärker als bisher in den Vordergrund zu treten beginne.

Prof. *Forstmoser* schloß alsdann die Diskussion. Zwar sei insgesamt weniger von der erkenntnistheoretischen und sprachlichen als von der rechtlichen Seite des Vertrages die Rede gewesen, doch habe man auch so eine Fülle wichtiger Einblicke erhalten. Auf diese Weise seien Verschiedenheiten und Gemeinsamkeiten des japanischen bzw. europäischen Rechtsdenkens ebenso wie der jeweiligen Rechtssysteme sinnfällig hervorgetreten.

III. Das Erfassen gesellschaftlicher Beziehungen im Zusammenhang mit der Ordnungsbedürftigkeit und -möglichkeit als rechtssoziologisches Problem

Diskussion der Referate: Prof. Yasaki, Prof. Krawietz
Diskussionsleitung: Prof. Arévalo Menchaca, Basel

Der letzte Tag des Symposiums war der Frage einer rechtssoziologischen Fundierung des japanischen wie des europäischen Rechtsdenkens gewidmet. Prof. *Arévalo* leitete die Diskussion ein, indem er sechs Fragenkreise von übergreifender Bedeutung hervorhob. Erstens die Frage nach dem Verhältnis von Normen und Fakten, zweitens die nach dem Zusammenhang von Handeln und Werden, drittens die Frage nach den Systemstrukturen: Wie sind Systeme aufgebaut? Wie verhalten sich System und Subsystem zueinander? Lassen sich die hierbei auftretenden Probleme mittels einer als Autopoiesis begriffenen Rückkopplung lösen? Weiter viertens die wissenschaftstheoretische Thematik einer universellen, Einheit stiftenden Rechtstheorie, fünftens die Wertproblematik und schließlich sechstens die Frage der Möglichkeit einer Systemsteuerung mit den Mitteln des Rechts.

Zunächst warf Dr. *E. Zalten*, Basel, die Frage nach der Selbstreferenz von Systemen auf. Die Theorie selbstreferentieller Systeme bleibe nach seinem Verständnis beim bloßen Aufweisen von Interdependenzen stehen. Wie lasse sich diesem Defizit abhelfen? Sollte man nicht weitergehen und eine Theorie normativer Strukturen der Gesellschaft ins Auge fassen? Zalten fragte ferner danach, zu welchen Konsequenzen die Vorstellung einer Selbsthierarchisierung von Systemen führe. Er habe den Eindruck, daß es sich hierbei um einen ontologischen Ansatz handle.

Prof. *Krawietz* erwiderte hierauf, daß er nicht der Auffassung sei, daß die Systemtheorie bei der Feststellung von Interdependenzen stehenbleibe. Dies gelte vielmehr umgekehrt für die bisherigen theoretischen Lösungsansätze. So habe man z. B. geglaubt, mit dem Ganzes/Teil-Schema weiterzukommen, indem man den jeweils herrschenden Teil (pars principans, pars maior oder pars sanior) gegenüber anderen Teilen heraushob. Dies sei letztlich darauf hinausgelaufen, ein Hierarchiemodell einzuführen. Wenn man dieses Hierarchiemodell auf das staatlich organisierte Rechtssystem beziehe, dann erscheine die Verfassung als höchste innerstaatliche Rechtsnorm, der die anderen Rechtsregeln, wie etwa das Gesetz, die Rechtsverordnung oder der Vertrag, strukturell nachgeordnet seien. Wolle man hingegen Rechtstheorie als empirische Wissenschaft betreiben, m. a. W. das Recht im sozialen Kontext sehen, dann erweise sich zum einen, daß alle Rechtsregeln nicht notwendigerweise durch die Merkmale einer immanenten Hierarchie gekennzeichnet seien, sondern eine einheitliche Struktur besitzen, und zum anderen, daß sie bestimmte Funktionen haben, die man untersuchen könne. Die Rechtsdogmatik und die zugehörige Rechtstheorie lege allerdings gewöhnlich nicht diese letzte, realistische Vorstellung zugrunde, sondern vereinfache sich die Problembehandlung mitunter dadurch, daß sie von einer jedem Rechtssystem a priori zugrunde liegenden Rechtshierarchie ausgehe. Krawietz wies demgegenüber darauf hin, daß es sich dabei nur um eine sekundäre, durch Institutionalisierung mit Mitteln des Rechts geschaffene Systemleistung handle und nannte als Beispiel das Grundgesetz für die Bundesrepublik Deutschland. Es gehe in dem oben genannten Sinne vom Vorrang der Verfassung aus und binde demzufolge alle nachgeordneten Entscheidungsstellen an die Beachtung der Verfassungsregeln. Damit werde gleichsam im System, in dem das Normieren normiert sei, eine Selbsthierarchisierung durch die Verfassung vorgenommen. Dies wiederum könne zu dem Fehlschluß verleiten, als ob das staatlich organisierte Rechtssystem ausschließlich von der Verfassung und von zentraler Stelle her gesteuert werde. Krawietz machte in diesem Zusammenhang darauf aufmerksam, daß es auch umgekehrte Prozesse gebe. Er erläuterte dies am Beispiel des Kriegsdienstverweigerungsrechts. Letzteres habe als Grundrecht zwar höchsten innerstaatlichen Rechtsrang. Die Verfassung sage aber nicht, wie es ausgeübt werde. Dies geschehe mittels eines Gesetzes, was zur Folge habe, daß eine niederrangige Norm darüber befinde, wie ein höherrangiges Recht praktiziert werde.

Auf der Ebene der Theoriebildung müsse man vor diesem Hintergrund zur Kenntnis nehmen, daß der Blick auf ein realistisches Rechtsverständnis verstellt werde, wenn man einfach von der Vorstellung einer primären Hierarchie ausgehe. Krawietz verhehlte nicht, in diesem Punkt gegen die Reine Rechtslehre Kelsenscher Prägung zu argumentieren, von der aus solche Hierarchieüberlegungen entwickelt und in das Verfassungsrecht übertragen worden seien. Es könne nach allem nicht darum gehen, bei der Feststellung von Interdependenzen stehenzubleiben, sondern es handle sich im Gegenteil darum, mit Hilfe einer systemtheoretischen Rekonstruktion der staatlichen Entscheidungsorganisation darzutun, daß derartig viele Instanzen an der Produktion oder Erzeugung von Recht beteiligt seien, daß es eben nicht genüge, darauf zu verweisen, alles sei irgendwie interdependent. Es reiche ferner nicht aus, an das staatlich organisierte Rechtssystem das Modell einer Zentralsteuerung von oben nach unten heranzutragen. Die einzelnen Entscheidungsprozesse der Erzeugung von Recht müßten vielmehr sorgfältig rekonstruiert werden, um sie erklären zu können. Dies hätte sekundär natürlich Konsequenzen auch auf der rechtsdogmatischen

Ebene sowie in der Praxis der Interpretation des Rechts, etwa im Rahmen der Auslegung unbestimmter Rechtsbegriffe. Die Vorstellung einer primären Hierarchie führe in rechtstheoretischer Hinsicht letztlich zur Fehleinschätzung der Komplexität politischer, sozialer und wirtschaftlicher Bezüge, d. h. solcher Faktoren, die für die Rechtserzeugung von Bedeutung seien.

Abschließend auf die Wertproblematik eingehend unterstrich Prof. *Krawietz*, daß das Rechtssystem bei der sozialen Etablierung von Werten mitwirke. Da wir bereits in einer Gesellschaft leben, können wir jedoch davon ausgehen — *ubi societas, ibi ius* —, daß es geschichtlich-gesellschaftlich geprägte rechtliche Wertorientierungen immer schon gebe; man beginne schließlich nicht auf der tabula rasa. Das staatlich organisierte Rechtssystem verhalte sich zu den sozial etablierten Werten selektiv. Es könne einzelne Werte in das positive Recht übernehmen und als Leitidee auf Dauer stellen. Es könne ihnen darüber hinaus Verfassungsrang verleihen und sich damit sozusagen technisch auf die sozialetablierten Wertorientierungen einstellen.

Prof. *Arévalo* führte hierzu unter Bezugnahme auf das Referat von Krawietz aus, daß ein derart konzipiertes Rechtssystem altes Recht durch neues Recht substituiere, d. h. in systemeigenen Operationen neue Rechtsnormen erzeuge und mit Geltung ausstatte. Es reproduziere sich damit gleichsam selbst. Er verknüpfte damit die kritische Bemerkung, ob wir nicht künftig, wie schon Nietzsche angedeutet habe, mit einer Art von Selbstheraufzüchtung des Gesetzgebers zu rechnen hätten.

Krawietz wollte sich diese Interpretation nicht zu eigen machen. Es gehe ihm, wie er präzisierte, lediglich darum zu zeigen, daß das Rechtssystem nicht in der Lage sei, aus sich heraus ab ovo irgendwelche völlig neuen Werte zu erzeugen. Er setze hierbei weder die Gegebenheit einer *artificial intelligence* voraus noch gehe er von kybernetischen Modellannahmen aus, um etwa von daher simple Deutungsmodelle für soziale, politische und rechtliche Erzeugungsmodelle zu übernehmen. Es gehe ihm allein um die Analyse von sozialen Sinn- und Handlungssystemen, zu denen er auch das staatlich organisierte Rechtssystem zähle. Was die in der Geschichte der Rechtstheorie, der Rechtsphilosophie bzw. der politischen Philosophie vertretene Auffassung von der Existenz letzter einheitsstiftender Prinzipien für eine Rechtskultur angehe, so sehe er keine prinzipielle Orientierung, die das heute noch leisten könne. Das schließe nicht aus, daß Prinzipien ebenso wie Werte ein struktureller Bestandteil der Rechtsordnung seien. Man dürfe deshalb beim Aufbau einer Rechtstheorie nicht allein von dem Begriff der Rechtsnorm ausgehen, sondern habe auch mit Werten, Zielen und Zwecken zu rechnen.

Im Anschluß daran unternahm Prof. *Troller*, Luzern, den Versuch einer Zwischenbilanz. Zum einen sei — insbesondere in den Darlegungen von Krawietz — deutlich geworden, daß die sprachliche Differenz kein Erkenntnishindernis darstelle. Denn die Sprache sei nur ein Mitteilungsträger von bereits gesellschaftlich Erkanntem. Die Umwandlung in soziale Handlungsmodelle folge dem Erkenntnisprozeß also regelmäßig nach. Zum anderen erscheine ihm die Zuständigkeitsfrage als ein zentrales Problem. Es sei nicht richtig, wenn man sich hierbei zu sehr auf die Grundnorm als Norm knozentriere. Die Notwendigkeit einer Zuständigkeitserteilung bzw. -regelung ergebe sich vielmehr aus der Ordnungsbedürftigkeit der Gesellschaft selbst. Vor allem in der Art der Kompetenzerteilung an Private aus der gesellschaftlichen Situation heraus erblickte Troller eine wesentliche Gemeinsamkeit von japanischem und westlich-europäischem Denken. Er schloß allerdings die kritische Frage an, ob man das Recht ausschließlich nach Art von Handlungsmodellen vorzustellen habe. Troller hob in diesem Zusammenhang die zentrale Bedeutung der Allgemeinbegriffe hervor. So sei beispielsweise nicht nur der individuelle Vollzug des Kaufes, sondern der Kauf überhaupt als ein Allgemeinbegriff im Bewußtsein durchaus vorstellbar. Auch in diesem Punkt liege eine unverkennbare Gemeinsamkeit japanischen und europäischen Rechtsdenkens. Was schließlich den Erkenntnisvorgang anlange — Krawietz habe von der Selbststeuerung auch des wissenschaftlichen Erkennens und des Wissenschaftssystems gesprochen — so sei für das japanische wie für das europäische Rechtsdenken unausweichlich vorgegeben, daß der Erkennende nicht anders als im technisch-naturwissenschaftlichen Bereich in den Erkenntnisprozeß eingebunden, mithin am Erkannten beteiligt sei. Troller wies abschließend darauf hin, daß auch die Systeme gesellschaftliche Vorgegebenheiten seien, zwar nicht in den einzelnen Ausgestaltungen, aber doch, wenn man etwa an den Vertrag denke, als Konsens über Leistung und Gegenleistung, wie Jørgensen das dargelegt habe.

Prof. *Yasaki* nahm anschließend zu der von Prof. Troller aufgeworfenen Frage der Verankerung des Rechtssystems in einer Grundnorm sowie zum epistemologischen Aspekt der Problematik Stellung. Er führte hierzu aus, daß er die Erkenntnisregel (rule of recognition) Harts im Hinblick auf das japanische Rechtssystem für bedeutsamer halte als die Kelsensche Grundnorm. Jedoch frage er sich gleichwohl, ob diese Regel wirklich geeignet sei, den Charakter des japanischen Rechtssystems anderen Ländern mit anderen Rechtsordnungen gegenüber zureichend zu verdeutlichen. Yasaki legte ferner dar, daß er die — im Westen anders als in Japan verlaufende — geschichtliche Entwicklung des Rechtssystems wie des Rechtsdenkens mit großer Aufmerksamkeit verfolge. Er gehe hierbei von einem eher empirischen Standpunkt aus. Überhaupt komme im modernen Denken der positivistischen oder empirischen Denkweise große Bedeutung zu. Er wolle damit allerdings nicht sagen, daß etwa das idealistische Erbe des Rechtsdenkens weniger nützlich oder weniger fruchtbar sei.

Ebenfalls an Troller anknüpfend setzte Prof. *Krawietz* alsdann zu einer umfassenderen Stellungnahme an. Er verwies angesichts der Begrenztheit der zur Verfügung stehenden Zeit sowie der Schwierigkeit und des Umfangs der aufgeworfenen Fragen gleich zu Beginn pauschal auf sein kürzlich erschienenes einschlägiges Buch „Recht als Regelsystem", in dem er zu einigen dieser Problemkreise Stellung genommen habe. Krawietz ging zunächst auf das Verhältnis von Sprache, Recht und sozialer Kommunikation ein. Er sehe wie Troller Sprache als ein Kommunikationsmedium an, mache also einen Unterschied zwischen Sprache und Recht. Sprache verweise auf die Möglichkeiten, die in der sozialen Welt für Verhalten bestehen und zeichne bestimmte als geboten, verboten usw. aus. Rechtsnormen seien, wie er ausführte, im allgemeinen — aber nicht sämtlich — sprachlich formuliert und schränkten die bestehenden Möglichkeiten nochmals drastisch ein, indem sie bestimmte als gesollt vorschreiben, andere verbieten, gebieten oder erlauben bzw. freistellen. Die Verbindung von Rechtstheorie und Systemtheorie, die er sich vorstelle, laufe somit letztlich auf eine Kommunikationstheorie hinaus. Das habe er auch ausdrücklich dargelegt, jedoch nicht weiter ausgeführt, weil es hierzu umfangreicher, in diesem Zusammenhang zu weit gehender innertheoretischer Stellungnahmen und Erörterungen bedurft hätte, insbesondere, was die durchaus notwendige Abgrenzung gegenüber der Kommunikationstheorie von Jürgen Habermas angehe.

Das zweite grundlegende Problem, das Krawietz thematisierte, war das der Zuständigkeit. Wenn man einmal davon ausgehe, daß eine Gesellschaft so weit entwickelt sei, daß sie Schriftlichkeit, Bürokratie und damit auch die Positivität des Rechts kenne und zugleich einen — allerdings nicht unbedingt gerichtlichen — Entscheidungsbetrieb ausgebildet habe, dann werde es regelmäßig notwendig, eine Zuständigkeitsordnung zu schaffen. Diese sei als eine Folge der Tatsache anzusehen, daß Rechtsnormen arbeitsteilig erzeugt werden. Eine derartige Zuständigkeit sollte eine jeweils ausschließliche sein, damit Reibungsverluste innerhalb der arbeitsteiligen Ordnung vermieden werden. Nur in diesem Sinne könne man die Kompetenzordnung als das Allergrundlegendste bezeichnen.

Es gehe darüber hinaus beim Aufbau einer Rechtsordnung stets auch um die Kompetenz-Kompetenz, d. h. um die Frage, wer darüber befinde, was ein anderer zuständigerweise wahrzunehmen habe. Davon ausgehend, daß keine Rechtsordnung diese Problematik aus sich selbst heraus lösen könne, schloß Krawietz ein rechtspositivistisches Vorgehen von vornherein aus. Über die Zuständigkeit entscheide nämlich nicht der staatliche Verfassungs- oder Gesetzgeber allein. Denn es gebe nicht nur staatlich gesetztes, sondern auch nicht-staatliches Recht. Es müsse insoweit gesellschaftlichen Prozessen überlassen bleiben, eine entsprechende arbeitsteilige Ordnung auszudifferenzieren, die man nachträglich natürlich auch noch gesetzlich regulierend ausgestalten könne. Er pflichtete in diesem Punkt der von Prof. Yasaki geäußerten Auffassung bei, daß es von der jeweiligen Rechtskultur und den Gegebenheiten des Systems, d. h. den gesellschaftlichen Verhältnissen abhänge, wer derartige Fragen letztlich entscheide.

Vor diesem Hintergrund könne eine wie auch immer verstandene Grundnorm als letzter Geltungsgrund der Rechtsordnung nicht mehr in Betracht kommen. Die Annahme einer Grundnorm sei heute selbst im Rahmen der verschiedenen Reinen Rechtslehren, d.h. neben derjenigen der Wiener rechtstheoretischen Schule auch der Brünner und der Grazer Schule, höchst umstritten. Vom Standpunkt einer Theorie autopoietischer Systeme schließlich gelte, daß man die jeweils existierenden Systeme, also auch die staatlich organisierten Rechtssysteme, als sich selbst produzierende und reproduzierende ansehen müsse. Man könne die einmal etablierten Regelungen bejahen, könne sie aber auch verneinen und in den hierfür vorgesehenen Entscheidungsverfahren durch andere substituieren. Die Grundnorm erscheine nach allem als eine Art von rechtspositivistischer Ballastvorstellung, die durchaus entbehrlich sei. Krawietz stimmte Yasaki darin zu, daß auch die Erkenntnisregel Harts kaum weiterhelfen könne. Sie erweise sich allenfalls im Rahmen des Common-Law-Systems mit seiner schwer überschaubaren Zahl von Einzelfällen als bedeutsam, weil sie eine Identifikation der jeweils geltenden Rechtsnormen erleichtere. In den staatlich organisierten Rechtssystemen hingegen stelle sich das Problem der Identifikation von Normen als Rechtsnormen in dieser Schärfe gewöhnlich nicht, da die Frage, welches die formellen Rechtsquellen sind, meistens geklärt sei.

Freilich müsse man neben den formellen immer auch die informellen Rechtsquellen sehen, die selbstverständlich schon von Verfassungs wegen Bestandteile des Rechtssystems seien. Denn Recht ist, wie Krawietz betonte, nicht nur das, was die formalisierten Rechtsquellen besagen, sondern auch das, was in einem Rechtssystem als gelebte Ordnung rechtlich praktiziert werde. Das aber wiederum sei mehr als nur das staatliche Recht.

Krawietz wandte sich sodann drittens dem Erkenntnisproblem zu. Es gehe ihm vor allem darum, den spezifischen erkenntnis- und wissenschaftstheoretischen Status eines kritischen Rechtsrealismus hervorzuheben. Diese Position sei jedenfalls eine schon nachpositivistische im wissenschaftstheoretischen Sinne und liege auch jenseits des überkommenen Gesetzes- und Rechtspositivismus. Für den Wissenschaftler erhebe sich damit im Hinblick auf die sozial etablierten Normen die Frage des Kognitivismus bzw. Nonkognitivismus, d. h. die Frage danach, ob man diese Normen als wahr bzw. richtig erkennen könne. Zugleich stelle sich das Ontologieproblem. Letzteres bestehe darin zu klären, wie man sich der Gegenstandswelt, wenn es sie denn gebe, als erkennendes Subjekt vergewissern könne und welcher Art von Gegenständen die Normen zuzurechnen seien. Die Lösung dieses Fragenkomplexes hänge nicht zuletzt davon ab, welchen Normbegriff man zugrunde lege. Krawietz sprach sich nachdrücklich für eine Auffassung aus, derzufolge Normen nicht nur ein Gedankeninhalt sind, sondern im Sinne des von Yasaki Dargelegten auch ein institutionelles normatives Faktum darstellen. Was seinen eigenen Weg zu einer Behandlung des Problems angehe, so strebe er eine Verbindung des rechtsrealistischen Denkansatzes mit der soziologischen Systemtheorie an. Damit lasse sich ein Erkenntnisstandpunkt gewinnen, der den Objektivierungsprozeß des Rechts von der Gesellschaft her präzisiere. Ferner werde der Weg dafür frei, Rechtswissenschaft und Theorie der Normen als empirische Disziplinen zu betreiben. Den Erfahrungsbegriff wollte er allerdings nicht im — seines Erachtens zu engen — Sinne des kritischen Rationalismus bestimmen. Die Eigenart des kritischen Rechtsrealismus liege vielmehr darin, den tradierten Subjekt/Objekt-Gegensatz rechtstheoretisch mittels einer institutionen- und systemtheoretischen Rekonstruktion von Realität zu unterlaufen. Man müsse sich im klaren darüber sein, daß es — systemtheoretisch gesehen — verschiedene Beobachterstandpunkte und verschiedene Levels der Theoretisierung gebe. Es sei eine wichtige, noch nicht gelöste Aufgabe, den im wesentlichen noch rechtspositivistischen Ansatz von Hart mit seiner Unterscheidung zwischen einem *internal bzw. external point of view* vom Standpunkt des Rechtsrealismus und der Systemtheorie zu reformulieren.

In einem letzten Punkt ging Krawietz auf die Frage der Selbststeuerung der Erkenntnis ein. Er betonte, daß aus systemtheoretischer Perspektive nicht nur der praktische rechtliche Entscheidungsbetrieb, sondern auch die Wissenschaft eine soziale Systembildung darstelle, die die Systeme auf verschiedenen theoretischen Levels beobachte und analysiere. Wenn man diesen Standpunkt einnehme, dann könne man nicht einfach zu einer tradierten Ontologie im Sinne wissenschaftlicher Vorgegebenheiten zurückkehren. Das schließe nicht aus, daß man im Hinblick auf bestimmte Teilaspekte, wie z. B. der Linguistik oder der Normenlogik, gleichwohl an einer Ontologie bzw. Deontologie der Rechtsnorm arbeite. Dahingehende Bemühungen seien bekanntlich von Weinberger mit dem Ziel unternommen worden, Normentheorie und Ontologie des Rechts mit einer Institutionentheorie zu verbinden. Wie Krawietz abschließend bemerkte, müssen beim Aufbau einer Strukturtheorie des Rechts, wie er sie anvisiere, die Erträge der klassischen Philosophie keineswegs ausgeblendet werden. Es komme allerdings darauf an, sie in ein noch auszuarbeitendes theoretisches Framework einzubringen, um auf diese Weise die Erkenntnismöglichkeiten zu steigern.

Aus der Sicht einer rhetorischen Rechtstheorie beleuchtete sodann Prof. *Ballweg*, Mainz, einige der in den Referaten wie in der Diskussion behandelten rechtsphilosophischen und rechtssoziologischen Fragen. Ein ontologisches, teleologisches, systematisches oder holistisches Interesse liege ihm, wie er gleich eingangs betonte, durchaus fern. Die in dieser gewiß großen philosophischen Tradition erörterten Probleme stünden seiner Auffassung nach einem besseren Verständnis des japanischen oder auch chinesischen Denkens sogar im Wege. Ballweg meinte demgegenüber, daß eine sich auf das Niveau der verschiedenen Sprechweisen begebende Rhetorik einen aussichtsreicheren Einstieg in die einschlägigen rechtsphilosophischen Problemstellungen biete. Was die rechtssoziologische Seite angehe, so komme er — von der kybernetischen Modelltheorie ausgehend — zum Teil zu anderen Ergebnissen als Luhmann. Er erhob im Hinblick darauf einige kritische Einwände gegenüber dem von Krawietz Vorgetragenen, jedenfalls insoweit, als dieser auf der Luhmannschen Systemtheorie basiere. Ballweg wandte sich zunächst gegen den systemtheoretisch-funktionalen Ansatz. Problematisch erscheine ihm insbesondere die philosophisch äußerst voraussetzungsvolle Einführung von Umwelt. Er gab zu bedenken, ob eine Systemtheorie nicht überhaupt auf die Kategorie der Umwelt verzichten könne. Denn im Grund genommen begegneten sich immer nur soziale Systeme, also das kulturelle, das religiöse, das wirtschaftliche, das juristische, das politische usw.

Ballweg unterzog ferner die systemtheoretische Komplexitätsvorstellung der Kritik. Die Auffassung, daß die Komplexität aus der Umwelt stamme, sei ebenso unzutreffend wie die Annahme, daß den Systemen die Funktion der Reduktion von Komplexität zukomme. Die Komplexität werde vielmehr von den Systemen selbst produziert, in eine sogenannte Wirklichkeit projiziert, um alsdann unter Entscheidungsbedingungen wieder abgebaut zu werden. Quellpunkt und Schlupfpunkt der Komplexität seien also gleichermaßen im sozialen System zu suchen. Eine Theorie autopoietischer Systeme, wie er sie verstehe, komme dem nahe, was er als eine Theorie der negativen Entropie bezeichne. Negativ nenne er diese Entropie deshalb, weil damit der Umstand charakterisiert werde, daß eine Entwicklung zum jeweils unwahrscheinlichen Zustand eintrete. Soziale und biologische Systeme grenzten sich auf diese

Weise von höherer Komplexität ab. All dies habe natürlich auch mit dem Selbstreferentiellwerden bzw. Selbstreferentiellsein von Systemen zu tun.

Schließlich warf Ballweg noch die Frage nach der sogenannten Verdrahtung der Teilsysteme auf. Sie müsse sowohl von einer kybernetischen als auch von einer funktionalen Systemtheorie gestellt und beantwortet werden. Hierzu zähle z. B. die Frage danach, ob ein Teilsystem, und wenn ja welches, das eigentlich dominierende sei. Etwa das Rechtssystem, wenn man von Rechtsstaat spreche? Oder das Sittensystem, wie man das im Koreanischen, Japanischen, besonders aber im Chinesischen finde, wo Li höher stehe als Fa? Dominant könne aber auch wie im Islam das religiöse Teilsystem sein. Es sei ferner möglich, ein Totalitarismus-Kriterium zu gewinnen, beispielsweise für den Fall, daß ein Teilsystem die Substituierbarkeit sämtlicher Leistungen sämtlicher anderer Teilsysteme für sich reklamiere.

Ballweg äußerte abschließend Zweifel daran, ob es richtig sei, die Systemdifferenzierung immer auch als Gradmesser für die Entwickeltheit eines Systems, seine Leistungsfähigkeit und seine Bestandsgarantie anzusehen. Dies stimme schon im Biologischen nicht, wo es sehr primitive Systeme gebe, die genauso leistungsfähig seien wie andere hochdifferenzierte Systeme, u. U. sogar leistungsfähiger. Darüber hinaus leuchte ihm nicht recht ein, warum innerhalb der funktionalen Systemtheorie so gut wie nie vom Dysfunktionalwerden sozialer Systeme die Rede sei.

Prof. *Krawietz* nahm zu den aufgeworfenen Fragen in zwei Punkten Stellung. Er halte es selbstverständlich für legitim, etwa im Bereich der Rechtsdogmatik oder der juristischen Methodenlehre, aber auch der Rechtstheorie, auf die rechtlichen Sprachverwendungen abzustellen. Theoretische Ansätze dieser Art finde man beispielsweise in der rhetorischen Rechtstheorie des kürzlich verstorbenen belgischen Rechtsphilosophen und Rechtstheoretikers Perelman, sowie in der topischen Jurisprudenz. Er richte sich jedoch gegen die Auffassung, daß es *nur* auf diese Sprachverwendungen ankomme. In der weltweiten Auseinandersetzung mit diesen rhetorischen, topischen, dialogischen oder hermeneutischen Konzeptionen des Rechts, die im wesentlichen auf juristische Sprachverwendungen in bestimmten Kontexten abstellen, sei inzwischen anerkannt, daß man die damit verbundenen Erkenntnisinteressen- und -ansprüche nicht im Sinne eines Universalitätsanspruchs verabsolutieren dürfe. Es bestehe vielmehr weitgehende Einigkeit darüber, daß es neben Sprache und Sprachverwendung mit Bezug auf die Gegenstandswelt auch noch so etwas wie eine Referenz nach draußen gebe. Er versuche, die Einseitigkeiten, die sich aus diesen Ansätzen ergeben, zu überwinden. Dabei beziehe er auch andere, gegenüber einer soziologischen Sicht sehr viel offenere Richtungen ein, wie etwa die sprachanalytische Philosophie Wittgensteins, von der aus der ganze Rechtsbetrieb als ein Sprachspiel erscheine. Aus deren Perspektive sei die Art, wie Sprachspiele gespielt werden, stets auch von der jeweiligen sozialen Lebensform abhängig. Man könne die letztere, verstanden als Theorie sozialer Systeme, nicht wiederum im Sinne einer rhetorischen Rechtstheorie rekonstruieren, weil dies nicht nur auf einen nicht angebrachten Universalitätsanspruch, sondern auch auf einen unzulässigen Reduktionismus hinausliefe. Er erhebe vom Standpunkt seiner rechts- und systemtheoretischen Perspektive einen derartigen Universalitätsanspruch jedenfalls nicht, sondern wolle sie nur auf alle sozialen Systembildungen anwenden — nicht weniger, aber auch nicht mehr. Im Zentrum seiner eigenen Überlegungen stehe das staatlich organisierte Rechtssystem, das Luhmann im übrigen gar nicht zum Ausgangspunkt seiner soziologischen Rechtstheorie gemacht habe. Er schließe darüber hinaus in theoretischer Hinsicht an rechtsrealistische Positionen an, die Luhmann in seiner ‚Rechtssoziologie' nicht berücksichtige.

Zum zweiten Fragenkreis führte Krawietz aus, daß Ballweg offensichtlich einen anderen Systembegriff und demzufolge auch einen anderen Begriff von Systemtheorie im Sinne von Modellwissenschaft voraussetze. Er selbst gehe — ebenso wie Luhmann — davon aus, daß es soziale Handlungssysteme gebe, die man empirisch untersuchen könne. Zu Fragen der kybernetischen Systemtheorie wolle er im einzelnen nicht Stellung nehmen. Er halte derartige Deutungsversuche im allgemeinen für zu stark vereinfachend, wenn man sie auf soziale Sinn- und Handlungszusammenhänge übertrage. Ihm gehe es auch nicht um *die* Systemtheorie, sondern um eine soziologische Systemtheorie.

Ballweg replizierte hierauf, daß jede analytische wissenschaftliche Theorie eine Partialtheorie sei und deshalb der Ergänzung durch andere wissenschaftliche Theorien bedürfe. Dies gelte für eine rhetorische Rechtstheorie ebenso wie für eine kybernetische Systemtheorie, letztlich für alle wissenschaftlichen Theorien, die — sofern sie einen Universaldeutungsanspruch erheben — sofort unter Ideologieverdacht geraten würden. Einen solchen Anpruch erhebe indessen weder die rhetorische noch die von ihm vertretene systemtheoretische Position.

Daran anschließend unterstrich Prof. *Petev* noch einmal die seines Erachtens wichtigste und zentrale Frage der beiden Referate von Yasaki und Krawietz. Sie bestehe darin zu klären, wie sich das Recht zu seiner sozialen Umwelt verhalte. Er gehe hierbei von einer realistischen Grundposition aus, weil er voraussetze, daß das Recht zum System der Gesellschaft gehöre. Zum Zwecke der Analyse sei es allerdings gleichwohl möglich, das Recht auf der einen und die Gesellschaft, die es zu regeln gelte, auf der anderen Seite zu betrachten. Nun gebe es bekanntlich auch andere Regelungsmechanismen innerhalb der Gesellschaft. Es reiche jedoch nicht aus, auf diesen Umstand einfach nur zu verweisen, sondern es sei erforderlich zu untersuchen, auf welche Art und Weise eine Regulierung sozusagen über nicht-staatliches Recht, besser: andere Systeme von Verhaltensnormen erfolge. Er stimme mit den Darlegungen von Krawietz insoweit überein, daß man sich zu diesem Zweck zuerst Klarheit über das Regelungssystem des Rechts verschaffen müsse, um alsdann die gesellschaftlichen Selbstregelungsmechanismen in den Blick zu nehmen. Gerade der Vergleich des europäischen mit dem japanischen Rechtssystem zeige, daß eine traditionelle Gesellschaft im besten Sinne des Wortes, die noch weitgehend mit gewachsenen sozialen Normen operiere, auf den Regelungsmechanismus des Rechts nicht verzichten könne, wenn und soweit sie zugleich eine komplexe und moderne Industriegesellschaft sei. Petev wies, künftige Perspektiven ansprechend, darauf hin, daß als Forschungsdesiderat vor allem die Frage bleibe, wie man — vom Recht einmal abgesehen — die anderen regulierenden bzw. selbstregulierenden Kräfte der Gesellschaft in die rechtstheoretische und rechtssoziologische Betrachtung miteinbeziehen könne.

Krawietz setzte demgegenüber die Akzente etwas anders. Für ihn sei die zentrale Frage nicht, wie sich das Recht zu seiner sozialen Umwelt verhalte. Insbesondere sei es ihm nicht darum zu tun, das Recht — etwa in der Gestalt von Paragraphen — den gesellschaftlichen Wirklichkeiten in Japan bzw. den europäischen Regionalgesellschaften gegenüberzustellen. Er versuche vielmehr, das Recht als *eine* normative Struktur der Gesellschaft neben anderen sozialen Normierungen zu begreifen. Es gehe ihm hierbei nicht um die Gesellschaft insgesamt — wenn es überhaupt erlaubt sei, global von der Gesellschaft zu reden —, sondern vielmehr um einzelne soziale Handlungssysteme, deren Aufgabe darin bestehe, die vielfältigen sozialen Verhaltensweisen durch Bezugnahme auf Normen und sonstige Faktoren zu koordinieren. Diese der Verhaltensorientierung dienenden, das Erleben und Handeln steuernden Normen seien, soweit es sich um Rechtsnormen bzw. Rechtsregeln handle, in Paragraphen bzw. Wortnormen (paper rules) nicht verkörpert, sondern bloß durch Sprachzeichen symbolisiert bzw. repräsentiert. Das Recht stehe nach allem der Gesellschaft nicht gegenüber, sondern stelle ein Subsystem derselben dar. In diesem Sinne meine er im übrigen, auch die Ausführungen von Yasaki über Organisationen und Institutionen verstehen zu können.

Er habe den Eindruck, bemerkte daraufhin Referendar *O. Passavant*, Heidelberg, daß die Kluft zwischen dem, was Krawietz dargelegt habe und dem, was den Normlogikern, Sprachtheoretikern, den Hermeneutikern oder Topikern vorschwebe, bei weitem nicht so groß sei, wie es scheine. Passavant machte darauf aufmerksam, daß man z. B. im Rahmen des textlinguistisch-pragmatischen Ansatzes die Wirklichkeit mehr und mehr zu berücksichtigen suche. Außerdem halte er es durchaus für möglich, die Sprache als ein Subsystem des allgemeinen Handlungssystems so zu konzipieren, daß eine Einbeziehung von Umwelt gewährleistet sei. Wenn die Ausführungen von Krawietz allerdings darauf hinauslaufen sollten, den Begriff der Norm als Rechtsnorm nicht nur zur Diskussion zu stellen, sondern aufzugeben, dann wäre zu fragen, wie denn rechtliche und soziale Normen überhaupt noch zu identifizieren seien. Darüber hinaus stelle er sich die Frage, ob es wirklich zutreffe, daß das Rechtssystem nicht in der Lage sei, Werte hervorzubringen. Er gehe davon aus, daß jede Reorganisation des Rechtssystems immer auch eine Wertsetzung impliziere. Andernfalls komme man zu einer statischen Systemkonzeption und setze sich damit eben jenen Vorwürfen aus, wie sie Luhmann ursprünglich gemacht worden seien. Gerade davon habe sich Krawietz, wie er meine, aber absetzen wollen.

Noch einmal auf die Frage der Regelungsbedürftigkeit aufgreifend schloß Dr. *Zalten* die Bemerkung an, es sei ein Ergebnis internationaler ethnosoziologischer Forschung, daß es wohl akephale Gesellschaften, d. h. solche ohne eine führende oder leitende Instanz, aber keine normlosen Gesellschaften gebe. *Krawietz* pflichtete ihm darin bei. Seines Erachtens könne man sich Gesellschaften ohne Normen nicht einmal vorstellen. Alles, was man aus der empirischen Forschung wisse, lasse erkennen, daß sich Gesellschaften über Orientierungen an geschichtlich, kulturell oder wie auch immer entstandenen sozialen Normen aufbauen. Jørgensen habe in seinen rechtsanthropologischen Ausführungen eine Begründung dafür geliefert, warum dies so sei.

Auf Passavant eingehend legte Krawietz dar, daß er den Normlogikern, Hermeneutikern und Sprachanalytikern im Bemühen um eine Normen- oder Strukturtheorie des Rechts relativ nahestehe. Es sei jedoch die Frage, wo man beginnen bzw. bei der rechtstheoretischen Rekonstruktion aufhören solle, d. h., was eine Theorie noch einschließe oder schon ausschließe. Mit einer bloßen Berücksichtigung der pragmatischen Bezüge rechtlichen Redens und Schreibens sei es nicht getan. Während z. B. der Normlogiker bei der sprachlichen Formulierung der Wortnorm und ihrer Bedeutung ansetze, aber auch verweile, gehe er demgegenüber in der Erkenntnis, daß die jeweilige Sprachverwendung den wechselnden Situationen und den ihnen zugrunde liegenden gesellschaftlichen Gegebenheiten entsprechend zu neuen Bedeutungen führe, von einer institutionen- und systemtheoretischen Problemsicht aus, die auch die latenten sozialen Strukturen zu berücksichtigen suche. Eine zu starke Orientierung an Wortnormen sei stets in Gefahr, das Recht dichotomisierend in die Bereiche des — bewußten und gewollten — Sollens und des Seins zu zerlegen. Dies werde in den einschlägigen Ansätzen führender Normlogiker, etwa Weinbergers, Kalinowskis, und von Wrights, in unterschiedlichen Gewichtungen deutlich.

Die Frage, ob er den Normbegriff aufgeben wolle, wurde von Krawietz entschieden verneint. Dieser Verdacht bestehe freilich gegenüber einigen Formen des historischen skandinavischen Rechtsrealismus, der das Recht auf Psychologie und Soziologie reduziere. In der deutschen Tradition eines normativen Realismus habe man demgegenüber den Zusammenhang zwischen Norm und Sozialverhalten nie außer acht gelassen. Der Normbegriff solle also nicht aufgegeben, sondern nur realistisch herausgearbeitet und präzisiert werden.

Was schließlich die Unterscheidung von Rechtsnormen und Sozialnormen betreffe, so betonte Krawietz, daß auch Rechtsnormen soziale Normen seien. Eine Differenzierung im Hinblick auf andere soziale Normen lasse sich regelmäßig unter Rekurs auf die formellen Rechtsquellen unter Angabe der jeweiligen Systemreferenz vornehmen. Das allein reiche jedoch nicht aus. Die Vorstellung eines sozial etablierten Rechtssystems sei vielmehr dahingehend zu erweitern, daß auch die nicht-formellen Rechtsquellen einbezogen werden. Zu den letzteren seien seiner Meinung nach alle Kommunikationen zu zählen, die irgendeinen Bezug auf das Recht haben, insbesondere die vertragliche Rechtserzeugung. Zwar stehe eine rechtsrealistische Theorie hier noch vor manchen Schwierigkeiten, doch seien die von den Sprachanalytikern zu bewältigenden Probleme keineswegs geringer. Sie ließen sich vor allem nicht dadurch lösen, daß man lediglich auf die Unterscheidung von Recht und Moral rekurriere. Auf diese Weise werde Rechtsphilosophie allenfalls in nach seiner Auffassung unzulässiger Art durch Moralphilosophie ersetzt mit der Folge, daß die sonstigen sozialen Normen und Gegebenheiten in den Hintergrund treten.

Krawietz räumte abschließend ein, daß die Systemtheorie, für sich genommen, allein nicht in der Lage sei zu sagen, was richtige und was falsche Normen seien. Insoweit gelange man also zu einem nonkognitivistischen Standpunkt. Jedoch müsse zwischen praktischem Handeln und wissenschaftlichem Erkennen unterschieden werden. Bezüglich des ersteren, das sich stets an Normen, den durch sie konstituierten Rechtswerten, Zielen und Zwecken orientiere, seien — bezogen auf jeweils konkrete, geschichtlich-gesellschaftlich bedingte Rechtssysteme — die Erkenntnismöglichkeiten bei weitem nicht ausgeschöpft. Der prinzipielle Nonkognitivismus in Bezug auf Normen und Werte, der sich vor allem gegen ein Natur- und Vernunftrechtsdenken richte, dürfe hier nicht als Denk- und Rationalitätssperre verstanden werden.

Auf die letztere Frage eingehend legte Prof. Yasaki dar, daß er in der Frage der Wissenschafts- bzw. Erkenntnistheorie eine vermittelnde Position im Sinne eines gemäßigten Nonkognitivismus einnehme. Er habe im übrigen eine Reihe wichtiger Anregungen erhalten, insbesondere, was die Systemtheorie angehe. Aber auch der rhetorische und der topische Ansatz stoße seines Erachtens in Japan auf großes Interesse.

Prof. *Arévalo* schloß die Diskussion, indem er darauf hinwies, daß zwar nichts Endgültiges, aber doch viel Gemeinsames erreicht worden sei. Er gab abschließend der Hoffnung Ausdruck, daß das Gespräch fortgesetzt werde. Gelegenheit hierzu dürfte vor allem der 13. Weltkongreß für Rechts- und Sozialphilosophie geben, der im Jahre 1987 in Kobe/ Japan stattfinden wird.

FSC
www.fsc.org
MIX
Papier | Fördert gute Waldnutzung
FSC® C083411

Kolibri 360 GmbH
Ferdinand-Jühlke-Straße 7
99095 Erfurt, Deutschland
produktsicherheit@kolibri360.de

Druck:
CPI Druckdienstleistungen GmbH
im Auftrag der
Kolibri 360 GmbH
Ferdinand-Jühlke-Str. 7
99095 Erfurt